数字营销系列丛书
周茂君　主编

数字营销公司经营与管理

阮　卫　著

科学出版社
北京

内 容 简 介

从最早一家经营网络广告业务的公司——上海好耶计算机技术有限公司的成立算起，中国数字营销公司已经走过20余年的发展历程。20余年来，中国数字营销公司、数字营销行业从无到有、从小到大，走过了一条既充满坎坷与艰辛，同时又收获了许多突破与创新的快速发展之路。本书从与传统 4A 广告公司比较的角度入手，重点研究数字营销公司在组织结构、经营理念、经营内容以及运作流程、服务方式等方面的改变与创新，以期为众多迈入数字营销行业的公司提供理论上的指导。

本书可供高校广告学、传播学、市场营销学等专业师生，以及广告、营销行业专业人士阅读。

图书在版编目（CIP）数据

数字营销公司经营与管理 / 阮卫著. —北京：科学出版社，2020.5

（数字营销系列丛书）

ISBN 978-7-03-059792-2

Ⅰ. ①数… Ⅱ. ①阮… Ⅲ. ①公司-网络营销-营销管理 Ⅳ. ①F274 ②F713.365.2

中国版本图书馆 CIP 数据核字（2018）第 280573 号

责任编辑：郝 静 / 责任校对：贾娜娜

责任印制：赵 博 / 封面设计：楠竹文化

科学出版社 出版

北京东黄城根北街 16 号

邮政编码：100717

http：//www.sciencep.com

天津市新科印刷有限公司印刷

科学出版社发行 各地新华书店经销

*

2020 年 5 月第 一 版 开本：720×1000 1/16

2024 年 8 月第二次印刷 印张：15 1/2

字数：240 000

定价：52.00 元

（如有印装质量问题，我社负责调换）

“数字营销系列丛书”编委会名单

推　荐　序

“风乍起，吹皱一池春水”，这是南唐词人冯延巳的著名词句，用它来形容当前已然来临的数字营销时代，最为恰切。数字时代的这个“风”就是新技术，正是它引领着数字媒体发生着深刻变革，影响着人们的工作状态、生活方式和阅读习惯，进而颠覆着媒体市场、广告市场和营销市场的运行规则。在这里，广告主在传统媒体时代简单的广告营销逐渐被数字时代注重官网、两微一端和搭建营销平台的“自营销”所取代；报刊、广播、电视等传统媒体依靠采编、经营双轮驱动已悄然改变，代之而起的是以内容运营、用户运营和活动运营为主的数字媒体运营；广告代理公司（绝大多数转型为数字营销公司）为迎接数字时代的到来，正在经历着从经营理念、组织架构到运作流程、业务模式的阵痛与蜕变，以便更好地服务于广告主。

数据成为数字营销市场的核心竞争力，得数据者得天下。广告主可以凭借其拥有的第一方数据，借助其官网和微博、微信，自建 APP，搭建营销平台，进行品牌宣传与产品营销；数字媒体则依靠其垄断的第二方数据资源和头部媒体优势，在营销市场纵横捭阖、所向披靡；传统广告公司在过去时代曾经拥有的创意、策划等专业性优势，在数字时代逐渐被广告主和数字媒体蚕食，而“去中介”的行业诉求正在加重其生存危机，逼迫其通过搭建数字营销平台（垂直）和重构专业性实现浴火重生与凤凰涅槃。而原生广告和内容营销也颠覆着人们“内容是内容”“广告是广告”“二者要具有可识别性”的认知。前者将品牌信息深度植入媒体内容，并使二者融为一体；后者更强调将媒体内容作为营销工具为品牌广告或效果广告服务。此时，在数字营销市场，内容即广告，广告即内容，过去那种纯粹的内容与纯粹的广告再难见到，无论内容还是广告，都是为营销服务、为广告主服务。一切皆处于变化之中或在变化的路上，而唯一不变的就是变化，这就是时下的数字营销时代。

正是在技术引领、规则被颠覆、市场变革已然成为现实的情况下，周茂君教授组织编写了这套数字营销系列丛书——《数字营销概论》《数字营销策划与创意》《数字内容营销》《数字品牌营销》《数字平台营销》《大数据营销》《数字营销公司经营与管理》《数字媒体运营》《数字营销效果测评》《数字营销伦理与法规》。本套丛书一共 10 本，从书名可以见出其独特之处：其一，大营销观的独特研究视角。本套丛书坚持大营销观，让广告回归营销，恢复广告是市场营销一部分的本来面目，处处从大营销的角度展开论述；立足于大营销，从营销参与者、营销要素和营销过程的角度来确定相关的书名、章节。其二，勾画史的线索与立足数字营销实践。丛书的每本书皆坚持勾画出从传统媒体到数字媒体、从传统广告到数字广告和从传统营销到数字营销的“史”的线索和发展脉络，让读者能从中见出从传统时代到数字时代的演进轨迹；同时丛书作者并没有局限于对数字营销做从理论到理论式的研究，而是立足于数字营销实践，更多地从业界的视角去透视、研究相关的理论问题，这就使其研究更重实际，也更接地气。其三，本套丛书既关注理论前沿问题，注意吸收和借鉴国内外数字营销研究的最新成果，又注重这些基本理论的实际应用，并将基本理论、实际应用和案例点评很好地结合在一起，形成独具的特色。

数字营销在国外才出现短短 20 多年时间，在国内出现的时间更短，无论国外还是国内对它研究的时间都不长，可以说才刚刚起步，对数字营销进行系统研究的系列著作则更少。希望以周茂君教授这套数字营销系列丛书为起点，国内涌现出更多的作者和更多的研究成果，早日迎来数字营销研究的收获期。

是为序。

强月新

2019 年 10 月

“数字营销系列丛书”前言

1994 年 10 月 14 日，美国《热线杂志》网络版刊出美国电话电报公司（American Telephone & Telegraph，AT&T）等 14 则广告主的图像和信息，标志着网络广告的正式诞生，也宣告了数字营销时代的来临。这场由新技术引发媒体市场、广告市场和营销市场的变革方兴未艾，其对未来的影响巨大而深远，甚至是颠覆性的。有人曾用“变化是当前唯一不变的主题”这句话来加以形容，无疑是对数字营销市场状况的真实写照。

尽管数字营销已经走过了 20 多年的发展历程，但是迄今为止仍然没有一个大家公认的权威定义。国外部分学者或营销专家对数字营销提出了一些看法，有两方面的内容值得关注：其一，数字营销是一种全新的营销方式。他们认为数字营销“也称为电子营销”①，是“利用数字技术帮助营销活动”②，是“将互动媒体与营销组合的其他元素相结合”③，是“一种全新的营销方式”④。其二，数字营销有利于与消费者建立关系并实现营销目标。他们强调数字营销“使消费者和

---

① Smith K T. Digital marketing strategies that millennials find appealing, motivating, or just annoying[J]. Journal of Strategic Marketing，2011，19（6）：489–499.

② Bala M，Verma M D. A critical review of digital marketing[J]. International Journal of Management，IT & Engineering，2018，8（10）：321–339.

③ Parsons A，Zeisser M，Waitman R. Organizing today for the digital marketing of tomorrow[J]. Journal of Interactive Marketing，1998，（1）：31–46.

④ Wind Y，Mahajan V. Digital Marketing：Global Strategies From The World's Leading Experts[M]. New York：John Wiley & Sons，Inc，2001.

企业建立了双向联系，且消费者可以更为便捷地接触到产品和服务”[①]，能够“与用户建立更深层次的关系”[②]，“通过数字媒体、数据和技术与传统传播相结合实现营销目标”[③]。

鉴于此，我们试着给数字营销下了一个定义：它又名在线营销，是利用网络技术、数字技术和移动通信技术等技术手段，借助各种数字媒体平台，针对明确的目标用户，为推广产品或服务、实现营销目标而开展的精准化、个性化、定制化的实践活动，它是数字时代与用户建立联系的一种独特营销方式，具有深度互动性、目标精准性、平台多样性和服务个性化、定制化等特征。

在数字营销行业，大数据、区块链、虚拟现实、物联网、超级计算等技术领域在全球发展势头良好。数字媒体的内容生产、产品形态和推送渠道都更加丰富，网络广告的生产、推广和监管也随之更加多元化和规范化。移动互联网的普及在很大程度上改变了人类生活的方方面面，用户的媒介使用习惯和消费行为都发生了巨大改变，数据资源成为各家公司争夺的重要生产要素。

正如 Actifio 首席执行官 Ash Ashutosh 所说：“Airbnb 是最大的酒店服务机构，但它却没有一间酒店房间；Uber 是最大的出租车服务公司，但公司却没有一辆出租车。”[④]数据已经成为各类公司的核心命脉，自然也深刻地影响着数字营销观念及思维方式的变化。

过去，广告人围坐在会议桌前，仅仅靠头脑风暴和无限的创意就能敲定广告方案的时代已经不再。现在的数字营销从业者更像是股票交易员，他们坐在电脑前，瞬间即可在在线广告交易平台上完成广告位的购买与销售。运算法则的输出结果能实时、准确地根据用户数据决定不同的产品广告应当在哪一个网页或终端

---

① Durmaz Y, Efendioglu I H. Travel from traditional marketing to digital marketing[J]. Global Journal of Management and Business Research，2016，16（2）：34-40.

② Royle J，Laing A. The digital marketing skills gap：developing a digital marketer model for communication industries[J]. International Journal of Information Management，2014，（2）：65-73.

③ Chaffey D，Ellis-Chadwick F. Digital Marketing：Strategy，Implementation and Practice[M]. 5th ed. New York：Pearson，2017.

④ Tunguz T，Bien F. 大数据浪潮——企业文化、高效团队和商业奇迹[M]. 宫鑫，谢金秀，刘婷婷，译. 北京：人民邮电出版社，2017.

设备中投放，同时准确地选择出向不同的用户投放哪一个版本的广告内容。广告交易平台可以根据访客曝光量或转化率为付费用户准确地计算出广告费用，并通过代码监测向广告主们及时地反馈广告投放到目标用户的效果。一定的数据分析能力以及对于数字管理系统熟练的操作能力，似乎已经成为广告营销人员必备的职业技能，过去的“广告狂人”正在向现在的“数据达人”转变。

数字化的传播手段和传播内容对数字营销行业的影响主要在三个方面：其一，广告交易制度的改变。网络投放与广告管理系统的开发有力推进了网络广告市场的规范化运作。与常规的人工购买相比，基于自动化技术和数据系统来进行广告投放的程序化购买平台可以极大地改善广告购买的效率、规模和投放策略。其二，广告产品形态的多元化。随着媒介形态的多样化，技术手段的日益革新，网络广告的形式由最初的展示广告拓展到搜索引擎广告、富媒体广告、短视频广告、电商广告等丰富的产品形态。通过与不同行业的跨界合作，产品营销方式也多种多样，社交媒体、电商平台、新闻资讯平台、娱乐平台以及各传统媒体平台交融合作，打造从线上到线下的营销闭环，更加贴近消费者的生活场景与兴趣爱好。其三，广告主营销理念的转变。广告主开始注重广告营销效果的“品效合一”，他们既关注广告投放后品牌或产品知名度的推广，同时也希望能看到更加直接的销售转化效果。第三方监测公司的出现使得数字营销产业链逐步趋于完整，广告主对于广告效果的把控更加客观真实。

面向全球市场的数字营销生态链基本形成，不同类型的数字营销公司纷纷搭建自己的数据平台，相互聚集。它们的“整合”绝不仅体现在媒体、渠道与终端，而且更深刻地呈现于整个行业格局的变化与发展之中。一些传统的广告传播集团通过大规模的并购、收购，整合数据资源、拓展数字营销业务，转型成为数字营销集团。一些独立的代理公司、数字技术公司和数字媒体纷纷展开合作，试图为广告主提供更加一体化、一站式的网络营销服务方案。目前，数字营销行业的广告代理公司分布有以下三个特点：其一，独立代理公司渐成气候。独立代理公司能够快速响应市场趋势，并且具有扎实的市场洞察。其二，代理商结构、层级多样化。广告主新设立的 In-house 团队、媒体下属的数字营销公司，以及市场上原有的广告代理公司相互协调合作，不同团队之间专业营销者的对话提高了数字营销的效率，但对数字营销公司来说，其在产业链中的地位则受到越来越大的威胁。其三，内容创作的质量以及分析效果的能力拉开了数字营销公司之间的差距。营销者讲故事的能力、获取和分析数据的能力，以及利用数据促进消费者互动和销售转化的能力，对于吸引广告主来说至关重要。

在数字营销行业环境的风云变幻中，广告主、数字媒体和数字营销公司作为行业发展的三大运行主体，在迎接变革与挑战的过程中，势必要经历残酷的竞争与痛苦的蜕变，能在这场变革中生存下来的，都是能顺应时代潮流、适时改革创新的佼佼者。

数字时代已然来临，技术引领、规则被颠覆、市场变革已是不争的事实。面对已然来临的数字时代，只有迎接挑战而不是回避。因此，编写这套数字营销系列丛书主要出于如下考虑：

（1）系列丛书将秉承五个原则：其一，以“营销主体”“营销内容”“营销平台”“营销对象”“营销管理”五个方面作为研究对象。其二，坚持大营销观，让广告回归营销，恢复广告是市场营销一部分的本来面目。其三，立足于大营销，从营销参与者和营销过程的角度来确定相关的书名、章节。其四，每本书皆勾画出从传统营销到数字营销的发展线索和脉络，使读者能从每本书上见到数字营销时代的新变化。其五，每本书在研究内容上既要相互有关联，又要厘清彼此间的研究边界而不至于重复。

（2）本套丛书既关注理论前沿问题，吸收和借鉴国内外数字营销研究的最新成果，又注重这些基本理论的实际应用。在具体编写过程中，将基本理论、实际应用和案例点评相结合，展现出独具的特色：其一，基本理论部分。对数字营销涉及的理论问题，只作概括性叙述，不进行全面性描述，对其基本原理，力争深入浅出，易学易懂。其二，实际应用部分。这是本套丛书每本书的写作重点，这个思路将贯穿于每本书的编写之中。其三，案例点评部分。每本书的大部分章节都要求安排与本章内容相关联的案例点评，用具体的案例点评，来回应前面的基本理论和实际应用。

（3）本套丛书在编写过程中尽力做到有思想、有创见、有全新体系，观点新颖，持论公允，风格力求简洁、明了、畅达，并在此基础上使行文生动、活泼、风趣。

这套丛书从 2016 年底提出计划到现在即将付梓，前后历时三年。由主编周茂君提出总体构想以及 10 本书的书名；然后是聘请作者参与编写。由于时间较长，作者几经变化，其间的艰难困顿难以言述，好在艰难时刻皆已过去，相信未来一定能见到彩虹！

这套书的顺利面世，需要感谢的人很多。首先，要感谢丛书编写团队的每一位作者，正是你们的辛勤付出才迎来了现在的累累硕果。其次，要感谢武汉大学新闻与传播学院的强月新院长、洪杰文副院长的大力支持。强院长不仅平时十分关注丛书的编写，还在百忙之中为本套丛书撰写了序言；洪副院长作为本套丛书的副主编，参与了丛书编写过程中不少具体事宜，并提出了建设性意见。最后，要感谢科学出版社的来豫蓉女士、陈亮先生、鄢德平先生、张宁女士、马跃先生、郝静女士等，从出版合同的拟定到具体编辑工作的落实，点点滴滴，处处都留有你们辛勤的身影。

数字营销的研究在国内还处于起步阶段，没有现成的研究成果可以借鉴，书中的不妥之处，恳请各位读者批评指正。

周茂君　于武昌珞珈山

2019 年 10 月

目　录

第一章 概　　述

数字营销公司指的是互联网新媒体、新渠道出现之后，在广告营销行业内，顺应市场对网络广告与网络营销活动的需求而诞生的新型公司。追根溯源，世界上最早的数字营销公司是 1996 年成立于美国的 DoubleClike（双击公司）。中国最早的数字营销公司是 1998 年成立的上海好耶计算机技术有限公司（简称好耶），迄今已有 20 多年的历史。自数字营销公司产生以来，随着此类公司服务内容的不断拓展、丰富，人们对它的称呼也不断变化——网络广告代理公司、新媒体广告代理公司、互动广告代理公司、网络营销公司、数字营销传播公司、数字整合营销公司，为表述的方便与规范，现统称为数字营销公司。

作为数字时代在传统广告营销行业内诞生的新型公司，数字营销公司与传统广告公司、营销公司既有着天然的传承关系，同时又有针对新的时代、新的媒体与渠道、新的技术的新突破。具体来说，在经营内容、运作流程、管理模式等方面，数字营销公司继承了广告公司的很多传统，并有了一些新的拓展；同时，顺应外在环境与条件日新月异的变化，数字营销公司在经营理念、组织结构、人员构成、运作方式、管理机制以及核心竞争力等方面都产生了质的改变。由此，数字营销公司经营与管理的概念也就自然而然地有了新的内涵与外延。

在传统广告行业中，从事广告经营活动的主要有三大主体——广告主、广告代理公司和广告媒体机构。三大主体的广告经营活动既要有明确的分工，同时又必须彼此密切配合，这样才能共同支撑起一个完整的广告活动顺利进行。例如，广告主的广告营销活动、广告代理公司的客户代理与媒介代理活动、广告媒体机构的广告发布活动。在对广告进行学术研究及高校广告学专业设置专业课程、编写专业教材时，都是站在非常宏观的层面，以整个行业作为研究的落脚点，普遍将广告经营与广告管理合并在一起，统称“广告经营与管理”。

数字营销公司的经营与管理，主要研究数字营销公司的经营理念、经营内容、业务运作流程与方式，以及与之配套的人员与机构构成。与传统的广告经营与管理的著作相比，本书的研究对象和研究内容都更加单纯、集中。在研究对象上，弱化了对广告主与广告媒体机构广告经营与管理活动的关注，重点聚焦广告营销活动的中间代理商——数字营销公司。在研究内容方面，则舍弃了从行业出发说经营、从国家政府角度切入谈管理的宏大视角，转而在微观、狭义的层面集中探讨广告营销活动的中间代理商应如何做好自身的经营管理活动。之所以做这样的区分与切割，不是说广告主、广告媒体机构不再重要（在现今的数字营销传播行业，这三大主体仍然是缺一不可、须臾难离的），而是因为本书的研究目标就是数字营销公司。更为重要的是，在如今跨界与融合的时代背景之下，三大主体之间的联系比之以往更加深入、密切，彼此常常结成战略伙伴关系，可谓我中有你、你中有我。在某种程度上，通过对数字营销公司经营管理活动的重点解剖，可以一窥整个行业的全豹。

一、数字营销公司经营管理的概念

要科学、全面地认识和理解数字营销公司的经营与管理，首先必须从概念入手。

（一）数字营销公司经营的界定

对于一个企业、一家公司而言，经营主要指的是其作为行为主体从事各种市场活动。

传统广告行业内的所有经营活动，一直沿用“广告经营”的概念——在广告行业内，取得合法广告经营资格和经营范围的广告代理公司和广告媒体机构，借助一定的资金、人才、技术、设备和专业化广告运作实力，向广告主提供广告调查、创意、策划、制作、媒介投放、代理和发布等方面的服务，以获得经济效益和社会效益的行为，它包括广告主的广告营销活动、广告代理公司的广告经营活动和广告媒介的广告发布活动三方面的内容[①]。在此，广告经营的主体有三个：广告主、广告公司、广告媒体机构，自然而然地，广告经营活动的具体内容也就全面涵盖了广告主的广告营销活动、广告公司的广告代理活动和广告媒体机构的广告发布活动。

依据传统广告市场的运行机制，在广告经营的三大主体中，广告代理公司居中实施双向代理服务：一方面，受广告主委托，为其全面代理广告信息的传播；另一方面，受广告媒体机构委托，为其代理广告版面和时间的销售。也就是说，广告主广告信息传播活动的代理和广告媒体机构广告版面与时间的代理就是广告代理公司经营活动的主要构成。

数字营销公司经营则是传统广告代理公司经营的升级版。升级是指在继承、发扬的基础上进一步革新与拓展，数字营销公司经营的升级主要体现在以下几个方面。

第一，技术力量的加入使得数字营销公司的经营活动更加便捷、精准。在传统广告公司的双向代理服务中，从广告调查与分析到广告策划与创意，再到广告作品创作、媒体投放直至广告效果测定，最能体现广告公司个性、价值的是其独特而有效的“创意”，也就是人的智慧与创造，但对在互联网背景下产生、发展的数字营销公司而言，其核心竞争力则是在“创意”的基础上再加上“技术”。正是诸多高新技术的广泛运用，使数字时代的广告经营如虎添翼，冲破先前很多主观能力与客观条件的限制和束缚，在诸多环节实现了质的飞跃。凭借大数据，特别是对大数据的分析，消费者研究不再停留在合理的“猜测”之上，对目标对象的准确画像得以完成，广告活动的针对性真正落到实处。借助人工智能技术和诸多智能产品，广告创意在一定程度上实现了智能化、程序化，不再仅仅依靠人的大脑左冲右突、上下求索，费力又耗时。依托于 DSP（demand side platform，需求方平台）、DMP（data-management platform，数据管理

① 周茂君. 广告经营与管理教程. 武汉：武汉大学出版社，2011.

平台）、SSP（sell-side platform，供应方平台）组成的系统化智能平台，先前由人工排定的媒介投放计划实现了实时竞价（real time bidding，RTB）的程序化投放，使信息的分发、送达更加精准。

第二，随着广告与营销之间边界的日趋模糊，广告主对广告营销活动的传播速度、投放效果、投资回报的要求越来越明确、直接，传统的决定广告预算的方式也被按实际转化数据、市场效果计费的方式取代，此举激发了数字营销公司对经营活动实际市场效益的高度重视，品牌营销与市场销售已被捆绑在一起，成为所有的广告营销活动的目标，即在传播品牌信息的同时迅速完成向销售行为的转换。由此，长期困扰广告主的问题“我知道我的广告费有一半被浪费了，但就是不知道那一半去哪儿了”得以初步解决。

基于上述分析，我们可以给数字营销公司的经营一个界定：依托数字技术和广告交易平台，针对目标用户进行精准的信息传播与行为引导。

（二）数字营销公司管理的界定

自从有了人，特别是有了人的聚居，就有了管理。可以说，管理遍布人类生活的各个领域、各个层面，大到国家、政府的管理，小至公司、单位、家庭甚至是个人的管理，管理无处不在。

传统的广告管理从属于经济管理的范畴，“它是国家工商行政管理机关会同广告审查机构、广告行业协会和社会监督组织，依照一定的广告管理法律、法规和有关政策规定，对广告行业和广告活动实施的指导、监督、控制和查处，以达到保护合法经营，取缔非法经营，查处违法广告，维护广告行业正常运行的目的，使我国广告行业朝着健康、有序的方向发展。国家行政立法管理、广告审查、广告行业自律和广告社会监督是我国广告管理的四种最基本的途径”①。广告管理体系非常庞大，从政府、行业、相关机构多个层面切入，内容丰富、形式多样。从操作的层面，传统广告管理具体落实在对广告主、广告经营者、广告媒体机构三大主体的规范、约束与惩处上。

本书则从微观角度入手，聚焦于数字营销市场内的一方——广告营销活动的

---

① 周茂君. 广告经营与管理教程. 武汉：武汉大学出版社，2011.

中间代理商，重点探讨、确立如何在数字营销公司内部做好自我规范与约束，以保证广告营销活动合法、顺利运行，并推动整个数字营销行业健康发展。

当然，数字营销公司在做好内部管理的同时，还必须接受来自政府职能部门、行业组织、新闻媒体、社会舆论的指导、监督、控制和查处。例如，公司必须首先到工商行政管理部门登记、注册，取得广告经营资格后，才能在核准的经营范围内从事广告经营活动；公司的整体运作必须遵守国家相关法律法规、行业自律条例的要求，必须恪守职业道德和社会伦理，接受新闻媒体、消费者的监督与批评等。只有内外结合、严格管理，才能保证公司经营活动的健康顺利进行，才会有益于整个社会的进步与发展。

二、数字营销公司经营管理的内容

在数字营销公司的日常工作中，经营与管理是其主要组成部分，二者相互联系，共同支撑起公司的整体运作。但在具体内容方面，经营与管理又有明确分工。

（一）数字营销公司经营的内容

数字营销公司经营的内容主要围绕为广告主代理数字营销活动、为数字媒体机构代理广告位、为用户提供各种信息服务而展开。具体而言，主要包括以下几个方面。

1. 广告交易平台的搭建与维护

目前，大多数数字营销活动业已实现程序化自动投放，而广告营销活动程序化自动投放的实现，必须依赖于广告交易平台（Ad exchange，ADX）的建立与良性运作。通过广告交易平台，作为流量需求方的广告主或代理商与媒体拥有方达成对接，广告得以精准投放。从数字营销公司的经营来说，应该建立的平台有 DSP、DMP、采购交易平台（trading desk，TD）、程序化创意平台（programmatic creative platform，PCP）、广告验证平台（Ad verification platform）以及监测分析平台（measurement & analytics platform）。

2. 数据的汇集与分析

大数据时代，对数据的收集与分析是数字营销公司从事广告营销代理活动的基础与起点。只有尽一切可能广泛地汇集相关信息，并对海量信息进行科学、专业的理解和分析，才能得出目标对象的准确画像，后续的广告与营销活动的策划、创意与实施才会目标明确、有的放矢，最终收获精准的传播、营销效果。

3. 策划、创意、实施广告营销活动

在这个环节，数字营销公司的运作流程与传统广告公司颇为相似，但在运作的具体手段和方法上有了相当大的改变。这主要是由于高新技术的强力进入，在传统广告公司人力运作为主的模式上凸显了人与智能机器密切配合的重要性。由此，数字营销公司的广告与营销活动的创意、媒体投放在一定程度上实现了程序化、自动化。

4. 评估、反馈广告效果

最后，在所有的广告主都无比重视 KPI（key performance indicator，关键绩效指标）的时代背景下，作为其广告营销活动代理商的数字营销公司必须真实反馈相关数据，以显示广告营销活动达成的实际效果。

（二）数字营销公司管理的内容

数字营销公司的管理属于公司内部的管理，主要包括人力资源管理、行政管理和财务管理三个部分。

人力资源管理，即传统的人事管理。对数字营销公司而言，人是最宝贵的资源。如何有效地开发、利用、管理人力资源，激发每个员工工作的积极性和创造性，是数字营销公司内部管理的重中之重。

行政管理，指的是数字营销公司为保障各项工作的顺利开展而进行的日常管理，包括制定公司内部各部门和各岗位必须遵守的规章制度、行为规范，以及指导和监督具体执行情况；各种会议、各项活动的筹备、组织与实施；各类文件、资质证明材料、档案的建档与保存；对外联络以及各种接待活动的开展与落实；等等。

财务管理，顾名思义，数字营销公司的财务管理是针对资金进行的决策、计划及控制活动，主要涉及资金的筹措、经营活动中资金的具体使用、利润的分配、投资等。

三、数字营销公司经营管理的特点

数字时代产生、兴盛的数字营销公司，在很多方面打上了时代的烙印，其经营管理活动呈现出这个时代独有的特色。

（一）数字营销公司经营的特点

与传统广告公司的经营活动相比，数字营销公司的经营有以下特点。

1. 服务性更加突出

在我国，广告业一直被认为是知识密集、技术密集、人才密集的三密产业，属于国家重点扶持、发展的第三产业，即服务性行业。基于行业的属性，数字营销公司的经营便自然具有服务性行业的特征；同时，在广告营销活动涉及的三大主体中，广告主是被服务对象，数字营销公司与传统的广告代理公司、广告媒体机构一样，都属于服务的提供者。数字营销公司存在的价值就是为广告营销服务的需求者提供有效的服务，这是其所有经营活动的出发点和落脚点。

随着用户力量的崛起，数字营销公司服务的重点与中心亦发生了转变。如今的数字营销行业，“以用户为中心”的观念早已深入人心，最普遍、常规的做法是广告主、数字营销公司、数字媒体平台三方团结协作，共同为千千万万的用户提供服务。最终，用户的参与度（点击、转发、评论）、满意度以及行动的力度（注册、下单），成为评价广告营销活动的关键性指标。

2. 效益性更加直观

广告营销活动是市场经济环境中广泛存在的一种经济行为。作为一种经济行为，其显著特征就是对经济效益的执着追求，广告营销市场内的所有活动主体的共同目标就是追求经济效益的最大化，实现共赢。传统广告的效益性特别是经济效果一直饱受人们的质疑，凭借着大数据以及各种新技术广泛深入的应用，数字营销在实际的市场效果方面逐渐有了更多的技术与手段的保证，而且以更直观、明确的方式显现出来，最终，广告主对 KPI 的追求在一定程度上得以实现。

但必须强调的是，对经济利益的执着追求应以严格遵守国家相关法律法规、符合社会伦理与道德、有益于社会文明及发展为前提，不能随心所欲、为所欲为，更不能铤而走险、钻法律的空子。数字营销公司经营的效益性应该是经济效益和社会效益兼顾，是二者的和谐统一。特别是在互联网领域的法律、法规，以及行业内的各项规则都还不是很健全、完善的时代背景下，数字营销公司更应该严格规范自身的经营活动，共同营造良好的行业环境与氛围，以促进整个行业的良性发展。

3. 专业性得以提升

三密产业的行业属性决定了广告业的专业性很强，在广告营销活动的策划、创意与运作中，对专业性的要求很高。传统广告时代的经营机制——广告代理制之所以要确立广告代理公司居中实施双重代理、双向服务的重要位置，是为了让专业人做专业事，以确保整个广告活动的专业水准。广告代理公司从事的广告调查、广告策划、广告创意与制作、媒介投放等方面的服务，都需要专业素养、专业眼光、专业技能作为支撑和保障。

到了数字时代，高新技术对广告营销活动的驱动更加直接、更加举足轻重。在某种程度上可以说，正是高新技术的广泛运用以及不断升级换代，推动了数字营销公司经营内容、方式的不断拓展、丰富，同时又进一步提升了数字营销运作的专业性，无论是基础设施如各种平台的搭建、各种营销产品的开发，还是多种来源、各类专业人才队伍的建设，其规模与要求都远远超出了传统广告时代。虽然数字营销市场各大运行主体之间的职能边界日趋模糊，竞争也日益激烈，但数字营销公司不可替代的专业性使其作为重要的中坚力量，不容忽视。

4. 创新性无处不在

对于广告营销活动来说，创造、创新是最基本的要求，也是必须具备的特质。在广告营销活动的所有环节，“创意”无所不在，是决定广告营销活动能否成功、是否有效的关键，并进而成为广告代理公司的“核心竞争力”。如今，人脑的无限创意再添上高新技术的“翅膀”，更是使得数字营销公司如虎添翼，不仅创意的空间得以扩大，更为重要的是，无论多么天马行空、不可思议的构想，都可以借助科技手段得以实现、完美落地。正是借助于高新技术几乎无所不能的力量，数字营销公司经营活动的创新性得到了充分的保障。

而且，创新不仅仅只是停留在创意这一固定、狭窄的领域，还广泛体现于数字营销公司经营的方方面面，如营销平台与产品的开发，各种新技术在营销中的实际应用，各种算法与模型的创建，各种内容生产方式的探索，各种营销渠道的开拓……时时处处都需要创新的意识、魄力与能力。从数字营销公司诞生的那一刻起，创新就像基因一样天然地存在于其血液之中，离开了创新，数字营销公司的生存与发展也就失去了基础与依托。

（二）数字营销公司管理的特点

数字营销公司的内部管理，也有一些新的变化。

1. 管理理念更加开放

互联网世界是一个开放、平等的世界，先前的各种条条框框，各种固有的模式，各种泾渭分明的界线，各种非黑即白的思维方式都逐渐被抛弃，人们的思想、理念都更加开放，能够包容、接纳很多与自己不一样的观念与言行。具体表现在数字营销公司的管理上，就是不再简单、刻板地以唯一的一种理念来要求、衡量、评判一切，只要不与公司的核心价值取向相矛盾、相背离，许多细节上的差异开始得到包容与尊重，由此，管理也就显得更加柔和，更加人性化。

2. 管理方式更加灵活

管理理念的开放与包容必然带来管理方式上的灵活和多元。在一个开放的多种价值观和平共处的时代，人的个性日益受到重视、得到尊重，特别是以追求个性、创意为目标的数字营销公司，更要充分利用各种手段保护、激发员工的创造力，而不是反其道而行之地用刻板的管理条款去限制和压抑。在某种程度上可以说，数字营销公司的管理应该是最宽松、最灵活的，因为只有在这样的环境和氛围里，才能产生好的创意、好的广告效果。

3. 管理手段更加先进

大多数数字营销公司，都先天地具有技术的基因、技术的优势，这种基因与优势自然也直接体现且运用于日常管理的每一个环节。换句话说，正是有了技术，特别是诸多高新技术，数字营销公司的管理手段与方法才更加科学、先进。例如，大数据技术直接运用于员工绩效管理和财务管理，就给管理带来了诸多的便利，使管理更加快捷、准确、直观。

第二章　数字营销公司的产生与发展

作为有别于传统广告公司的新型广告营销代理商，数字营销公司是伴随着互联网的出现与普及、数字技术的兴盛以及不断变化的市场需求而产生、发展、壮大的。依托于互联网这一新的媒介、新的营销渠道，以及不断更新的信息通信技术、互联网技术和不断普及的互联网思维，数字营销公司从无到有、从小到大，用 20 余年的时间走过了一条快速成长之路。

第一节　数字营销公司出现的时代背景

数字营销公司的出现，最早可追溯至 20 世纪 90 年代中期的美国。中国本土第一家数字营销公司则稍晚，于 1998 年产生。可以说，数字营销公司是那个时代各种因素、各种需求合力之下的必然产物。

一、互联网的发明与普及

互联网最早诞生于美国。1969 年，美国国防部高级研究计划局（Advanced Research Projects Agency，ARPA）组建并推出了阿帕网（ARPANET），当时的阿帕网只有 4 个节点，主要运用于军事领域。冷战结束后，阿帕网在军事方面的作用越来越小，于是美国政府将该网的非军事秘密部分对外开放，主要供美国一些高等院校、科研机构的研究人员进行科学计算和基本通信。正是阿帕网，为后来的万维网（world wide web）奠定了基础。

1984 年，惠多网（FidoNet）在美国诞生，它是全世界第一个以电话线连接实现点对点信件转发的 BBS（bulletin board system，电子布告栏系统）网站。但惠多网不支持在线交流，还算不上真正意义上的互联网。1991 年，欧洲粒子物理研究所的科学家蒂姆·伯纳斯·李（Tim Berners-Lee）发明了万维网，以及极其简单的浏览器，互联网由此走入普通大众的日常生活。1993 年，克林顿政府正式开启振兴美国经济的“信息高速公路”建设计划。这股信息高速公路建设的热潮很快蔓延到世界各地，许多国家的内部计算机网络纷纷加入 Internet，使得 Internet 成为全球意义上的公共网。据统计，到 1996 年底，已有 186 个国家和地区加入 Internet，Internet 的网上用户达 4 000 万~7 000 万户，Internet 已连接 134 356 个网络、1 600 多万台计算机主机、600 个大型图书馆、400 个学术文献库、100 万个信息源，有 48 000 多个组织在 Internet 注册了网络地址，每半小时就有一个新网络与 Internet 连接，每个月有 100 万名新的使用者加入其中①。

1994 年，中国获准加入 Internet，国内信息化网络的基础建设也全面展开。从 6 月开始，“三金工程”（金桥、金关、金卡）、中国教育和科研计算机网（China Education and Research Network，CERNET）、中国公用计算机互联网（ChinaNET）等项目相继启动。同时，随着国际专线的开通，这些国内网络也先后实现与 Internet 的全功能连接，通过 Internet 将中国与其他国家密切联系在一起，中国由此进入互联网的快速发展通道，诸多互联网发展历程中的“第一”纷纷涌现：1994 年 5 月，中国大陆第一个 BBS 站——曙光 BBS 站由国家智能计算机研究开发中心开通；1995 年 1 月，中国第一份中文电子杂志《神州学人》经由中国教育和科研计算机网进入 Internet；1996 年 9 月 22 日，中国第一个城域网“上海热线”正式开通试运行；1997 年 1 月 1 日，第一家国家级重点新闻宣传网站“人民网”开通；1997 年 2 月，中国最早最大“第一个形成了公众品牌效应的网络公司”瀛海威全国大网开通；1998 年 3 月 16 日，网易（163.net）开通中国第一个免费中文电子邮件系统，可容纳 30 万用

① 蒋平. 因特网的发展历史与管理对策. 江苏社会科学，1998，(6)：81-86.

户……据中国互联网络信息中心统计，截至 1997 年 10 月，中国大陆接入 Internet 的主机有 4.9 万余台，PC（personal computer，个人计算机）25 万台，上网用户达 62 万人[①]。

1998 年，是中国互联网发展史上值得大书特书的一年，有人将之称为“里程碑式的节点”[②]。在这一年，微软 Windows98 操作系统全面集成了 Internet 标准，比先前调制解调器拨号上网速度更快的上网方式——ISDN（integrated service digital network，综合业务数字网）得到普及，个人在家里使用电脑上网冲浪变得非常便捷，由此网民数量激增。据中国互联网络信息中心提供的数据，1997 年，全国拨号入网用户只有 25 万人，但 1998~2001 年，网民的数量每年都以 100%以上的增长率增加，到 2001 年 1 月就达到了 2 250 万人，成为中国互联网发展史上用户基数增长最快的一段时间[②]。随着网民的数量不断攀升，互联网的吸引力与影响力也不断增强，很快便成为与报纸、杂志、广播、电视四大传统媒体并驾齐驱的“第五媒体”，全面深入地融入人们的日常生活。

二、互联网商业价值的发现与利用

人群聚集的地方，自然就是极具商机的地方。特别是在 1991 年互联网商用禁令解除之后，互联网的商业价值很快被一些思想敏锐、眼光独到的创业者发现，一批依托互联网的新型企业如雨后春笋般出现。在美国，1994~1995 年，雅虎公司、网景通信公司相继出现，谷歌公司 1998 年 9 月成立。在中国，1998~1999 年被吴晓波称为“一个神秘的时期”，因为在这两年间出现了一群中国企业史上“前所未见”的“互联网创业群体”，“他们组成一条喧嚣而璀璨的星河，隔出了一个新的企业家时代”[③]——1998 年 2 月，张朝阳领衔的搜狐公司出现；3 月，鲍岳桥在北京创办联众游戏，6 月，刘强东在中关村创办京东公司；10 月，周鸿祎创办国风因特软件公司，公司网站取名为 3721；11 月，腾讯诞生；12 月 1 日，新浪网成立；成立于 1997 年 5 月的网易公司也在丁磊

---

① 蒋平. 因特网的发展历史与管理对策. 江苏社会科学，1998，(6)：81-86.

② 黄有璨，范晓俊. 运营简史：一文读懂互联网运营的 20 年发展与演变. 虎嗅网[2016-12-26].

③ 吴晓波. 腾讯传 1998-2016：中国互联网公司进化论. 杭州：浙江大学出版社，2017.

的领导下在这一年“由一个软件销售公司转型为门户网站”；1999 年 3 月，马云创办阿里巴巴网站；6 月，由沈南鹏、梁建章、季琦、范敏四人联合创办的携程网诞生；8 月，朱骏在上海推出娱乐社区 Gamenow（后更名为第九城市，简称九城）；11 月，陈天桥创办盛大网络；当年年底，李彦宏从美国回国，之后创办百度公司……

这些新型企业立足于互联网，通过各种方式、从不同角度对互联网的商业价值不断加以利用、挖掘。一方面，凭借互联网企业天生具备的技术基因，大力推进其所提供产品的推陈出新、迭代升级，从最早崛起的门户网站、BBS，到各种论坛、在线聊天室，这些新产品以完全不同于传统媒介的方式与手段给人们带来全新的感受与体验，在极短的时间内便完成了从启蒙到全面普及的过程，成为人们浏览新闻、获取信息的主要渠道，成为人们打发闲暇时光、排解空虚寂寞的最佳“场所”。三大门户网站新浪、搜狐、网易，合力支撑起中国的“PC 互联网门户时代”，天涯社区、猫扑网、西祠胡同都是当时 BBS 领域里非常成功的典范。1999 年 2 月上线的 QQ（当时叫作 OICQ）以在线聊天起步，1998 年 3 月上线的联众则主打休闲游戏，这些产品一推出就成为爆款产品，成为“具有划时代意义的产品”[①]。另一方面，从有别于传统思路的互联网思维出发，这些爆红的互联网产品大多都以免费的形式推出，网民只需拥有一台电脑、一根网线，就可无偿使用这些产品。那么，这些互联网企业如何盈利？从何处找到资金支持企业的后续运作与发展？答案很快找到了，那就是“流量”！经由企业提供的免费产品吸引无数网民争相使用，数量庞大的网民在虚拟的网络上形成巨大的“流量”，这些“流量”在网络时代是不可多得的宝贵资源。只要找到流量的需求者，将流量“变现”，就能为企业带来源源不断的经济收入。1998 年世界杯期间，新浪网以 24 小时不间断滚动播出新闻的方式吸引了大量网友，最后获得 18 万元的广告收入，成为早期互联网“流量变现”的典型案例[①]。

当然，将“流量变现”的网络广告并非中国首创。世界上第一个网络广告诞

① 黄有璨，范晓俊. 运营简史：一文读懂互联网运营的 20 年发展与演变. 虎嗅网[2016-12-26].

生在美国。1994年10月14日，在美国著名杂志*Wired*的网络版主页Hotwired上，出现了包括美国电话电报公司（AT&T）在内的14个客户的旗帜广告（Banner），这在世界广告发展史上是一个重要的里程碑，它标志着广告正式进入网络时代。1995年，美国网络广告市场规模不足6 000万美元，但在随后的几年，网络广告市场规模进入快速增长阶段，1996年的增长率高达385.5%，即使在增长幅度最低的2000年，增长率也保持在75%。经过16年的高速发展，到2010年，美国网络广告市场规模达到260.4亿美元，复合增长率高达50.8%①。而中国第一个网络广告则是1997年3月国际性广告公司灵智大洋为Intel在Chinabyte.com所做的468×60的像素动画广告。这些开创性的网络广告具有极强的示范性及极大的引导价值，吸引着越来越多的广告主将广告经费从传统媒体转而投向互联网。

网络广告的产生，一方面，为广告开创了一种新的载体与形式，这种新的广告形式与传统广告相比，具有很多革命性的变革，吸引了一批追求创新的广告主；另一方面，为初创时期的网络以及网络公司寻找到了一种主要的盈利模式，即通过“流量”的销售赢得经济利益。于是，一时之间，网络广告成了“香饽饽”。

与此同时，电子商务也快速普及，并被寄予厚望。企业与企业之间、企业与个人之间的相关商业活动，都可以搬到互联网上进行，免去了传统方式中的一些中间环节，大大节约了人力和财力。特别是随着在线商业零售的兴起和消费者网上购物习惯的养成，网络营销也越来越受到广告主的重视。

随着互联网的商业价值越来越多地被人们发现和利用，“网络经济”迅速走红，反过来又极大地促进了互联网的全面发展。由此吸引了越来越多的人“上线”“触网”，到网上寻求创业以及发展的机会。

三、新的经营理念与方式呼唤新型公司出现

网络广告与网络营销的出现，开启了新的市场，激活了广告主的新需求。相

① 刘大龙，由天宇. 数字解读美国网络广告16年. 互联网天地，2011，（9）：36-39.

对应地，这个新市场需要专业的人、专业的机构进入并提供专业的服务。

网络广告和网络营销，从字面上来看，它们与传统广告营销活动的区别似乎仅仅只是所依托的媒介与渠道不同，但从整体与本质上来说，要真正专业有效地运作网络广告与营销，却并非简单地更换或适应一种新媒介、新渠道就能轻松完成。对于已有较长历史，无论是其经营理念、运作经验，还是拥有的资金、人才都有绝对竞争优势的传统广告公司与营销机构而言，有很多因素影响、制约着它们针对新的市场需求做出快速反应。

首先，面对刚刚破土而出的新生事物，需要在第一时间发现、了解它的价值、作用，找到驾驭它的方式，并做出“短、平、快”式的反应，这样才能占据有利位置，抢得先机。传统广告营销公司庞大、层级分明的组织结构，凡事都需逐级上报、层层审批的运行机制，使得其在面对重大机遇时的反应速度严重滞后，即使手握一个绝妙的点子、绝佳的机会，可是当严格按照常规走完全部流程后，好点子与好机会却早已是明日黄花，烟消云散了。

其次，传统广告营销公司大多成长、成熟于大众传播媒介盛行的时代，其企业文化、经营理念、运作方式都是那个时代与社会的典型产物。在很大程度上，决定传统广告营销公司成败得失的核心因素是“创意”，创意是公司的核心竞争力，杰出的创意人员是公司的灵魂人物、关键角色，“大创意”是整个公司孜孜以求的目标。进入新的网络时代、数字时代之后，“技术”在广告营销活动运作中的分量和力量与日俱增，而在创意人员占据主导地位的传统广告营销公司里，技术却是其最明显的“短板”，也正是这一点，成为其快速转换角色与“战场”、顺利进军网络广告营销市场的最大障碍之一。

最后，与其他传统媒体相比，互联网在许多方面具有极大的突破性。例如，时间与空间的限制荡然无存，信息的传播非常便利、快捷，可以针对不同的对象以不同的方式传递不同的内容，而且还能与信息的接受者互动……这对网络广告与营销活动而言，无疑能在很大程度上提升其吸引力和最终效果，但另一方面也对网络广告营销代理商提出了更高的要求，那就是要时时刻刻密切关注市场及其他各种因素的变化及发展情况，及时对广告营销活动的战略和策略进行调整。而传统广告营销公司经过多年对传统媒介与渠道的运作早已习惯了提前做好各方面的计划、完成各方面的工作，然后就坐等一系列广告按媒介计划刊播，相关营销活动也按事前安排如期实施。在整体运作过程中，公司内部各个部门各处其位、各司其职，像跑接力赛一样依次推进各个环节的各项工作，非常规范、严谨、有序。但在面对变幻莫测的市场与稍纵即逝的机会时，这样的工作习惯和运作流程使其行动总是慢半拍，很难及时把握市场的变化、适应并满足行业的需求。

既然传统广告公司短时间内难以快速转换角色、适应并满足市场对网络广告与营销的新要求，自然就给新型广告营销机构的出现创造了契机，留下了空间与舞台。很快，以互联网技术为立足点和突破口，以网络广告营销为主要业务的公司破土而出。

第二节 数字营销公司的发展历程

1994 年，世界上第一则网络广告在美国出现，广告由此进入网络时代。市场对新型广告形式的追求必然刺激新型广告代理公司的产生。1996 年，全球最早的网络广告服务商 DoubleClick 在美国成立。中国最早致力于网络广告服务的本土公司则是 1998 年 10 月在上海注册的好耶公司。

从 1998 年好耶公司成立算起,中国数字营销公司至今已走过 20 余年的历程。20 余年时间里，数字营销公司从无到有、从小到大，一路走来，充满了曲折与艰辛。就整体发展轨迹而言，数字营销公司的成长大致经历了以技术开启网络广告新形式的初创时期、利用各方资源实现一站式网络营销的拓展时期、整合各大平台构建数字营销产业链的渐趋成熟时期。

一、初创时期（1998~2005 年）：从技术角度突破，开启网络广告新天地

早期的网络广告非常简朴，可以说是传统广告的网络版。与人们熟悉的传统广告相比，没有什么特别之处，只是搭载的媒介不同而已。而且早期的网络广告活动，基本都是网站、网页的自发行为，不成规模、系统，自然也缺乏规范与管

理。相关资料显示，早在互联网商业化之前，就有人尝试通过网络发布广告，如美国 Prodigy 公司为扩大自己的收入来源，在 1990 年就以“孤独试验者”的姿态在其订阅者的范围内尝试网络广告，但没有成功；亚利桑那州的两个年轻律师 Canter 和 Siegel 曾针对 7 000 个新闻组推出绿卡服务的广告，因将同样的信息反反复复地发给与此项服务毫无关系的对象而招致“雪花般”的抱怨邮件，最后以严重损害公司声誉而告终。直到 Hotwired 和 AT&T 1994 年 4 月 15 日签订第一份网络广告合同，并于当年 10 月 27 日（又说 10 月 14 日）正式刊登广告，网络广告才开始走上正轨[①]。初创时期的网络广告公司主要在两个方面寻求突破。

（一）致力于网络广告管理系统的研发与普及

基于网络广告起步阶段较为混乱、无序的状态，同时也为更好地利用、发挥互联网的技术优势，一批掌握计算机技术的人员便发挥自身的技术特长，将之应用于网络广告，组建公司，开发相关应用软件，使网络广告的投放更有针对性，更具效果。例如，美国 DoubleClick 公司率先将 Cookies 技术与网络横幅广告相结合，大大提高了横幅广告的针对性。Cookies 技术，通俗地说，就是从用户硬盘读取数据的网络技术，相当于用户在互联网上的身份证，记录着用户的网络行为数据。广告主或数字营销公司利用 DoubleClick 公司开发的这套软件，能非常便利地了解用户在互联网上的所有行为，知晓他的兴趣、爱好及需求，进而有针对性地投放广告，从而彻底避免亚利桑那州两位律师曾经经历的尴尬。这套软件很快得到普遍应用，使 DoubleClick 公司在数字营销行业脱颖而出。同样，中国第一家数字营销公司好耶也是从技术发端。1998 年 10 月，刚从上海大学通信系毕业、年仅 21 岁的王建岗，与三个好友在复旦大学附近一间 9 平方米的小屋子里创立好耶公司，从王建岗的专业背景和公司名称，可以看出明显的互联网技术基因，这种基因一直深深地根植于好耶的企业文化之中。创建之初，好耶确立的宗旨就是以网络技术为核心基础，“让中国互联网的每一个流量实现其最大价值”。在此目标之下，针对当时网络广告非常不规范、相关数据严重缺乏的状况，好耶致力于网络广告管理软件的开发，很快就在 1999 年 10 月推出 AdForward

① 网络广告的起源和发展. 互联网周刊，2000，（13）：31.

广告管理系统，并于 2000 年 8 月完成升级换代。AdForward 采用国内 IP 地址（internet protocol address）精确定位系统和可扩充 IP 地址库技术，可以针对地域进行定向投放。AdForward 广告管理系统投入运行之后，性能良好可靠，获得市场的普遍青睐，引来百余家客户签约，有力推进了我国网络广告市场从粗放经营向规范化运作的转化。

2000 年左右，互联网泡沫破灭，整个互联网行业出现大衰败，网络广告行业自然也受到波及。在此背景下，好耶遭遇双重打击：一方面，业务量急速下滑；另一方面，原有的客户无力支付服务费，只能“打白条”，以网络广告位冲抵。二者夹击，致使好耶陷入严重的经济危机，资金链濒临断裂。2000 年 8 月，好耶果断转向，以 AdForward 广告管理系统换取网络广告位，进而成为网络媒体的广告代理公司。在此基础上，好耶搭建起中国第一个网络广告联盟——好耶广告网络（Allyes AdNetwork），由此，好耶开始代理大小网站的广告位：好耶向广告主争取网络广告合同，然后通过自己开发的 AdForward 广告管理系统，将广告转发到广告联盟成员的网站上，最后将广告主支付的广告费分一部分给广告联盟成员，其中的差价则是好耶提供代理服务的报酬。这项服务内容其实就是传统广告公司媒介代理业务向互联网新媒体的延伸，因此，这一时期的数字营销公司大多被称为“网络广告代理公司”。

好耶一手抓广告管理系统 AdForward 的更新换代，一手抓网络广告位的代理，双管齐下，叱咤于当时的网络广告市场。AdForward 广告管理系统“每半年小升级一次，一年大升级一次”，2002 年下半年上市的 AdForward6.0，“各项技术性能指标已经不逊于 DoubleClick 公司的 DART”。凭借着“技术服务本地化和价格优势”，好耶将原先一直使用 DoubleClick 公司广告管理系统的大型门户网站如新浪争取过来。此后，AdForward 不断拓展自己的市场空间，逐渐取代 DoubleClick 的 DART（Dynamic Advertising Reporting Targeting，动态广告报告与目标定位），成为中国网络广告市场使用率最高的广告管理系统。到 2005 年，AdForward 已覆盖国内 80%的市场[①]。同时，广告代理方面，

① 杨志. 好耶网六年“暗战”互联网广告. 中华新闻报，2005-12-14（E04）.

在有着多年4A（The American Association of Advertising Agencies）广告公司工作经验的副总裁朱海龙的领导下，从2000年8月到2001年8月，好耶一年的销售收入近1 000万元；效益最好的2004年营业收入达2亿多元，利润超过2 000万元，“几乎占到了互联网广告的半边天”。基于此，好耶也迈入其最辉煌的时期，成为中国当时最大的专业网络广告公司和最大的效果营销服务提供商[①]。

好耶的成功，具有极强的示范效应，带动了一批专注于网络广告与营销的本土数字营销公司的诞生与成长，好耶由此又被人们称为“中国数字营销行业的黄埔军校”[②]。与此同时，一些跨国广告集团、国际知名广告公司也纷纷以分公司或部门的方式开始涉足网络广告业务。按照时间的先后，有下面这些公司：1998年底，24/7互动传媒亚洲有限公司（2001年9月28日更名为Mezzo Marketing）在中国大陆成立；1999年，互动通控股集团成立，奥美集团旗下的奥美互动也于1999年开始其在中国的网络广告业务，SoftMedia资讯集团旗下的Media999在中国大陆开展网络广告业务；2000年，Cheil Worldwide广告集团旗下一家提供数字营销咨询服务的广告公司Cheil鹏泰（Cheil PengTai）落地中国，DoubleClick也在中国开设DoubleClick Asia，北京精信互动传媒广告有限公司8月在北京注册；2001年，专业从事搜索引擎营销（search engine marketing，SEM）、搜索引擎优化（search engine optimization，SEO）服务的专业公司紫博蓝网络科技（北京）股份有限公司，安瑞索思中国有限公司（上海恺达广告有限公司），北京腾信创新网络营销技术股份有限公司（原腾信互动）相继成立；2002年，科思世通广告（北京）有限公司、北京新意互动广告有限公司等提供网络营销服务的公司出现，成立于1994年的北京华扬联众广告有限公司（后更名为华扬联众数字技术股份有限公司，后文简称为华扬联众），也在2002年开始专注于为客户提供互联网综合营销服务，并逐渐发展成国内互联网营销领域内颇具竞争力的企业。

---

① 好耶广告创业史：顽固的成长基因. 中小企业管理与科技，2011，（35）：66-70.

② 万木春，胡振宇. 数字营销再造：“互联网+”与“+互联网”浪潮中的企业营销新思维（服务篇）. 北京：机械工业出版社，2016.

但 2000 年互联网泡沫的破灭，给这些刚刚破土而出、对未来满怀希望、雄心勃勃的新公司当头一击，使之在 2001~2002 年共同经历网络广告行业的“大衰败”：一方面，许多缺乏专业人员的网络广告公司被淘汰出局；另一方面，传统广告公司乘势加大对网络媒体的重视程度与投入力度，其网络广告业务量迅速增长，北京电通互动广告中心 2002 年的业绩就居全行业第一[①]。

（二）尝试各种网络广告新形式

面对市场的双重挤压，年轻的数字营销行业的开拓者们不甘沉沦，开始探索、拓展新的互联网盈利方式和渠道，搜索引擎营销、电子邮件营销开始发展。早在 1997 年 9 月，Bill Gross 就创立 GoTo 公司（2001 年 10 月改名为 Overture，2003 年 10 月被雅虎公司收购），并首创了搜索引擎营销新模式——将广告放置在网络搜索结果页面，通过用户的点击数向广告主收取费用。1998 年 2 月，GoTo 公司更进一步，开始使用“竞标模式”，以广告主竞标的结果决定其广告在搜索结果页面出现的先后顺序。其后，成立于 1998 年的谷歌公司推出广告投放系统 Google Adwords，该系统根据广告主的竞价价格和实际的“广告质量”来综合确定广告主的竞标排名，其中“广告质量”的主要评判依据则是广告的点击率。谷歌由此一举成为规模最大的搜索引擎服务商。2003 年 6 月，谷歌公司又面向大型发行商推出新服务 Google AdSense。该服务增加了自我服务、自动指向小型网站等内容。用户只需在搜索栏中输入关键词，Google AdSense 就会指向与之相关的网页内容和广告。通过 Google AdSense，谷歌公司实现了“不仅在自己的站点上推销品牌广告，而且还以一个在线广告代理商的身份，在其他网站上推出广告，将谷歌旗下的许多广告业务与其搜索引擎业务相分离，使该公司广告客户经纪人的角色进一步得到扩展。”[②]

在中国，百度公司很快也在搜索引擎领域崛起。2000 年 1 月，李彦宏携带搜索引擎专利技术，在中关村创建了百度公司。2000 年 6 月 8 日，专为中国人开发的百度搜索引擎正式上市，并很快覆盖了国内大部分搜索引擎市场，新浪、搜狐

---

① 杨伟庆. 2002 中国网络广告业盘点. 广告人，2003，(2)：67-69.

② 肖莹莹. Google、雅虎引领网络广告业新潮流. 经济参考报，2005-05-23.

（包括 chinaren.com）、Tom（包括 163.net）、腾讯、263、21cn、上海热线、广州视窗、新华网等都是百度搜索引擎的客户。2001 年 8 月，百度公司决定“转变商业模式”，由 ASP（application service provider，应用服务提供商）转变为主打 B2B（business to business）、B2C（business to customer）的搜索门户。2001 年下半年，百度开始在公司主页上提供搜索服务，不再像以前那样只为公司客户提供技术服务，同时还推出当年公司的主要产品——搜索引擎竞价排名[①]。与 Google Adwords 的竞标排名方式不同，百度的竞价排名主要以广告主出价的高低决定其链接在搜索结果页面出现的先后位置，这种单纯以竞价高低决定排名先后的方式日后使百度数次陷入困境。但在当时，百度的这些举措确实给公司带来巨大的商业利益，据互联网调查公司艾瑞咨询的调查数据，百度从 2003 年开始领跑中文搜索引擎市场，2004 年则“在一定程度上成为中文搜索引擎市场的垄断者”[②]。应该说，搜索引擎营销在其中发挥了重要作用。

2003 年，全球数字营销行业呈现出全面复苏的气象。随着网民数量的快速增长，中国网络广告市场从 2003 年 5 月底开始以同比超过 100%的速度加速发展，据艾瑞咨询的调查数据，2003 年中国网络广告市场规模达到了 10.8 亿元，比前一年的 4.9 亿元增长了 120%，整个行业呈现出一派“柳暗花明”的景象[③]。具体表现有：三大门户网站新浪、搜狐、网易都于 2002 年底至 2003 年初实现扭亏为盈，随后一直保持高速增长；专业类网站在已有的 IT 类的基础上又有了新的突破，汽车类、房产类、游戏类网站得到快速发展；网络媒体的广告经营意识得以提升，纷纷加大对网络广告新形式的探索力度，吸引了更多的广告经费流向网络媒体，网站的广告资源由此成了“紧俏商品”；网络广告主和网络广告代理公司的数量均有大幅增长；第三方网络广告监测服务受到重视，尼尔森网联媒介数据服务有限公司（Nielsen-CCData）在中国市场正式推出网站第三方测评服务，艾瑞咨询也在 2003 年推出第三方网络广告监测服务软件 iAdTracker。第三方监测评估机构的出现，使得数字营销产业链逐步趋于完整。

---

① 孙超，胡一万. 2002 并购看点：百度搜狐与新浪网易. 中国电子商务杂志，2002，(9)：8-12.

② 李慧心. 2004 百度搜索引擎霸主地位凸显. https://tech.sina.com.cn/i/2004-12-25/0944484728.shtml[2004-12-27].

③ 忠广. 网络广告：柳暗花明又一年. 中华新闻报，2004-01-14.

2003 年肆虐中国大陆的"非典"让很多人记忆深刻。在某种程度上，正是"非典"推进了网络媒体在中国的普及速度：越来越多的人长时间地待在家里，形成了上网浏览新闻、了解信息、互相联络的习惯；同时，也为更多的广告预算转向网络广告创造了契机——大量的户外广告、交通广告效果明显下降，广告主自然而然地将广告重心由传统媒体转向聚集了众多网民的互联网络。同时，网络广告代理公司也积极发掘、利用网络媒体的技术优势与潜能，在原有基础上不断地开发更加强大的网络营销方式，除了上面提及的以谷歌和百度领衔的搜索引擎营销之外，由互动通肇端的富媒体广告也强势登场。2002 年，作为"中国富媒体行业的开拓者""富媒体广告形式的创始者"，互动通控股集团推出 iCast 网络广告解决方案和中国第一支富媒体广告——摩托罗拉赞助的电影《英雄》的片花。2004 年，国际知名富媒体广告公司 Eyeblaster 、United Virtualities 等先后入驻中国。到 2006 年，中国富媒体广告 70%的市场份额由互动通占有，剩下的 30%则由好耶宽通、Eyeblaster、United Virtualities 与其他运营商瓜分①。

在诸多利好因素的共同促成之下，2004~2005 年，数字营销公司的数量不断增多，质量也得以提升，显示出不容小觑的发展前景，受到众多国际国内资本的青睐。2005 年，好耶在 2000 年从 IDG（International Data Group，美国国际数据集团）融资 240 万美元的基础上又从美国橡树资本获得 3 000 万美元的融资。此后，大量资本进入中国数字营销市场，上演了一幕幕兼并、重组大戏。

在中国数字营销公司的初创时期，好耶具有一定的代表性，其开创的"技术+广告代理"的模式成为当时市场的主流，好耶公司 CEO（chief executive officer，首席执行官）朱海龙曾说："单纯的广告代理日子是不好过的，我们之所以能够活下来，主要是因为有技术做支撑。"在当时的社会背景下，不断升级换代的技术和新的网络广告形式成为好耶的核心竞争力，"左手是互联网广告的发布技术，右手是互联网广告，在技术上商业网站是我的客户，在广告上我是他的客户"。彼此之间形成互相促进的良性发展关系②。这充分体现了技术研发与

① 王成文. 中国网络广告第一个十年发展研究. 河南大学硕士学位论文，2008.

② 李娜，杜晨. 网络广告流变. IT 经理世界，2005，(24)：28-35.

应用主导着早期中国网络广告行业的整体经营。

随着互联网更加广泛、深入地融入人类的生活，人们对互联网的认识也逐步趋向全面、深刻——它不仅是一种独具个性的新媒介，还是极具效力的营销渠道。也就是说，依托互联网，不仅可以便利、快捷地发布广告信息，还可以借助相关技术与创意将信息展示与市场营销紧密结合在一起。在互联网上实现广告与营销“双效合一”的方式很简单：受众在网上点击广告或在搜索引擎输入关键词后，可以直接链接到广告主的官网或电子商务网站，通过后续的引导做出行动，如注册成为会员，深入了解企业信息，甚至直接购买商品……这样，网络广告与网络营销便自然融为一体。由此，网络广告代理公司的经营内容就得以拓展，成为网络广告营销代理商，更为准确、专业的表述就是数字营销代理商。

二、拓展时期（2006~2011 年）：资本助力，一站式网络营销模式普及

根据中国加入世界贸易组织（World Trade Organization，WTO）的相关协议，2005 年底，中国广告市场正式、全面对外开放。从 2006 年开始，许多外资广告公司以全资的方式大举进驻中国大陆。由此，有人将 2006 年称为“中国广告公司真正进入全球化的元年”①。跨国广告集团进入中国，在广告营销市场跑马圈地，或是建立独资公司，或是兼并、收购本土广告公司与数字营销公司，此举既提升了行业内竞争的激烈程度，同时又给市场带来新的活力，中国广告市场由此开启了一个新的发展时代。在此背景之下，数字营销公司也迎来了快速发展的春天。

（一）大量资本进入加快了数字营销公司的拓展速度

2006 年是中国“十一五”规划的开局之年，中国经济整体保持快速增长，从而大大提升了中国广告市场在全球的竞争力和吸引力，全球各大跨国营销传播集团、广告公司都将战略重心向中国倾斜，加大了对中国广告营销市场的资

① 高实，卿婧，李士凡，等. 广告业，表现渐趋成熟——盘点 2006’中国广告业. 广告大观（综合版），2007，（1）：22-29.

本投入。国外资本纷纷进入中国广告市场，将目光瞄准以网络广告营销为主的数字营销公司。2006 年 3 月，奥美集团在全球所有市场同时成立新媒体子公司 Neo@Ogilvy，其中国市场的新媒体子公司奥美世纪，就是奥美集团中国新媒体部门收购世纪华美后组成的公司。世纪华美是当时国内领先的互联网广告代理公司，合并之后的奥美世纪一跃成为国内排名第四的互联网广告代理公司[①]。2006 年 5 月，WPP 集团[②]收购了网络广告代理公司华扬联众，以此作为其进军中国网络广告市场的重要举措。WPP 集团 CEO 马丁·索雷尔爵士（Sir Martin Sorrell）如此解释此次收购的目的："对我们来说，目前有两大机遇及挑战——中国和互联网。华扬联众正可帮助我们应对这两大挑战。"在当年 WPP 集团全球共计 100 亿美元的营业收入中，网络广告营销业务只占 15%。同年 10 月，日本电通和日本软银共同出资在北京成立了电翼广告有限公司，专门从事无线互联网广告业务[③]。资本助力数字营销公司发展的大幕由此拉开。

进入 2007 年之后，全球数字营销行业不断上演着融资与并购的大事件。

2007 年 3 月，江南春领导的分众传媒出资 2.25 亿美元并购当时中国最大的互联网广告代理商和互联网广告技术提供商——好耶公司，全面进军数字营销市场；同年 7 月，再以 2 000 万美元收购创世奇迹广告公司 70% 的股份，进入游戏内置广告领域；12 月，又与卖场数字广告网络运营商玺诚传媒达成收购后者全部股份的协议，拓展数字广告网络在大型超市的覆盖范围。通过这些并购行为，分众传媒完成了集数字户外、互联网广告和手机广告于一体的整合数字化传播网络的打造，"日益成为最大的数字传播整合运营商"[④]。

2008 年 1 月，单体销售额世界排名首位的广告公司日本电通与当时国内最大的数字化媒体集团分众传媒达成战略合作关系，双方共同出资成立专注于互联网广告的电众数码（北京）广告有限公司，以应对迅猛成长的中国互联网广告市场

① 董晓常. 广告业的新旗帜. 互联网周刊，2007，(10)：48-49.

② WPP 集团：Wire & Plastic Products Group，WPP Group。

③ 高实，卿婧，李士凡，等. 广告业，表现渐趋成熟——盘点 2006' 中国广告业. 广告大观（综合版），2007，(1)：22-29.

④ 中国广告编辑部. 2007 中国广告传媒业大事记. 中国广告，2008，(3)：35-37.

的需求。

由于广告是当时所有网络公司盈利的主要途径与方式，一些互联网巨头也纷纷出巨资收购数字营销公司。雅虎在 2006 年就对网络广告公司 Right Media 进行战略投资，获得其 20%的股份，2007 年 4 月 15 日又以 6.8 亿美元收购其剩余的全部股份，以此巩固自身在网络广告市场的领先优势。雅虎的这次收购行为可以说是对谷歌公司稍早时候以 31 亿美元收购网络广告巨头 DoubleClick 的回应。紧接着，微软公司在与谷歌竞购 DoubleClick 失败之后，于 2007 年 5 月宣布以 60 亿美元的天价收购网络广告公司 aQuantive，此次收购“不仅是微软创建以来的最大规模收购案，也是全球网络广告行业最大金额的收购案”[①]。三大互联网巨头争先恐后、不惜重金收购网络广告公司，皆是因为看好数字营销的发展前景，有针对性地通过收购行为完成对未来的战略布局。

除了网络公司与跨国广告集团以重金收购网络广告公司的方式在网络广告市场强势圈地之外，年轻的网络广告公司、数字营销企业也积极努力地为自身的发展寻求国内外资本的支持。

易传媒（AdChina）成立于 2007 年，从第二年开始连续三年每年都获得一次融资机会——2008 年 6 月，金沙江创业投资基金牵头投入 1 000 万美元；2009 年 6 月，第二轮 3 000 万美元的融资又顺利完成；2010 年 12 月，易传媒又宣布完成 4 000 万美元的第三轮融资。

2011 年新年伊始，就有三家网络广告公司：悠易互通、传漾科技、盘石接力似的获得资本的青睐：1 月，盘石公司获得上海联创投资管理有限公司提供的 2 000 万美元融资资金；2 月 22 日，传漾科技获得经纬创投、祥峰中国投资公司、海纳亚洲创投的第二轮融资 2 000 万美元；2 月 15 日，互联网精准定向广告公司悠易互通获得美国橡树投资领投的 2 000 万美元，这是在 2010 年 2 月获得来自思伟投资和戈壁合伙人 1 200 万美元风险投资的基础上，悠易互通获得的第二轮风险投资。

同样的情形也在美国网络广告市场上不断发生：2009 年 6 月，由前雅虎搜索

① 微软 60 亿美元收购 aQuantive. http://tech.sina.com.cn/i/2007-05-23/11341522863.shtml[2007-05-23].

业务主管蒂姆·卡多冈创立的经营网络广告业务的 Open X 公司，在前期融资的基础上又筹集到 1 000 万美元，使总融资额达到 3 100 万美元；2010 年 9 月，美国科技博客广告网络 Net Shelter 在 2008 年首轮获得 1 100 万美元融资之后，又完成新一轮数额为 1 500 万美元的融资；2011 年 1 月，美国网络广告公司 Adknowledge 宣布完成新一轮额度为 2 亿美元的融资①。

以上只是简单地梳理介绍了一些具有代表性的收购、融资与合作的案例，现实中这样的事件应该还有很多。当时全球网络广告市场真可谓“群雄逐鹿、烽烟四起”，有行业期刊曾以“广告乱世”来形容这一局面。单从这些创历史纪录的数字就可以明显看出网络广告市场的巨大吸引力，以及未来的无限前景。

在 2007~2008 年，通过不断地兼并与重组，国内数字营销行业的市场格局基本明朗、清晰，形成了三大阵营主导的局面：第一阵营是掌握着网络媒介的传媒集团或互联网公司，如分众传媒；第二阵营是以 4A 为代表的传统广告集团；第三阵营则是独立的数字营销公司。在这三大阵营中，数字营销公司相对处于劣势，无论是自身拥有的资源，还是运作广告营销的经历与经验，与前两大势力相比都有明显缺陷和不足，因此，这类公司生存与发展的难度相对更大。特别是随着互联网巨头与传媒集团、传统跨国广告集团以及投资商携巨量资本进入数字营销行业，进一步加剧了行业内的竞争，使得“弱肉强食”“优胜劣汰”成为市场主调。一方面，以跨国广告集团为代表的传统广告公司在品牌塑造和广告营销创意方面拥有绝对的优势，同时手握众多品牌客户资源，在此基础上通过兼并将优秀的数字营销公司招致麾下，无疑是如虎添翼，使之能在数字营销市场一路前行，牢牢地掌控着互联网广告与营销全案策划服务的主动权；另一方面，互联网巨头公司拥有数字营销的媒体、渠道及平台，掌握着流量入口、各种行为数据，在软硬件技术方面也有天然优势。这两股势力的强势入驻，既给数字营销行业带来资金、活力以及多元化经营的格局，同时也必然在一定程度上挤压数字营销公司的生存空间，加剧行业内竞争的激烈、严酷程度。正是这种危及生存的竞争态势，极大地激发了相对弱小的数字营销公司的斗志，使之积极、努力地进行内部挖潜，不

① 吕文龙．“融资”背后的网络广告．互联网周刊，2011，(6)：59-61.

断拓展自身的经营范畴、铸就自身的核心竞争力。

（二）融技术与创意于一体的一站式网络营销模式盛行

有效应对竞争的前提是找到自身的优势。前面说过，众多专门经营网络广告与营销的新型公司基本都具有技术基因，可以说，对互联网相关技术的熟练掌握与应用是数字营销公司区别于传统广告公司的重要特征。这一点从众多投资的流向就可明确看出：在网络广告技术上有专长的公司，往往成为资本追逐的对象，这与早期网络广告公司产生的背景、契机遥相呼应。无论是美国的DoubleClick，还是中国的好耶，都是从技术起家，以技术发家。上面所列的这些屡被投资基金“砸中”的公司，大多都具有明显的技术特质。

如果说，初创时期的数字营销公司凭借着新媒体、新技术的先发优势，以相对简单的媒介代理以及网络广告投放与管理软件系统的开发与维护就能在当时的市场获得立足的空间和发展的舞台，那么，在进入竞争激烈的拓展期之后，还固守于媒介发布这个狭窄的层面，则肯定会被市场无情淘汰。于是，从互联网作为新媒体、新技术超越于传统媒体、传统广告营销技术的角度，数字营销公司进一步向纵深探索，寻求数字营销的新途径、新方法：其一，聚焦于网络媒体（渠道）能够“在正确的时间、将正确的信息、以正确的方式、传达给正确的消费者”的特点，力求实现广告营销活动的精准投放；其二，随着Web 2.0时代的开启、社交媒体的诞生，摸索调动、激发消费者主动参与热情的手段和方式，与之开展良性互动；其三，基于互联网上行为引导、数据获取的便利，将广告从早期以单纯展示信息为主转向以效果的转化与达成为目标，并适时改进广告收费模式，使广告主的投资回报率（return on investment，ROI）有更切实的保障……这些探索与努力，都基于技术，但又不仅仅是简单地停留在技术层面，而是充分利用技术为广告营销活动效果的实现服务，使广告营销活动更有针对性，更有吸引力和感染力，同时也更加高效。2006年，好耶CEO朱海龙接受《中国广告》杂志记者采访，当被问及好耶成为领先的互联网广告公司的优势究竟是什么时，他这样回答：“技术加运用，是好耶最大的优势。对于互联网广告，如果没有技术，你就只能做一个代理，而代理行业的门槛相当低，恶性竞争非常严重。当然，你的技术还必须提供相应的服务，你只有利用技术为你的客户——广告主、广告公司、网站，提供一系列有价值的服务，你才能在市场上立足！”[①]对于数字营销公司来说，要想成功，必须以富有创意的方式去运用技术，也就是要在技术优势的基础上再加上“创意”的力量，以“技术+创意”作为自身的核心竞争力。而且，这里的“创意”不同于传统的广告创意仅仅只是聚焦在信息的传播层面，此处“创意”的运用范围得到大大的拓展——技术的研发与更新、技术如何转化为能带来实际营销效益的产品等，都需要从创意的角度加入思考和把握，以期最后能够给客户带来实际的市场效益。

跟踪观察投资商们注入数字营销公司资金的最终去向，发现大多资金也都被用于技术的研发与日常的运作。作为网络广告解决方案提供商的传漾科技，在获得融资的同时，正式推出 Media Matrix 营销平台，其功能非常全面，可以为上千家网络媒体提供用户群分析、媒体分析、媒介计划和效果监测等服务，为广告主提供一站式网络营销方案，并使网络广告实现精准和智能。悠易互通新获得的资金，也被用于提升公司创意视频和富媒体广告平台的实力。

2008 年，美国次贷危机引发了全球性的金危机，许多企业市场效益下滑，于是纷纷压缩广告营销的预算，此举直接导致传统广告的资金投入锐减。但在传统广告市场整体疲软的大环境之下，网络广告却异军突起、逆势上升，被人们形容为“寒冬中的一股暖流”，被越来越多的公司选择和采用。业内专家由此指出，传统广告业务的黄金时代已经过去，取而代之的是网络广告与营销[②]。在此背景下，一批独立的数字营销公司获得长足发展，业务内容逐渐摆脱了开拓时期主要依靠网络技术从事网络广告代理的单一模式，开始拓展范围，为广告主提供全案策划，实施一站式网络营销服务。

一站式网络营销指的是数字营销公司为广告主全程提供其所需要的全部网络营销服务内容——建立网站、市场推广和商机转化。“一站式网络营销通过一家服务商、一个产品来实现企业开展网络营销的整体解决方案，这对于企业来说，能

① 伏海. 技术会让我们更优秀——专访好耶广告网络首席执行官朱海龙. 中国广告，2006，(10)：47-48.
② 刘林森. 金融风暴吹热网络广告. 今传媒，2009，(4)：22-23.

够减少时间、精力和金钱上的消耗，并有利于网络营销后续的管理和维护，在投资回报率上无疑是最高的。同时这对于提供一站式网络营销服务的服务机构来说，也有着非常高的要求。”[①]确实，要提供建立网站、市场推广、商机转化一条龙服务，数字营销公司必须将技术与策划、创意紧密结合起来，同时还得兼顾服务内容、形式的创新与实际营销效果的快速达成，无疑是一个巨大的挑战。为更好地应对这一挑战，许多数字营销公司加大了对网络营销平台的建设力度，如传漾科技推出的 Media Matrix 营销平台，在其创始人之一徐鹏看来，就是“为用户提供一站式智能化精准营销的平台”。2007 年，阿里巴巴旗下的阿里妈妈上线，并于 2011 年推出 Tanx（Taobao Ad Network & Exchange）营销平台。

一站式网络营销模式的盛行，又进一步促进了广告联盟的发展。广告联盟起源于 1996 年亚马逊为投放自身的广告而将数以万计的中小网站聚合在一起这一事件，2003 年谷歌推出的 Google AdSense 则可服务于众多广告主，很快成为全球最大的网络广告联盟。我国的网络广告联盟成型于 2010 年左右，作为连接广告主与网络媒体的枢纽和桥梁，网络广告联盟很快得到市场认可，受到中小企业的欢迎。2009 年，聚集了包括新华网、人民网、凤凰网、优酷、中关村在线等众多知名国内网站在内的 30 多万家优质联盟成员的百度“网盟推广”正式上线，百度由此开启“全域营销时代”[②]。随着移动互联网的兴盛，移动广告网盟也自然而然地产生，并在 2011 年升级为移动广告聚合平台，如芒果广告聚合平台、AdView 广告聚合平台。移动广告聚合平台将多家网盟整合在一起，可以在平台上实现多家网盟的自由切换和流量分配，进而提高广告效益[③]。

在综合型的数字营销公司为广告客户提供内容丰富、全面的一站式网络营销服务的同时，另外一些公司则坚持走差异化、个性化的发展道路，根据自身优势选择某一细分市场进行深耕细作，如专注地做游戏植入、网络视频等。另外，随着大数据的崛起，数据的汇集、分析与检测也开始受到重视。

---

① 周凯. 2008 年网络营销发展趋势浅谈. 互联网周刊，2008，（10）：83.

② 刘佳. 百度开启全域营销时代. 互联网周刊，2010，（1）：114.

③ 梁丽丽. 程序化广告：个性化精准投放使用手册. 北京：人民邮电出版社，2017.

三、渐趋成熟时期（2012 年至今）：数字营销产业链初步建立

在整个数字营销产业的发展历程中，2012 年是非常关键、重要的一年，移动互联网爆发，云计算落地，大数据时代开启，中国 RTB 元年……这些关键词频繁出现在数字营销市场年度总结的各种文献中。网络及数字技术的发展及应用，进一步促进了数字营销以及数字营销公司全方位的拓展。从世界范围而言，2012 年全球经济缓慢复苏，中国经济则实现了软着陆。华扬数字营销研究院《2013 中国数字营销行动报告》显示，随着 2012 年我国宏观经济增速趋缓，广告主更倾向于选择投资回报率高的数字广告媒介，数字广告预算的投放增长高于传统媒介广告，传统营销地位下滑，数字营销被寄予厚望。同时，互联网用户规模最大群体的年龄分布特征发生重大改变，由先前以青少年为主转变为以 25~34 岁年龄段为主。24~35 岁年龄段的用户更加成熟、理智，消费能力更强，而且其规模将会继续扩大，这无疑为整个数字营销行业的兴盛与升级换代奠定了深厚的现实基础。由此，数字营销公司的发展渐入佳境。

（一）从平台营销到跨屏智能营销

一站式网络营销服务模式的普及，彰显了营销平台的重要性。由此，平台建设成为诸多数字营销公司的工作重心。从 2011 年开始，一些互联网公司就在开放平台方面有了实质性的推进——百度实现了个性化搜索页面和应用定制，腾讯 QQ+可直接加载到用户桌面，新浪微博与即时通信相互打通，淘宝开放平台、360 开放平台、人人网开放平台等也相继推出。从产业发展的角度，平台的开放为开发方、平台方和用户方三方实现共赢奠定了重要基础。因此，开放平台甫一推出就得到市场的欢迎与肯定，有研究认为开放平台将成为互联网公司实现“数据+用户”整合、“内容+渠道”整合的主要方式①。在此基础上，围绕数字广告的投放流程，数字营销公司开始跑马圈地，全面铺开营销平台的建设，以及相关产品的研发与应用。一时之间，DSP、SSP、DMP、广告交易平台如雨后春笋般出现。

---

① 詹新惠，刘耕. 互联网“动车”一路“开”过——2011 年互联网发展盘点. 青年记者，2011，(12 月下)：22-24.

一站式网络营销活动的开展，必须率先在互联网上搭建广告交易平台。通过广告交易平台，将网络营销活动涉及的多方：需求方（广告主或广告代理商）、供应方（网站或网盟）、数据管理与监测方关联在一起，以保障网络广告投放快速、便捷、有效地进行。世界上最早的广告交易平台是 2005 年出现在美国的 Right Media。2011 年，谷歌 DoubleClick Ad Exchange 在中国试运营（2012 年 4 月 10 日正式在中国推出）；同时，国内第一个面向全网的实时广告交易平台 Tanx 也于 2011 年 9 月由阿里妈妈正式对外发布。随后，腾讯、盛大、新浪、百度亦纷纷推出自己的广告交易平台。

有了广告交易平台，自然会吸引广告交易活动涉及的各方主体带着各自的 DSP、SSP、DMP 加入其中。2012 年，北京品友互动信息技术股份公司（简称品友互动）、华扬联众、易传媒、好耶、聚效 MediaV、舜飞科技等中国领先的数字营销公司，纷纷推出各自的 DSP。品友互动的 DSP，拥有 73 亿人群属性标签数据规模，其人群分析模型和广告优化算法均获得了国家专利，可以 3 毫秒内实时分析人群属性，50 毫秒内完成一次 RTB 交易，每天支持 10 亿以上的曝光。另外，一些互联网公司，如腾讯、百度、优酷土豆、新浪等也相继加入 SSP 的建设，腾讯的 Tencent Ad Exchange 上市后就与多家数字营销公司的主流 DSP 实现对接，积极为客户提供差异化的优质营销资源[①]。

在广告交易平台上，有了 DSP 和 SSP，需求方的广告投放和供应方的广告位出售就能实现对接，但其针对性和精准性难以保证，还需 DMP 的加入。2014 年，阿里妈妈推出自己的 DMP——达摩盘，将需求方和供应方双方的分散数据集中、统一纳入 DMP 进行分析，生成相关人群的标签并同步到钻石展位、淘宝直通车等产品中，进行定向精准投放。北京百分点信息科技有限公司、广州互动派传媒科技股份有限公司、北京秒针信息咨询有限公司（简称秒针系统）、精硕科技股份有限公司（简称精硕科技）等大数据营销公司，也先后推出数据管理、数据监测平台，用数据和技术支撑、保证数字营销效益的最大化。

广告交易平台将 DSP、SSP、DMP 有机串联在一起，再加上 RTB 交易模式，

---

① 中国互联网广告 RTB 元年十大事件盘点. http://tech.qq.com/a/20130121/000140.htm[2013-01-21].

就能快速、自动、精准地完成数字广告的投放。至此，一站式网络营销升级为一站式智能数字营销，从而大大提升了数字营销的效率与效益。

随着智能手机的普及以及通信技术快速进入 3G、4G 阶段，移动互联网以不可阻挡之势登场并迅速超越传统互联网，移动客户端的用户数量很快超越 PC 端，再加上智能电视、OTT（over the top）盒子的出现，绝大多数用户每天都身处“多屏”的包围之中，随时在电脑、手机、平板电脑、智能电视之间转换，其注意力被严重分散、稀释。为了应对受众碎片化的现实，保障广告营销活动的实际效果，数字营销公司又在一站式智能数字营销的基础上，探索和实践“多屏”及“跨屏”的营销策略。例如，传漾科技就耗费三年多的时间进行研发，于 2015 年推出跨屏 DMP——SameData6.0，通过传漾科技 Dolphin 平台将用户在各种设备上的数据打通，生成唯一的跨屏 ID（identity document）：Adsame_ID，一个 Adsame_ID 可以对应多个 Cookie ID 与移动设备 ID。利用 Adsame_ID，可以非常顺利地将用户在多个屏幕上的多种数据进行汇总、分析，准确把握其个性特征和兴趣爱好，进而实现针对一个 Adsame_ID 进行数字广告的跨屏精准投放。此外，SameData6.0 还能整合多屏资源，对用户进行跨屏追踪，在不同平台之间有效控制广告投放的频率，使广告投放更有针对性，确保多屏上的用户资源不被错失、浪费[①]。

（二）“以用户为中心”的新理念确立

移动互联网在很大程度上改变了人类生活的方方面面，自然也深刻地影响着广告营销观念及思维方式的变化。每个手持智能手机或平板电脑的用户随时随地都可以在两种身份——信息的传播者、信息的接收者之间自由转换，互联网由此进入 SoLoMo（Social，社交的；Local，本地的；Mobile，移动的）时代。随时随地在线的用户为广告营销活动“见缝插针”地开展提供了契机，同时也对数字营销公司的快速反应能力提出了更高的要求；用户“既是传播者又是接收者”的特征迫使数字营销公司转变“以我为主”的立场和观念，重新树立“以用户为中心”的理念，并将之贯穿于数字营销的全过程。基于此，悠易互通公司适时提

① 石松. 深度解码跨屏营销. eNet & Ciweek[2015-07-01].

出了“中国受众网络”概念，认为技术驱动下的中国受众网络是未来广告、营销发展的新行标。“中国受众网络”概念的提出，直接“颠覆了传统的广告思维，开辟了新的营销逻辑”[①]。在这种新的思维和逻辑之下，数字营销公司应该如何调整自身的经营机制？曾任腾讯公司网络媒体事业群总裁的刘胜义认为：“互联网已经进入了一个 Real-Time（实时）媒体的时代，实时的信息在以分钟为间隔单位进行广泛传播。开放的媒体平台制造出海量的 UGC（user generated content，用户生产内容），构建了瞬息万变的媒体环境。在这一背景下，企业的营销更需加快步伐，以快制胜。”腾讯推出的《虚拟世界 真实信赖》数字媒体白皮书，则针对实时媒体背景下出现的微博、视频等营销新触点，对数字广告与营销活动提出建议：对于广告主而言，与其自己发出内容，不如巧妙借力——借网民智慧之力、借热点话题之力、借大事件之力，通过巧借热点事件、热点话题之力进行信息传播与品牌形象的塑造，能有效形成并强化企业与品牌的差异化定位；同时，在多屏与碎片化的传播环境下，也不能将所有的鸡蛋都放在一个篮子里，营销活动一定要了解目标用户的网络触点与内容，整合并打通不同平台，在对用户跨屏行为进行准确追踪的基础上，在各平台之间完成灵活投放，以更好地和用户行为同步，进行实时互动[②]。也就是说，数字营销公司要依托自动化、智能化的广告交易平台，将多屏整合在一起，为客户实时提供一站式的数字营销服务。

（三）跨界与整合轮番上演

站在整个数字营销行业的角度来看，“整合”绝不是只体现在媒体、渠道与终端，而是更深刻地呈现在整个行业格局的变化与发展之中。一方面，在数字营销的浪潮之下，先前分属其他行业的咨询公司、公关公司甚至网络科技公司也纷纷扩张自己的领地，进入广告营销行业与广告公司、营销公司抢夺市场，一较高低。据报道，2010 年《广告时代》（*Ad Age*）杂志推出的全球 100 大广告营销公司榜单中，只有 IBM 一家咨询公司勉强上榜。7 年之后，在 2017 年的榜单中，咨询公司则是强势逆袭，IBM、Accenture（埃森哲）、Deloitte（德勤）等咨询公

① 数字营销新蓝海：以受众为核心. 广告大观（综合版），2011，（7）：95.

② 李敏. 变革时代洞察心声掌控数字营销新触点. 广告人，2011，（6）：154-155.

司的数字部门几乎瓜分了榜单的前五名；同时，上升速度最快的公司中还包括KPMG（毕马威）、EY（安永）、PwC（普华永道）等曾经一度剥离咨询业务的传统“4大”。而传统4A广告公司阵营的“6大”（即WPP集团、宏盟集团、阳狮集团、IPG[①]、日本电通、Havas）不仅在与新营销咨询“3大”（IBM iX、埃森哲互动、Deloitte Digital）、麦肯锡和Capgemini（凯捷）的竞争中节节败退，甚至被纯粹的科技公司Adobe、Salesforce和Oracle抢走地盘[②]。2010年，在听到某大品牌首席营销官抱怨他们需要同时和75家广告、公关和其他营销公司合作之后，德勤咨询公司的主管Mike Brinker和合伙人们敏感地意识到其中隐含的巨大商机，当年就组建了德勤的数字部门Deloitte Digital，凭借其在传统咨询行业的优势大举进入数字营销领域，先后兼并了Mobiento、Flow Interactive、Banyan Branch等广告设计与数字营销公司，全面转型为一家提供“一站式”营销咨询服务的第三方机构，并很快成为数字营销领域的“巨无霸”。在2016年2月德勤宣布收购旧金山著名创意公司Heat之后，《华尔街日报》对之做出“管理咨询公司们正在深入美国的麦迪逊大道”的评价；紧随着德勤咨询公司，埃森哲也于2013年建立了数字营销机构——埃森哲互动，其后更是陆陆续续收购了15家营销代理商，在美国《广告时代》杂志发布的《2017营销服务提供商报告》中，埃森哲互动数字营销服务被评为全球规模最大的数字营销服务提供商，这是其连续两年位列榜首。同时，埃森哲还跃升为全球最大的综合性营销服务提供商、营收最高的数字代理机构。2016年，IBM先后收购了三家数字营销公司，将其整合进IBM iX……咨询公司的这些大动作、大手笔，对专业从事广告营销代理活动的数字营销公司与传统4A公司来说，都无疑是巨大的威胁及严峻的挑战。另一方面，在广告行业内部，“去乙方化”的风暴也愈演愈烈[③]。“去乙方化”指的是传统代理制下必须委托广告代理公司代理相关广告代理活动的广告主和广告媒体机构有意绕开甚至“抛弃”广告代理公司——品牌自营内容（brands as agencies）、媒体自营广告（publishers as agencies）。数字营销时代，越来越

① IPG：Interpublic Group of Companies。
② 中国广告编辑部. 2007中国广告传媒业大事记. 中国广告，2008，(3)：35-37.
③ 栗建. 被咨询公司入侵领地的4A. IT经理世界，2017，(7)：40-42.

多的广告主可以借助于数字技术、社交媒体和自媒体，完全自主地进行内容创意与生产，并通过广告交易平台直接与广告媒体机构（供应方）对接，实施程序化的媒介购买与投放。近年来，百事集团在寸土寸金的纽约曼哈顿新成立了占地4 000 平方英尺[①]的内容制作中心，联合利华整合乙方资源创建了 U-Studio 和 U-Entertainment 两大内部内容制作中心，还有更多的企业如高盛、埃森哲、欧莱雅，也纷纷将先前外包给代理公司的内容制作转为自营；广告媒体机构拥有的越来越多的媒体资源也可以捆绑打包的方式经由广告交易平台实现自动化的投放，同时一些媒体机构还主动出击，直接参与广告运营，如谷歌不断开发创新性的广告产品以吸引广告主，《纽约时报》旗下的品牌营销部门 T Brand Studio 以原生广告起家，如今已发展为较成熟的广告代理商。广告主和广告媒体机构完全可以甩开作为“乙方”的广告营销代理商，很便利地在广告交易平台上达成彼此的联结，实现各自的目标，“乙方”的生存空间遭到严重挤压。

在此内外交困的局面之下，“你中有我、我中有你”的跨界整合之风盛行于行业内外。其一，打破传统广告营销服务的边界，不再只是聚焦于广告主的终端销售，单纯提供广告营销活动的策划、创意、制作与媒介投放计划，而是全面融入企业的整个经营过程，为之提供深度服务：利用大数据研究，把握消费者需求，预测市场动向，为新产品开发指明方向；配合新产品上市，做好品牌创建、广告与市场营销活动；在企业、品牌与受众、消费者之间架起沟通的桥梁，随时保持良好的互动；当企业与品牌遭遇突如其来的危机，及时启动公关、新闻报道等予以化解……也就是将传统广告营销公司的核心竞争力“创意”拓展、渗透到企业经营活动的各个环节、各个层面。与此同时，在长时间为传统媒体机构做媒介代理积累的经验之上，与新旧媒体全面合作，及时学习、掌握最新技术，将各种媒体融会贯通，做好综合性媒体平台的建设与维护，为精准、高效的程序化投放提供基础和保障[②]。其二，基于数字营销时代很多边界都被打破、跨界与融合成为常态的现实，与行业外的其他公司建立合作伙伴关

① 1 平方英尺≈0.092 903 平方米。

② 栗建. 被咨询公司入侵领地的 4A. IT 经理世界，2017，（7）：40–42.

系。例如，大数据时代，数据的汇集与分析至关重要。在这方面，互联网公司如谷歌、Facebook、百度、阿里巴巴、腾讯，以及门户网站、数字媒体终端、移动通信运营商等掌控着各种大数据，咨询公司也拥有数据特别是数据分析与管理的优势，与之结成同盟关系无疑可以便捷地做到资源共享、彼此互惠；另外，技术的创新与应用成为数字营销时代广告营销创意是否能有效落地的重要条件，一些引领着最新技术应用，如 AR（augmented reality，增强现实）、VR（virtual reality，虚拟现实）、AI（artificial intelligence，人工智能）、体感互动、人脸识别的高科技公司，更是成为数字营销公司重金收购的对象。2014 年被称为“广告技术圈的并购大年”，投资银行服务公司 Coady Diemar Partners 提供的数据显示，当年与“广告技术和服务”相关的并购交易数量为 100 件，总金额达到了 75 亿美元，为 2013 年该行业并购总金额（23 亿美元）的三倍多。WPP 于 2014 年对领先技术平台 AppNexus 追加 2 500 万美元的投资，持股水平增加到 15%；2015 年又买入 Medialets 和 The Exchange Lab，以进一步增强自身实时媒体投放的能力[①]。由此，有人预测，未来的广告营销公司将会以“轻资产、重整合”的模式为主：广告代理商“掌握客户、策略和数据，却不需要完全将执行捏在自己手里”[②]。2016 年 8 月，宏盟集团在赢下了麦当劳价值 15 亿美元的创意业务之后，旗下 DDB 北美分公司的 CEO Wendy Clark 就表示，该项业务将以 DDB 为基础，抽调集团内部资源为客户定制一家新的代理商，而且这家新的代理商还会囊括来自 Facebook、谷歌和《纽约时报》T Brand Studio 的外援。Wendy Clark 认为，这会让他们的创意变得更棒。当年 11 月，宏盟集团将这家为麦当劳定制的新代理商命名为 We Are Unlimited，其总部设在芝加哥，由 BBDO[③]的资深总监 Brian Nienhaus 担任 CEO，曾在李奥贝纳芝加哥负责麦当劳业务的 John Hansa 担任执行创意总监。We Are Unlimited 约有 200 名员工，其中来自 Facebook、谷歌、Twitter、Adobe、The Marketing Store（TMS）和《纽

---

① 林小楠. 做数字时代的广告技术狂人. 媒介杂志微信公众号[2017-02-15].

② Juni. 未来广告代理商的形态会是什么样？SocialBeta 微信公众号[2016-10-9].

③ BBDO：Batien，Barton，Durstine & Osborn，天联广告公司。

约时报》T Brand Studio 的人员约占总人数的四成，他们与宏盟集团原有的团队组合到一起，为麦当劳提供包括策略、创意和分析在内的全渠道整合服务。按照 We Are Unlimited 的 CEO Brian Nienhaus 的说法，通过从数字化、社交媒体和零售专家那里来的实时数据洞察，小到一条推文，大到超级碗的长期营销活动，甚至店内自助终端的设计，We Are Unlimited 都能一手包办①。围绕一家企业，一个品牌，在汇集多家公司的创意人才和技术精英的基础上为其重新定制一家代理商，这样的合作方式将会越来越多，“如果善于整合技术和人才资源，能用数据驱动的洞察讲好故事、设计用户体验，成为品牌的合作伙伴而非‘代理商’，这样的组织形态势必会获得更多的机会”②。

弥漫于整个市场的跨界整合之风，非常有利于广告营销代理商集中优势为广告主提供最优质的服务，同时也给各种不同规模、类型及风格的相关公司及机构提供了相对宽松的生存与发展空间。越是个性鲜明、反应敏捷的公司，越容易在整合中占据优势，抢得先机。2012~2014 年，一批小型独立的广告营销公司应运而生：2012 年 12 月 Karma 成立，2013 年 11 月天与空诞生，2014 年出现的有上海意类广告有限公司（简称意类）、ookini、W……这些公司的创办人与合伙人基本都拥有长期供职于 4A 公司的经历，其中不乏知名 4A 公司创意总监级的人物，他们或者是提前感知到传统 4A 公司的生存危机，或者是看好数字营销的发展前景，或者是带着个人再创业的激情，纷纷打造自己的“以创意为主导的本土小型独立广告公司”。如今，这些公司已在行业内做得风生水起，被人统称为“创意热店”，一些现象级的广告作品都出自于这些热店，如 W 公司为 New Balance 策划创意的广告《每一步都算数》，在腾讯视频上线仅 5 天，其播放次数就超过了 500 万次；一些知名品牌，如可口可乐、西门子、耐克、淘宝、天猫、腾讯，也都先后与这些独立创意热店达成合作关系，显示出不容小觑的竞争实力。

---

① Juni. 这家为麦当劳量身定制的新广告公司，会成为“未来广告代理商”么？http://socialbeta.com/t/100456 [2016-11-21].

② Juni. 未来广告代理商的形态会是什么样？SocialBeta 微信公众号[2016-10-09].

（四）倾力打造海外营销平台

随着国内市场的饱和以及竞争的日益加剧，一些互联网企业开始寻求新的出路和“战场”。一时之间，“出海”成为人们关注的焦点话题。从 2014 年开始，中国互联网企业集体性地放眼海外，意欲向外扩张，其中既有百度、阿里巴巴、腾讯这样的互联网巨头公司，也有一大批中小企业，如猎豹、UC 等。无数企业纷纷加入“出海潮”，迈出国门，走向世界，自然需要数字营销公司沿路开拓市场，代理营销传播活动。海外市场的广告与营销推广，很多时候都是立足于谷歌、Facebook、Twitter 这三个大型广告平台，为了更好地服务于“出海”企业与品牌，许多数字营销公司着力打造海外营销平台，并积极与主要流量拥有者谷歌、Facebook、Twitter 实现对接，达成合作关系。2015 年初，Madhouse（亿动广告传媒）启动移动程序化购买旗舰平台，其中就包括一站式海外推广平台 PerforMad。基于这个平台，其海外广告投放量单月破亿，全年总量超过 7.2 亿。与此同时，Madhouse 还继续加大投入，完成了 PerforMad 与谷歌、Facebook、Twitter 的对接，成为三大海外渠道在中国大陆地区的顶级代理商。2015 年 4 月，点入移动重金打造的海外业务平台 PandaMobo 上线运营，成功打入海外市场，并在当年 10 月成为 Twitter 中国区的顶级代理商；蓝标移动互联也在 2015 年拿到了 Facebook 中国区顶级代理权，多盟则成为中国区第一家获得 Facebook 授权 Facebook Marketing Partner 资质的企业。此外，还有一些公司在全球各地设置分公司或办公室，以便开展海外业务，如品友互动于 2015 年 7 月成立北美公司 BoarderX Lab，打造跨境 DSP，在全球范围内拓展业务；一直努力追求成为“全球跨屏广告平台先锋”的 Avazu（艾维邑动）在 2015 年将广告业务出售给一家上市公司，在国内 A 股上市，在美国洛杉矶、加拿大多伦多、印度班加罗尔等地设立办公室，继续拓展全球广告市场，并于 2015 年 4 月成为 Google Adwords 的核心合作伙伴，11 月其平台 mDSP 又与 Facebook 广告平台完成全面对接；汇量科技则在两条线上同时发力，一方面深化国内出海客户梯队，另一方面又在美国、印度、新加坡等国家开设办公室，挖掘当地客户资源[1]。跨境、跨屏一站式营销平台的出现，为走向世界市场的企业与品牌提供了很多便利。

至此，面向全球市场的数字营销生态链基本形成。在这条生态链上，先前分属不同行业、类型各异的公司走到一起，彼此交融、协作；各种营销平台之间无缝对接，在资源共享的基础上精准、快速、高效地完成广告营销信息的投放；各类媒体与渠道，传统的、新兴的，线上的、线下的，国内的、国外的，均被整合到一起，顺应着用户行为轨迹的改变而被有效地加以利用……整个数字营销行业逐渐走向规范、有序，并呈现出良好的发展态势。

历经 20 余年时间，中国数字营销公司从零起步，走过了一条充满坎坷的曲折发展道路。如今，一个逐渐趋于成熟、有序的数字营销市场已然建立，越来越多的广告主纷纷将广告预算从传统广告营销转移到数字营销，并对之充满期待。不可否认，与传统的广告营销活动相比，数字营销有很多优势，也为广告主带来了许多看得见的效益。但无法回避的是，在数字营销活动的运作过程中，还存在一些明显的问题与不足，如流量作弊、虚假交易、广告投放过程不透明、品牌安全受到威胁等。这些问题不解决，将直接危及数字营销公司的信誉以及生存与发展。解决问题的路径有两条：一方面，随着新修订的《中华人民共和国广告法》和新颁布的《互联网广告管理暂行办法》的实施，数字营销市场的管理将更加严格、规范。严格、规范的管理有助于理顺各运行主体的职责，端正行业风气，消除违法、违规操作。另一方面，充分利用高新技术——大数据技术、人工智能技术、区块链技术等，杜绝诸多人为的弄虚作假，提升数字营销活动的吸引力与感染力，如人工智能、大数据与科学的算法可以在相当程度上保证广告的精准投放；无法篡改、公开透明的区块链可以重塑广告营销活动的信任度；VR、AR 技术的应用则将使场景式营销更加逼真并带给人更好的体验……这一切，正是目前以及未来一段时间数字营销公司努力的方向。

① 过去一年他们都做了什么——数字营销公司年终盘点. 市场瞭望，2016，(1)：89-97.

第三节　数字营销公司的主要类型

数字营销公司，从最早的网络技术与网络广告代理公司起步，经过 20 余年的发展，业务内容不断拓展，服务方式不断演进，公司的类型与发展方向也日趋多元。按照服务内容与经营范围的不同，数字营销公司可大致分为两大类：综合型服务代理公司和专门型服务代理公司。综合型服务代理公司指的是从事全案代理、提供一站式数字营销活动的公司，其在公司规模、整体实力、人员构成等方面都具有一定优势，追求的是“大而全”；专门型服务代理公司则指专注于数字营销的某一项业务内容、某一运作环节的公司，围绕某一点集中精力将之做到极致，被人们称为“小而美”。对这类“小而美”的专门型数字营销公司，行业内又有各种不同分类方法，如有人将之分为五种类型——媒体型、客户资源型、技术型、创意型、内容型；有人将之分为资源流、技术流、创意流三种不同的流派[①]。从某种角度可以说，数字营销市场有着非常多的细分领域，如专做社会化媒体营销，专做微营销，专门为汽车类品牌服务等，如果一一罗列，将会非常烦琐。

综合考察数字营销行业的总体状况，我们可以将数字营销公司划分为技术服务型、创意设计型、数据挖掘型、全案代理型。

一、技术服务型

数字营销是基于互联网技术、计算机通信技术、数字技术而兴起的一种广告营销方式，在其产生之初就天然地带有明显的技术基因，早期的数字营销公司基本也都是以技术为主要突破口和立足点，运用电脑在互联网上发布广告信息、开展网络营销。与当时还如日中天、占据绝对优势地位的传统广告公司相比，新生的数字营销公司除了计算机技术、互联网技术之外，几乎别无所长。自然而然

① 万木春，胡振宇. 数字营销再造：“互联网+”与“+互联网”浪潮中的企业营销新思维（服务篇）. 北京：机械工业出版社，2016.

地，技术成为数字营销公司立足的根本，取胜的法宝。最早的数字营销公司，无论是美国的 DoubleClick，还是中国的好耶，都是依托技术优势，从事广告管理软件和工具的开发，引领数字营销一路向前发展。

作为全球最早的数字营销公司，DoubleClick 公司在很多方面开风气之先，是早期网络广告的开拓者和引领者。首先，推出了智能精准的广告管理监测系统——DART，该产品集成了当时最先进的网络广告传送、跟踪和报告技术，可实现广告创意轮换、地域定向、频率控制等先进功能，能真正帮助广告主将正确的信息在正确的时间传递给正确的受众，是全球领先的广告管理监测系统，在世界范围内被广泛使用。“DART 采用由上到下的分级管理模式，不仅可保证信息的安全性及公正性，同时也可保证广告用户的数据被真实地体现而不能被随意修改。它是国内市场上唯一被美国发行量审计局（Audit Bureau of Circulations，ABC）、普华永道等第三方审计公司认证的产品。”①1999 年、2000 年，DART 在全球数字营销行业所占的市场份额接近 98%，中国早期的绝大部分网站，如新浪、网易、阿里巴巴、21CN、天极、易龙也都使用该产品。其次，1999 年 DoubleClick 进入中国市场后，针对刚刚起步、尚处探索之中的中国网络广告市场，在互联网广告数据监测与售卖模式上进行普及与推广。中国网络广告起步之初，采用的就是国际流行的 CPM（cost per mille，每千人成本）模式，但来势凶猛的互联网泡沫极大地打击了广告主对网络广告的信任与信心，减少了对网络广告的投入，网络广告代理商也由于广告售卖的压力，只得将 CPM 模式又改回了传统媒体以版面和时段计费的“版面时段”模式，以确保广告收入的稳定。针对这种状况，DoubleClick 在推出传统监测模式解决方案的同时，大力地普及 CPM 模式。与此同时，为进一步满足市场对精准营销的需求，还积极提供 CPA（cost per action，每行动成本）、CPC（cost per click，每点击成本）等模式的监测数据②。最后，在广告形式上与时俱进，不断推陈出新。例如，针对视频富媒体广告和手机移动广告，频频推出新的网络广告技术与解决方案。2007 年 2

① DoubleClick DART 网络广告效果监测系统助力提升 ROI. 现代广告，2006，(9)：86-87.

② 顾曹婧. DoubleClick 技术“精”. 现代广告，2007，(12)：101-102.

月 9 日，DoubleClick 在美国推出名为“直播流”（live streaming）的直播视频广告解决方案。“通过这个解决方案，广告主可以将自己的广告宣传活动通过富媒体广告直播给网络用户，并且能够同步收集广告活动的各个相关数据，进行后期的分析报告与效果评估。”[①]DoubleClick 还未雨绸缪，在中国进入 3G 时代之前，推出 DoubleClick Mobile 广告解决方案。该方案能有效解决手机移动广告的投放与监测问题。为了保持第三方机构独立性和公正性，专注于网络广告发布与监测系统的完善与优化，DoubleClick 甚至不惜砍掉媒介代理业务。在 2007 年被谷歌收购之后，强强联合更是让 DoubleClick 如虎添翼，相继推出了网络广告策划、采购及营销管理的解决方案，包括 MediaVisor、基于 Web 的广告管理与服务应用软件 DFA（针对广告主和媒体代理公司）和 DFP（针对网络媒体），以及 DART Adapt、DART 搜索、DART Motif（创建和管理富媒体广告的整合方案）等产品。2012 年 4 月，DoubleClick Ad Exchange 在中国推出，在这个开放的广告交易平台，需求方和供应方可以实时完成展示广告的投放，由此引领网络营销进入程序化时代。

好耶曾被人称为 DoubleClick 在中国的影子[②]，因为它们的主要业务都集中在广告监测和广告代理方面。好耶成立之初，其创始人之一王定标就认定“如果没有技术，严格意义上不能说是玩互联网，要真正形成商业模式，就要从技术上面突破”。于是，好耶基于创始人团队在技术方面的优势，效仿 DoubleClick，积极开发，利用 AdForward 广告管理系统，帮助广告主了解网民的网络访问习惯，制订合理的媒体投放计划。在此基础上，好耶一直致力于互联网广告技术产品的研发，为数字营销市场提供全面的解决方案，其研发的产品包括：网站广告管理平台（AFP）、整合营销管理平台（iDigger）、广告网络管理平台（iNetwork）、邮件营销管理系统（SmartMail）、WAP 广告管理系统（AF WAP）等。2004 年还受邀协助美国互动广告局（Interactive Advertising Bureau，IAB）制定互联网广告全球标准（Globle Ad Serving

① DoubleClick DART 网络广告效果监测系统助力提升 ROI. 现代广告，2006，（9）：86–87.
② 曹增光. 传统网络监测遭挑战. 中国经济时报，2007–05–16.

Standard 5.0）。好耶在互联网广告技术上深耕细作，使之成为在中国数字营销市场能与 DoubleClick 抗衡的主要力量。

如果说，以 DoubleClick 和好耶为典型代表的早期技术型数字营销公司主要致力于网络广告管理系统的开发与维护；那么，2007 年成立的易传媒，则带动了一波互联网广告平台建设的热潮。易传媒成立之初，其创始人兼 CEO 闫方军的理想就是“搭建一个在线的互联网广告交易平台。这个交易平台包括互联网广告的销售方，即媒体主，以及互联网广告的购买方，即广告主和代理公司。在这个平台上，他们可以实现更有效便捷的在线广告交易”[①]。但由于观念过于超前，没有获得市场的认可。于是易传媒转而更加谨慎地调查研究当时的市场状况与需求，采用广告网络模式，搭建起中国第一个女性用户垂直广告网络，其后又相继建立了男性用户及年轻用户的广告网络并拓展至全网；还研制出 eDB（品牌人群数据库），利用网络技术把代码植入网站中，以找到不同类型的用户，同时把媒体用户和广告目标受众进行匹配，最终实现精准的广告投放和真正意义上的“一对一营销”。2010 年，易传媒开始从广告网络模式向平台模式转变，启动平台建设，“要实现广告的自由交易，需要广告的购买方（广告主、代理公司）以及供应方（媒体）都有相关的基础设施，也就是系统”。为此，易传媒在供应端推出了 ASP 平台（AdChina supply platform），通过库存管理、智能投放和数据报告帮助媒体提高运营效率，最大化广告收益；在需求端推出了 ADP 平台（AdChina demand platform），为广告主和代理商服务。2014 年，易传媒旗下专门提供 IaaS[②]基础设施搭建服务的技术提供商“易准科技”推出一体化平台 Trading OS，作为中国首个程序化交易操作系统平台，Trading OS 将行业中的买卖双方连接在一起，使之能够在一个平台上实现资源和信息的相互流动，进而实时完成广告的程序化投放。易传媒产品副总裁、Trading OS 直接负责人曹凯如此介绍其产品：“Trading OS 是为企业级的市场而生，提供企业程序化交易的能力，使广告主、广告代理、媒体、第三方数据和技术提供方

① 周利彩. 易传媒闫方军：Trading OS 的厚积与薄发. http://www.sootoo.com/content/508080.shtml[2014-08-14].

② IaaS：infrastructure-as-a-service，基础设施即服务。

都能轻松获得参与程序化交易的能力，也为 DSP、广告交易平台等提供便利，是整个程序化交易生态的助推器。”①

最早在中国推出富媒体广告的互动通控股集团，将“引领中国数字媒体广告投放技术及服务站在世界的前沿”作为自身的使命，一直“坚持用技术的解决方法追求热点”，其 CEO 郑斌曾说过：“互动通坚持不做内容，而做技术，坚信技术和数据的结合能够为行业带来真正的整合。对合作的资源及客户做好技术整合及数据储备，是互动通未来产品的发力点。”②互动通旗下拥有数字广告平台 hdtMEDIA、移动数字广告平台 hdtMobile、程序化广告营销平台 hdtDXP、优质媒体服务平台 hdtSSP、数据管理平台 hdtDMP 和移动广告交易平台 H2、程序化视频广告平台 hdtOTV。以此为基础，互动通用一套技术覆盖不同的媒介，将 PC 端、手机端、互联网端，以及物联网终端整合成一个 Media，即 hdtMEDIA，最终实现一站式整合营销。

随着大数据的崛起，AR、VR、人工智能技术的开发与普及，人工化的传统广告运作方式彻底让位于智能化的数字营销，同时也激发了一批专攻技术的第三方公司，以自身强大的技术研发能力为需求方（广告主、数字营销代理商）和供应方提供最新产品和技术服务。

二、创意设计型

可以说，正是以计算机技术、网络技术为典型代表的数字技术，使得传统广告获得了新生，使得数字营销行业获得了飞速发展。但是，对数字营销而言，技术不是万能的，或者说，光有技术是远远不够的。数字技术要真正发挥作用、产生效益还必须有“创意”的加持，只有当“技术”和“创意”和谐、完美地融合在一起，才能所向披靡。正如奥美世纪的执行副总经理王宏鹏所言：“并不是说媒体的技术强大或者流量巨大就会有很好的广告效果，无论何种形态的广告都需要策略、创意、媒介分析以及整体数据的整合。这是谷歌这样的公司始

① 易传媒产品副总裁曹凯：Trading OS 助力建设程序化交易生态.http://www.madisonboom.com/[2014-10-31].

② 铃语. 2017. 十年磨一剑，专注做技术推动型企业. http://www.ciweek.com/article/2017/0227/A2017022719144.shtml [2017-02-27].

终无法做到的。”[①]

“创意”一直是传统广告行业中最受人重视、使用频率最高的一个词，无论是对一家广告公司，还是对一个广告人而言，“创意力”都是决定其成败得失的核心竞争力。数字营销时代，创意的重要性不但没有消减，反而更加举足轻重。一方面，从创意的覆盖面来说，传统的广告创意主要聚焦于广告信息传播活动“说什么”和“怎么说”两大问题，探求新颖而有效的破解之道；而数字营销创意则全面覆盖了从最初的产品研发到最后的终端销售链条中的所有环节，几乎无时不在、无处不在。另一方面，由于有了最新科学与技术的强力加入与推进，更是彻底改变甚至颠覆了传统广告创意，使创意从先前的仅凭“人脑”取胜提升为“人脑”与“电脑”并驾齐驱、相互促进，效率与效益都得以大大提升。

随着数字时代创意边界的拓展，创意手段的丰富，以及广告主对创意效率及效益的日益重视，广告创意领域空前活跃。一方面，传统 4A 公司继续发挥其多年积累的创意经验与优势，并积极通过兼并重组等方式收购数字营销公司以及相关互联网技术公司，大力向数字营销领域迈进；另一方面，一批主攻创意的小型公司以独立、个性、灵活、快速为特质快速崛起，逐渐成为能与庞大的跨国广告集团一较高低的中坚力量，成为不可小觑的“创意热店”。

从全球范围而言，以创意为主导的广告公司比较集中地诞生于 20 世纪八九十年代，如 W+K（Wieden +Kennedy）、M&C Saatchi（上思广告）、BBH（百比赫）、AKQA（雅酷）、Legas Delaney 等。与传统 4A 公司不同，“这些独立广告机构并不在一个地方扎堆诞生，也更加小巧灵活。创始人往往有点传奇经历，或是创作过堪称经典的创意作品。每家都有自己的风格，相同的特质是创意作品比起 4A 公司更为‘尖锐’，如果你关心广告业，或者对广告业有所理（了）解，可能仅从作品气质就能够加以辨认”[②]。W+K 公司于 1982 年在美国俄勒冈州波特兰创立，成立不久，就凭借其为耐克公司代理的以“just do it”为典型代表的，将运动文化和青年流行文化密切结合在一起的系列广告，享誉全球广

---

① 董晓常. 广告业的新旗帜. 互联网周刊，2007,（10）：48-49.

② 柯凌雁，马宁忆. 独立广告公司中国困境之一：没有灵魂人物，说什么创意. http://www.qdaily.com/articles/9106.html[2015-05-05].

告行业。很快，W+K 公司在波特兰、伦敦、纽约、阿姆斯特丹、圣保罗、上海和东京等地相继设立办公室。W+K 上海办公室成立于 2005 年，其后推出了许多富有创意的广告，如 2008 年北京奥运会期间，针对刘翔因伤临场退赛事件，为耐克创意设计的“爱运动，即使它伤了你的心”系列广告；2012 年伦敦奥运会期间，为耐克创意制作的“活出你的伟大”系列社会化营销；2013 年为 Levis Revel 系列代理的创意广告“Let Your Body Do The Talking”在全球范围内产生影响。

这些独立创意公司将自身业务聚焦于“创意”，在诸多方面进行各种探索，如创办于 2007 年的法国创意热店 Fred & Farid，两位创始人 Fred 和 Farid，一个是毕业于创意学院的策划，一个是毕业于政治学院的客服，一个是法国人，一个是阿拉伯人，两人组成“双文案”创意搭档，“坚决摒弃委曲求全屈从客户的大喇喇作风”“坚持把品牌用人文艺术的视角来理解和诠释”“把品牌提升到人性的高度”，其作品所向披靡，获奖无数，甚至“成为公认的 4A 头号公敌”①。2011 年，一家“创意实验室”——PARTY 在日本诞生，其创始人为 5 位创意总监：伊藤直树、原野守弘、清水幹太、中村洋基和川村真司。5 人都有各自的专长：伊藤直树作为创意总监服务过耐克、谷歌、Sony 等知名品牌，其关于物理和实验的交流设计解决方案曾在全球获得多项奖励，包括 15 座戛纳金狮；原野守弘不仅在广告领域卓有成就，而且在商业发展、策略、产品设计以及媒体等方面多有创新；清水幹太集创意总监、技术总监于一身，专注于互动产品；中村洋基的职业生涯起步于网页设计师，做过日本电通技术总监，主要从技术的角度切入广告创意领域；川村真司则是由一名程序员成长为世界级的设计师，进而成为创意总监。5 位各有所长的创意总监秉承“新的创意都产生于新的创意途径”的理念走到一起，努力探索将这个理念付诸实践的具体方法，“热爱广告的我们当时都在不同的领域工作，渐渐意识到大集团中很多模式的不可变性——我们需要自由，需要一方属于自己的空间整合更多资源，这样才能走得更远。在新创立的小店里，我们用自己的方式去互动，去发明，去运用技术，而不是为了广告去广告”。PARTY

---

① 林莹，婷婷. 精致入骨，力透心灵——一探法国创意热店 Fred & Farid. 中国广告，2013，(2)：79-85.

公司开创的“创意总监+技术总监”“多重角色+多重任务”使得其创意展现以不同的玩法带给人们诸多惊喜[①]。

1995 年，M&C Saatchi 率先进驻中国香港，2000 年在上海设立办公室；AKQA 和 BBH 与 W+K 几乎同时于 2005 年进入中国；2009 年，英国创意热店 Legas Delaney 也将上海作为开拓亚洲市场的第一站。在这些独立创意公司的带动下，中国本土创意热店也陆续出现。1999 年，山河水团队（Sense Team）诞生于深圳，依据“跨媒介创意团队”的自我定位，山河水团队利用各种媒介，切入不同领域，如平面、当代艺术、广告、建筑空间、城市、社会等，为有趣、有意义、有价值的作品赋予最佳的表达方式，很快成为全球华人创意领域最具活力及远见的团队之一[②]。

数字营销创意向全媒体的拓展，使得长期专注于传统媒体广告创意的 4A 公司很难快速做出调整与反应，逐渐呈现出跟不上市场节奏、难以适应市场需求的状况；与此同时，独立、小型创意公司凭借小巧、灵活、快捷的优势迅速获得市场的认可与欢迎，由此吸引大批任职于传统 4A 广告公司的广告人纷纷离职，重新创业，进而引发了一波小型创意公司诞生的高潮。

2012 年 10 月，做客户服务出身的金存依离开北京奥美广告公司，在原北京东宏广德应用技术开发有限公司的基础上成立北京不二广告有限公司。

2012 年 11 月，环时互动（北京）科技有限公司成立，这是一家“基于受众洞察，整合多种创意方式，聚焦社交网络，协助品牌和产品扩大其社会化影响力，以创新为生命线和竞争力的新形态传播公司”[③]。创始人金鹏远希望将环时互动打造成“技术创意公司”，“让数据在前，技术与灵感共同迸发”，进而形成传播合力。环时互动为可口可乐推出的昵称瓶，以及杜蕾斯的系列社会化营销，使之很快声名远播。

2012 年 12 月 22 日，独立广告创意代理公司 KARMA 在上海诞生，从代理

① 林莹，唐超．“发明天才”兼创意剧“最佳导演”——对话日本创意热店 PARTY 创始人之一川村真司．中国广告，2013，(2)：90-94.

② 林莹．独立，是我们的核心价值——对话山河水团队（Sense Team）创始人黑一烊．中国广告，2013，(2)：95-99.

③ 百度百科。

白兰氏的广告起步，到借王祖蓝之口为饿了么喊出“饿了别叫妈，叫饿了么”，再到为新百伦（New Balance）推出的“尽管去跑”，KARMA 以富有个性的创意作品快速成长。

2013 年 11 月，在 4A 公司征战 15 年，先后担任上海盛世长城创意群总监、上海李奥贝纳创意群总监、北京奥美创意总监、广州奥美创意总监、广州李奥贝纳创意总监的杨烨炘，与另外 3 个金狮级创意人邓斌、黄海波、肖坤一起合伙创办了一家“以创意立足”的“跨媒体公司”——天与空，基于对 4A 公司的深刻了解，杨烨炘为天与空设定的目标是“4A 升级版”，把 4A 公司的传统广告、数字营销以及公关、线下活动结合起来，为客户提供更加优秀、高效的创意作品，提供更负责任的创意解决方案。2017 年 1 月，天与空挂牌新三板，成为中国创意热店第一股。

2014 年 2 月，AKQA 耐克项目组的王元元、丁茗茗和郑商融“抱着毕业的心情”离职创立 oookini 工作室，他们重新创业的原因也是传统的 4A 模式是典型的工业化生产模式，“重体系而不重人”，非常不适合个人的成长与发挥，不适应后工业时代的市场需求。

2014 年 4 月，两位在 4A 公司工作十余年的女性，江畔和许稼逸，在上海创立意类广告公司。两人带着不到 20 人的团队，凭借十余个优秀的营销作品，使意类从广告界的“异类”迅速转变为知名的创意热店。

2014 年 10 月，李三水从 W+K 离职，带着“不做创意人，只做创造者”的信念创办 W 广告公司。之后，W 公司犹如广告业的一匹黑马，从做 HTML5（hypertext markup language 5.0，超文本标记语言 5.0）广告起步，只用了短短的两年多时间，就借由一系列现象级的成功案例，成为最火的创意热店，如手机淘宝#我在这里#，与微信在春节期间合作的“一个红包看尽中国人的情与利”，New Balance 的“每一步都算数”。在努力成为广告营销行业的“创造者”的同时，李三水还带领 W 公司积极思考行业的发展方向，着力打造未来的“命运共同体”。2017 年 11 月，W 公司作为发起者，联合其他 15 家独立广告创意公司，成立了中国独立创意联盟（China Independent Agencies，CIA）。“创造中国独立创意联盟的目的，只为重塑独立的标准，使得广告公司可以拥有独立人格、独立操作方式，不受市场也不受别人所影响。摒弃一切束缚，创造出贯彻甲乙双方想法的好作品。用更多元的能力，为创意赋权，为创造者找回价值。”①

2017 年 4 月，被人称为中国广告四大教父之一的著名广告创意人莫康孙，在从服务了 36 年的麦肯·光明荣退之后，再次创业，与 4 个年轻人，刘阳、孙涛、郭洪、程程，一起创办了独立创意热店上海马马也文化传播有限公司（MATCH·马马也）。公司名称 MATCH，5 个字母既代表了公司的 5 个创始人，又代表了公司所有成员的共同信念：M（marketing，营销），A（advertising，广告），T（technology，技术），C（creativity，创意），H（harmony，和谐），这五个关键词可以说是对新时代数字营销公司经营内容与追求目标的最好总结。

三、数据挖掘型

进入大数据时代，数据的汇集更加便利，数据的重要性日益凸显，数据的商业价值也越来越受到人们的重视。特别是在广告营销领域，掌握、分析数据，基于对数据的科学分析实现精准的广告投放、营销推广，很快成为保证广告效果的必杀技。于是，专注于数据汇集、数据分析、数据营销与数据监测的公司亦如雨后春笋般出现。

依据切入数据的节点、利用数据的侧重点的不同，数据型的营销公司又可细分为三类。

第一类，大数据的拥有及供应方。在这方面具有天然优势的就是三大互联网公司——BAT（即百度、阿里巴巴、腾讯）：百度掌握着所有网民的搜索数据，阿里巴巴有海量的网民消费数据，而腾讯拥有互联网用户之间的关系数据，通过对这些数据的科学分析，能实现对目标用户的精准数据画像，以保证广告营销活动的实际效果。越来越多的广告主将广告营销预算投入 BAT 平台。

第二类，主要从事大数据的分析、挖掘及运用的公司。这类公司存在两种情形：其一，专注于数据的分析与挖掘，为行业各方需求者提供数据咨询服务。例如，成立于 2002 年的艾瑞咨询，就是一家服务于中国互联网行业的第三方研究

① 宋晓涵. “野狗”的使命和价值观——对话 W 创始人李三水. 中国广告，2018，(3)：25-27.

机构。围绕数字营销市场，艾瑞咨询先后推出 iUserTracker（网民行为连续研究系统）、iAdTracker（网络广告监测分析系统）、iUserSurvey（网络用户调研分析服务）、iDataCenter（网络行业研究数据中心）等产品，几乎每年都要发布上百份互联网相关领域的研究报告。2007 年成立的斑马传媒，致力于全互联网人群数据线索的挖掘与应用，为广告主和代理商提供广告与数据服务。其二，基于大数据为广告主实施数字营销活动的代理商。这些数字营销公司综合各方数据，运用各种算法、技术，进行科学的分析，为广告投放提供人群标签、用户画像，最后实现广告的精准投放。例如，成立于 2000 年的易观国际，凭借海量的数字用户数据、专业的大数据算法模型，推出“大数据服务与分析师服务生态体系”，成为中国领先的大数据分析公司。专注于零售商业数据对接技术及平台建设的北京互帮国际技术有限公司，在零售终端实时采集顾客购物数据并对之进行分析，根据分析结果实现产品、服务及信息的精准推送，引导直接购买，实现门店精准定向营销。2009 年成立的北京百分点信息科技有限公司，建立起全国最大的第三方消费偏好数据平台。广州互动派传媒科技股份有限公司，秉承以用户为中心的观念，先后推出大数据服务管理平台塔布数据、大数据营销服务平台派加、大数据应用服务平台数说故事三大产品，依托数字技术，凭借在社交网络的领先优势，深入采集、分析核心消费人群的行为数据，帮助品牌建立与用户的良好关系以及互动渠道。奥菲传媒则在整合三方面的数据来源——数据监测、Wi-Fi 获取的用户场景行为数据、合作方的第三方数据的基础上，为亿级用户提供数据支持，2016 年推出专属的数据管理平台 AF Media DMP，将广告投放的精准度提高到一个崭新的水平①。

第三类，第三方数据检测机构，主要致力于数据监测与反馈。数字营销时代，广告主对市场效益非常重视，而数字技术也使得对广告营销效果的测量非常方便、快捷。为了保证效果评测的客观与科学，第三方机构的测评尤显重要。2006 年底，中国第一家以目标受众为核心的数字广告效果评估企业秒针系统成立。在其官方网站上，秒针系统如此描述自己的愿景与使命：“数据与技术是秒针的行业属性

---

① 晨钊．“原心”还“愿”，大数据场景营销先行者．互联网周刊，2016，（11）：64.

和愿景的立足点，我们所有工作的终极任务是通过数据与技术优化，驱动营销的不断变革和进步。”“秒针始终致力于通过数据，帮助企业与企业之间、企业与消费者之间，建立互信平等的关系。推动商业决策建立在可依赖的数据和系统之上。”[①]应用云计算、云存储等大数据技术，以及人工智能技术，秒针系统研发推出了 AdMonitor（在线广告评估系统）、MobileMonitor（移动营销监测系统）、SiteMonitor（全实时网站监测和分析工具）、SiteDNA（网站广告价值评估系统）等产品，这些产品能有效评估数字广告与营销的传播效果与实际经济效益。在此基础上，秒针系统的服务内容不断拓展，形成了检测与评估、决策与洞察、数据化营销三大体系，覆盖了全域广告监测与营销评估、消费者洞察与营销服务咨询指导、DMP 的搭建以及数据服务与增长优化指导等领域。同年，另一家第三方数据营销检测和调研公司——精硕科技也在北京登记注册。精硕科技以广告代理业务起步，公司成立之初，主要帮助没有销售团队的媒体机构拓展市场，将媒体资源整合，打包出售给广告主。出于对数据的信仰，也由于在购买媒介资源的资金方面缺乏优势，精硕科技果断转型为数据挖掘与优化公司，2013 年，精硕科技首席技术官的洪倍在接受记者采访时曾说：“我们是数据的信仰者，我们坚信数据会产生价值。”“我们以数据为根本，希望帮助更多企业管好他们的数据、用好他们的数据，融合大数据，对企业乃至整个行业产生价值。”[②]由此，精硕科技开始涉足数据的管理、优化以及分析，期望从数据中提炼出有价值的信息，架起品牌与消费者之间的桥梁，并为广告主提供优质的广告监测和评估服务。如今，精硕科技主要基于数据为企业提供测量和分析解决方案，围绕这个目标，精硕科技开发了两类产品：广告效果监测与评估系列，包括 Track Master（全流程广告效果评估平台）、Site Master（企业级网站分析产品）、Plan Master（一站式跨多屏幕预算分配与媒体优化产品），用以评估数据投资的有效性；社会化洞察与分析系列，包括 Social Master（社交解决方案专家）、Social X（基于 SocialMaster 的轻量级社交数据管理助手）、Social Dashboard（专业数据可视化解决方案）、

① 秒针系统官网，http://www.miaozhen.com/.

② 陈圆圆. AdMaster：第三方数据的先行者. 互联网周刊，2013，（10）：26-27.

SEI（Sponsorship Evaluation Index，综艺节目、影视剧及电竞体育赛事赞助效果前期预测和后期评估模型）、CSI（Celebrity Selection Index，明星的代言人选择与效果评估模型）、KII（KOL Influence Index，意见领袖遴选系统），用以对覆盖内容和泛 IP（intellectual property，知识产权）的社会化数据进行分析研究。

这类数据挖掘型公司以先进的技术对海量的数据进行科学、专业的分析，很大程度上提升了广告营销活动的针对性、精准性、效益性。特别是独立的第三方数据监测与评估、数据咨询服务公司的出现，切实保证了广告营销活动运作及其效果的真实性、可靠性，成为行业内不可或缺的重要力量。

四、全案代理型

全案代理型的数字营销公司指的是能为广告主提供基于品牌的全流程、全媒体、全渠道的整合营销传播服务的公司。全流程指的是能独立地实施、完成数字营销活动的所有环节和全部过程，具体包括：基于对数据的汇集、分析与挖掘，为广告主提供产品研发的信息咨询，产品与品牌营销推广活动的策划、创意、媒体投放、效果评估与反馈，与用户良好互动关系的营建等。全媒体是指能打通传统媒体与各种新媒体，借助新技术与大数据，精准地瞄准目标用户，选择他们喜欢与习惯的方式与手法，将广告与营销信息通过多种媒体与渠道准确送达。全渠道则是指将线上与线下的营销渠道结合在一起，通过线上与线下的配合，更加便利、快捷地达成市场效果。

全案代理型的数字营销公司，应该是伴随着一站式网络营销模式的普及而出现的。早期的网络广告公司，大多从事的是网络媒介的广告代理与相关的技术研发，业务内容比较单一。后来，顺应市场发展与广告主需求的不断升级，一些数字营销公司纷纷拓展业务，将建立网站、市场推广和商机转化整合在一起，实行一站式服务，即广告主只需委托一家数字代理公司，就可在互联网上推进信息传播、市场营销等一系列工作，省时省力又省心。成立于 2002 年的北京新意互动广告有限公司，作为易车集团旗下的全资子公司，将自身定位为“汽车智慧营销价值伙伴”，一直在汽车营销领域深耕，从做网站的建设与维护起步，逐步向多方，如网络广告投放、网络广告创意、网络整合公关、网络互动活动、无线营销及其他数字营销等拓展，为诸多汽车品牌提供专业的网络整合营销传播服务，成为中国最大的网络营销全案代理商之一。如今，新意互动建构起了三大部分服务体系：客户服务体系、数字品牌体系、效果营销体系，为客户提供的服务内容涵盖12个业务模块，包括互联网广告、互联网公关、大数据营销、受众营销、社会化媒体营销、移动营销、网站建设与维护、电商、虚拟影像及体验、客户关系营销、视频营销、舆情监测等。凭借多年全案代理服务的经验与实际效果，新意互动不仅赢得了众多客户信任，成为中国汽车行业拥有客户最多、营收最高、最具影响力的互联网营销咨询公司之一，同时还在行业内获得多项奖励与荣誉，2015年、2016年连续两年居“中国市场汽车行业整合营销服务能力排行榜TOP1”；自2012年起，连续5年跻身“中国网络广告公司综合服务排名TOP2”[①]。

全案代理型的数字营销公司，无论是自身的实力、经验，还是公司的人员构成以及拥有的相关资源，都必须达到相当高的水准，才能真正胜任广告主的全案代理。在某种程度上，可以说全案代理型的数字营销公司是技术型、创意型、数据挖掘型公司的综合体，只要是数字营销活动策划、创意与执行过程中所需要的元素，理念与意识、平台与产品、人才与资本，一个都不能少。

首先，数字营销活动主要在线上（或线上与线下结合）进行，特别是一站式网络营销模式，营销活动的调研、策划、创意、实施以及效果测定，都在网络平台上一一推进，对于全案代理型的数字营销公司而言，数字营销平台的建设、维护与优化是最基础的工作、最必要的条件，同时也是其维持正常经营最重要的保障。数字营销平台必须基于互联网平台，因此，大型互联网公司在这方面拥有巨大的先天优势，阿里巴巴、腾讯都在2011年推出了自己的数字营销平台，如阿里妈妈Tanx程序化交易服务平台和腾讯社交广告营销平台。借助数字营销平台，两家互联网公司不仅可以为广告主提供数字营销服务，还能与数字营销公司实现资源对接。其后，许多数字营销公司为了更好地开展一站式营销服务，也纷纷加入平台的建设以及相关产品的研发，各种平台如DSP、DMP、

① 新意互动官网，http://www.cig.com.cn/.

广告交易平台和大量营销技术解决方案随之出现。在程序化广告大行其道的今天，能与诸多外部资源如数据、媒介、渠道等便利对接的数字营销平台几乎成为全案代理型数字营销公司的标配。

其次，综合性的一站式数字营销覆盖面广、涉及领域多，相应地对人才的需求也必然呈现出多元化的特征。与传统广告公司以创意人才为主导不同，网络广告、数字营销的开拓者大多是技术人员出身，最初的网络广告公司、数字营销公司也以技术开发与服务为主要经营内容，但进入一站式营销服务模式之后，对消费者的洞察，对整合营销传播活动的策划、创意与表现，对线上线下全媒体、全渠道的广告投放，单靠技术人才、单凭技术优势已无力支撑、无法完成，于是，创意人员的价值在数字营销公司日益凸显。在全案代理型的数字营销公司内部，创意人员与技术人员必须彼此配合、协同作战，让创意插上技术的翅膀，才能最终保证富有创意的营销活动能够完美、有效地落地。

最后，全案代理型数字营销公司的理念与意识必须与时俱进，今天的数字营销是传统广告与营销叠加在一起之后的升级换代，只固守在以往比较孤立、单一地看待并实施广告营销活动的层面，已经远远不能适应、满足市场的需求，必须更新观念，用新理论、新技术、新方法武装头脑，方能切实保证品效合一的整合传播营销效果的最终达成。在这方面，传统 4A 广告公司具有比较明显的优势，它们往往通过收购新兴数字营销公司或设置数字营销部门，再结合自身长期为大品牌服务的经验、意识，能很快占领一站式数字营销的高地，如日本电通出资成立的电众数码，奥美集团旗下的奥美世纪。

第三章　数字营销市场及其运行

从历史发展的角度而言，数字营销市场是在传统的广告市场的基础上，顺应时代的变化、市场的需要而产生的。因此，数字营销市场的构成、特征以及运行方式，一方面对传统广告市场有所继承，另一方面又因为时代氛围、行业状况、外在条件诸多因素的改变形成明显的差异。

第一节　数字营销市场简介

数字营销市场是在互联网诞生之后，特别是互联网的商业价值被人发现之后，有了网络广告、网络营销，有了网络广告与营销活动的需求者以及代理商，自然而然形成的与传统广告市场既有联系，同时又有所区别的新的市场形态。

一、数字营销市场定义

何谓数字营销市场？要弄清这个问题，我们必须先从什么是市场说起。

通俗地从字面理解，市场就是商品交易的场所，即拥有商品的卖主和需要商品的买主相约在一起进行商品买卖活动的地方。这是对市场概念最简单、质朴的理解，呈现的是地理意义上的有形的市场。

市场营销学更多地将研究的目光聚焦在构成、支撑市场的重要因素——“人”，即“买方”与“消费者”上面。这里的市场概念相对更加抽象，主要包括人口规模、购买欲望与购买能力。

经济学则站在更宏观、全面的立场看待市场，认为市场是“商品交换关系的总和”。商品交换关系既包括可见的、有形的关系，同时也涵盖了隐藏在背后的无形的、抽象的关系，可以说是对上面两种看法的综合。

由此类推，广告市场就是围绕着作为一种商品的广告的各种交换关系的总和。从交易活动涉及的主体而言，包括广告主、广告公司（广告经营者）、广告媒体机构（广告发布者）；从广告交易活动针对的对象来说，主要就是广告受众和消费者。于是，广告市场最终就直接体现为广告主、广告公司、广告媒体机构、广告受众与消费者这四大要素之间的各种关系。大致梳理，主要关系如下：广告主是广告的需求者，它付出广告费用给广告公司，广告公司在预算范围内按广告主的要求策划、创意、制作广告，然后经由广告媒体机构提供的媒介予以刊播。即广告主从广告市场购买代理劳务和广告作品，广告公司从媒介那里购买广告版面和时间，在此，广告主是广告市场的“买主”，广告公司、广告媒体机构则是“卖主”，前者主要卖“创意”，后者主要卖“版面”和“时间”。在这一条关系链中，商品是“广告”；而正式在媒介上刊播的广告，其需求者又从广告主转向广告受众（真正的广告消费者），广告主、广告公司、广告媒体机构都成为“买主”，共同把广告卖给广告受众。受众是否买单，是否看媒介上刊登的广告，是否喜欢并购买关注的产品，成为决定前一个交换行为是否有效、是否成功的关键。

数字营销市场则是基于数字营销产品而形成的各种交换关系的总和。这里的数字营销产品，既包括传统广告，同时又增添了许多新的内容，如各种网络广告、手机广告、智能电视广告；各种营销方式，如微博营销、微信营销、事件营销、话题营销……商品的种类日益增多。与之相适应，数字营销市场中参与商品交换的主体也更多元，而且其身份频繁地在买方与卖方之间转换，因此，相比于传统广告市场，数字营销市场更显复杂，更加多变。

二、数字营销市场是传统广告市场的升级换代

进入互联网时代之后，随着互联网作为一种新的媒介、新的渠道、新的平台

的特质与效用被人类发现并大力运用，传统广告市场基于广告主、广告公司、广告媒体机构、广告受众之间的各种关系发生了很大改变，由此孕育、诞生了新的数字营销市场。可以说，数字营销市场就是传统广告市场的升级换代。

首先，在市场环境与客观条件方面，数字营销市场立足于互联网，依托诸多高新技术的开发应用，实现了商品交易场所的网络化、虚拟化。这应该是数字营销市场相比于传统广告市场最直观、外在的升级，即从传统媒介与技术环境进入网络新媒体、数字技术环境。环境与技术的改变，必然带来市场特征的变化。如果说，传统广告的大多数市场行为都在真实、有形的空间与场所进行的话，那么，在数字营销市场，围绕着数字营销产品，买卖双方的交易行为则以互联网为阵地，在一个虚拟的空间与场所完成。如今，借助于无处不在、无时不有的互联网，即使远隔千山万水，人们也可随时随地沟通交流；同样，在互联网上通过广告交易平台，需求方、供应方以及第三方服务机构，完全能够实时面对一个在线的用户，在以秒为计算单位的时间内，完成数字营销产品的生产、估价、销售、投放，甚至还包括效果转换在内的一系列市场行为，其快捷、便利的程度，其瞄准目标对象的精度，是传统广告难以望其项背的。

其次，传统广告市场，对于进入市场的三大营运主体（广告主、广告公司、广告媒体机构）之间的业务往来关系，主要通过国际通行的广告经营机制——广告代理制来加以规范、约束。广告代理制规定，在广告的市场运作过程中，广告主与广告媒体机构必须将自己的广告业务与广告版面与时间交由符合资质的广告公司代理，即广告公司居中为广告主和广告媒体机构提供双向代理服务（客户代理与媒介代理），广告主与广告媒体机构之间不得越过广告公司自行接洽广告的相关事宜。这一经营机制在 19 世纪后期的美国形成，在 20 世纪初经不断完善，成熟之后被推广、应用到世界很多国家和地区，成为国际惯例。我国于 1993 年在广告行业开展广告代理制的试点工作，1994 年之后在全国范围内加以推广，虽然在推广的过程中有很多阻力，但通过实行广告代理制，基本理清了广告主、广告公司、广告媒体机构之间的关系。然而，这种已有百余年历史的广告经营机制却难以原样移植到数字营销市场，主要原因是：传统广告市场的运行流程是线性的，三大主体被划分为甲、乙、丙三方，分处于市场的上、中、下游，各处其位、各司其职、各负其责，一个完整的广告活动由广告主提出目标、拿出广告预算开始启动，中间经由广告主选定的广告公司完成广告的调研、策划、创意与制作，最后在广告媒体机构拥有的媒介上按计划刊播，到达目标受众。在这个线性流程中，居中的广告公司凭借先进的广告理念、专业的运作能力以及丰富的实践经验为上游的广告主和下游的广告媒体机构分别提供客户代理、媒介代理服务，能在一定程度上保证广告的科学性、专业性，让广告主与广告媒体机构专注于自身的经营活动，避免、化解市场风险。但这种线性的运作流程显然不适合数字营销市场，因为数字营销市场的运行流程是典型的闭环状，参与数字营销活动的各方在广告交易平台上同时在线，当一个用户点击鼠标、滑动手机屏幕出现在供应方的媒体平台上时，借助大数据技术，这个用户的画像、标签很快被清晰地呈现在需求方面前，需求方可以快速竞价，如果竞价成功，针对这个用户的广告很快程序化地创意完成，并实时推送到他面前，这一个闭环过程（从用户到用户）只需十几秒的时间。也就是说，在传统广告市场需要耗时数月、一环接一环从上游向下游推进的流程，在数字营销市场几乎可以在一个瞬间同时推进并完成。在广告交易平台上，传统广告市场中三大主体之间泾渭分明的分工业已变得模糊并逐渐消失，包括三者在内的各大数字营销主体经由一条环线实现单向串联，彼此协调配合，融为一体，快速、高效地展开各项工作。数字营销公司大多实行单向代理，或与广告主联合做DSP，或与媒体机构联合做SSP。

最后，传统广告市场的运行主体主要是广告主、广告公司、广告媒体机构三方，到了数字营销市场，除了这三大主体之外，又增加了一些必不可少的主体，主要有科技公司、第三方数据监测与评估机构，甚至还包括咨询公司、公关公司等。科技公司指的是掌握最新网络技术、计算机技术、数字技术，从事数字营销平台建设、系统开发等工作的高科技公司，其服务对象是传统的三大市场主体，主要为其提供基础设施建设与技术支持。正是有了高新技术的加入与支撑，数字营销市场的自动化、智能化程度得到了极大的提升。而第三方数据监测与评估机构的加入，不仅为数字营销活动提供重要的数据支持，保障了广告的精准、实效，而且数据检测与评估机构所处的中立的第三方位置，还使得数字营销市场更加真实、透明、客观，这在传统广告市场，是严重缺失的一环。

第二节　数字营销市场的构成要素

升级换代后的数字营销市场有了很多改变。从整个市场的构成格局来看，数字营销活动的运行主体仍然离不开传统广告市场中的三大主体——广告主、广告经营者（广告代理公司）、广告发布者（广告媒体机构），但三者彼此之间的关系，以及在广告运作过程中的角色与地位，却呈现出复杂多变的态势。同时，第三方服务机构的出现与参与，使得数字营销市场更加完整、更加科学与客观。另外，在传统广告市场中常被视为“客体”的广告受众，在数字时代也转变成为举足轻重、不容忽视的决定性力量。因此，数字营销市场主要由广告主、数字营销公司、数字媒体机构、第三方服务供应商、用户等主体构成。

一、广告主

数字营销市场的广告主，指的是数字营销活动的发起者、出资人。2015 年 4 月 24 日修订颁布的《中华人民共和国广告法》对广告主的定义是：“为推销商品或者服务，自行或者委托他人设计、制作、发布广告的自然人、法人或者其他组织。”基于此，我们可以用更通俗的方式来描绘数字营销市场中广告主的大致形象：是对数字营销活动有明确需求的企业、事业单位、社会团体以及个人，他们有着明确的目标，或是为了推销产品与服务，或是为了塑造自身的形象，在一定的广告预算的支持下，或是委托中间代理商——数字营销公司，或是通过内部相关部门实施网络广告与营销活动。可以说，没有广告主，就不可能有数字营销活动。

在传统广告市场，绝大多数时候，广告主的广告活动都需委托中间代理商即广告公司全权代理运行（分类广告除外）。进入数字时代之后，广告主既可以自行运作广告，又可以委托广告公司、数字营销公司全权代理其广告活动，其角色与地位发生了一些明显的变化。

（一）在整个数字营销活动中的自主性更强

在以广告代理制为主要经营机制的传统广告市场，广告主必须委托广告代理商为自己运作广告。而在数字营销市场，广告主可以委托中意的数字营销公司代理自己的数字营销活动，也可以自行运作广告，选择性更大，自主性更强。特别是随着“去乙方化”浪潮的兴起，许多大品牌广告主纷纷尝试从广告代理商手中收回代理权，转而由内部的市场部直接在自有媒介上进行自我宣传，或者基于自己的 DSP 直接与供应方的 SSP 连接，自行完成媒介资源的购买与广告的投放。例如，早在 2009 年，全球最大广告主宝洁公司就和 Right Media 合作，启用了名为“Hawkeye”（鹰眼）的内部采购交易平台，以统筹管理散落在内部各处的营销技术堆栈。从 2015 年起，宝洁公司就开始在全球削减广告代理商的数量，代理商的数量从 2014 年的 6 000 家精减到 2 500 家，而且在未来还将减半。在削减广告代理商数量的同时，启用 In-house 模式，将数据分析、广告创意、媒介计划及媒介购买等工作转移到公司内部创意团队。在宝洁公司首席财务官 Jon Moeller 看来，削减广告代理公司数量和广告制作方面的费用并没有对公司的销售产生负面影响，由此宝洁公司又对广告业务做出三项决定[①]：

第一，代理公司和广告制作方面的支出再削减 4 亿美元，同时代理公司的数量也由现在的 2 500 家削减一半。

第二，与代理公司建立“灵活”的合作方式，更多地采用“开放式广告承包”（open-sourcing）和整合制作（pooling production）的广告制作模式，即基于项目，而不是固定年限的方式合作，以此来获得更具本地化、时效性、高质量、低成本的广告。

第三，把更多的媒介规划、广告制作、广告投放等业务逐渐内部化。同时，随着 PMP（private marketplace，私有交易市场）交易价格进一步降低，宝洁也

① 宝洁 2018 将强化 In-house 模式，“去 Agency”成大势所趋. Adexchanger.cn 官网[2018-04-11].

将通过数据和数字技术直接与媒体方进行对接和交易，实现对“精准人群”的覆盖。

到了 2018 年，宝洁公司更进一步，为服务北美市场的衣物护理业务，专门创建了一家独立的广告机构。该机构由阳狮集团旗下盛世长城纽约 CEO Andrea Diquez 领导，团队其他成员均来自世界各大广告控股集团，如 WPP 集团的 Grey，宏盟集团的 Hearts& Science 和 Marina Maher Communications，阳狮集团的盛世长城。这些人并没有离开原来的广告代理公司，而是同时在两处任职，并主要为宝洁服务。有人将宝洁的这一举措看作对传统广告代理模式的突破性尝试，宝洁公司的发言人在接受媒体采访时也表示：“这是公司重塑广告代理活动的进一步行动，我们正在研究新的模式，以更快、更高效地获取最佳创意。”[①]另一家大公司联合利华于 2016 年成立了自己的内部创意团队 U-Studio，在 2017 年的公司年度财报中，联合利华宣称：“我们在 12 个国家的 17 家 U-Studio 正在以更快的速度为品牌团队创造更多的内容，而且，要比外部创意代理机构价格便宜30%左右。”[②]和宝洁一样，联合利华也计划将自己的广告代理商数量从 3 000 家减到 1 500 家。

（二）确定广告预算的方法更加理性

在削减广告代理公司数量、自主创意生产内容并投放广告的同时，大品牌广告主们又开始精打细算，削减广告预算。自 2015 年至今，宝洁公司总共削减了 7.5 亿美元的广告支出，并计划到 2021 年再减少 4 亿美元；联合利华同样也计划再削减 30%的广告支出费用[③]。广告主们纷纷节省开支、收缩预算，直接导致了“零基预算”（zero-based budgeting，ZBB）的盛行。零基预算指的是在编制费用预算时，不再参考上一个周期的预算和营收状况，所有的预算都以零为基底，以每项支出是否合理、必要为原则来确立预算支出的额度。这与传统广告市场广告主确立广告预算的方法有本质差别，以前，广告主的广告预算总

① 宝洁成立了一家独立广告机构，但人才都是各大 Agency 集团的. Adexchanger.cn 官网[2018-01-27].

② 联合利华：In-house 模式节约了 30%的广告制作成本. https://baijiahao.baidu.com/s?id=1594770046988932923&wfr=spider&for=pc[2018-03-13].

③ 全球三大广告集团遭遇对冲基金做空，广告代理模式会终结吗？ Adexchanger.cn 官网[2018-03-16].

额主要基于上一个周期（年）的营收状况，如总体销售额、销售数量或最后利润，按照一定的比例进行计算、划拨。贝恩咨询公司的调查结果显示，2014 年，美国只有 10%的公司采用零基预算的方法，2016 年，这一比例上升到 38%。同时，越来越多的欧洲企业也纷纷效仿。零基预算法使得广告主广告预算的具体流向及细节非常透明，有迹可循，同时也更加灵活、多变，“零基预算中要求预算颗粒度越精细越好，在此机制下，广告效果的考量更加明确，广告主也可以根据投放效果酌情收放下一步的预算，比如某一广告渠道效果不达标那就果断取消投放”[①]。进而节省开支、减少预算浪费，确保每一分钱都能落到实处，并真正发挥效益。

（三）更加关注广告营销活动的实际效果，追求效益的最大化

广告主之所以拿出不菲的广告费，发动广告与营销活动，主要就是为了收获更好的市场效益，有投入就要追求回报，这在市场经济环境下是名正言顺、无可厚非的。一方面，借助于数字时代信息传播媒介和商品营销渠道的重叠，以及“创意”与“技术”的联合发力，数字营销能在一定程度上比较快捷地实现市场转化，做到品效合一；另一方面，随着科技手段的提升、第三方数据监测机构的兴起，广告与营销活动的市场效益较前也有了更科学、更客观的测量方式及评估手段。由此，长期困扰广告主的“我知道我的广告费被浪费了一半，但就是不知道浪费的是哪一半”的疑问似乎也逐渐有了明确的答案。除了依靠第三方数据监测机构获取、掌握数字营销活动的实际效果，一些大品牌广告主又主动开拓、尝试新的途径和方法：据报道，世界上最大的啤酒厂商之一喜力（Heineken）正在进行一项“Trust but Verify”式政策变革——将广告验证业务纳入公司内部，此后，它将不再像之前一样，让广告验证完全依赖广告代理机构，而是由自己来监督广告投放[②]。

很大程度上，广告主对数字广告的需求直接决定着数字营销市场的规模与走向。在网络广告诞生的初期，大多数企业的广告还是扎堆在传统媒体，新兴

---

① 让广告代理公司头疼的零基预算（ZBB）是什么？Adexchanger.cn 官网[2018-03-19].

② Trust but Verify：喜力这家啤酒公司要做 In-house 的广告验证. Adexchanger.cn 官网[2018-05-11].

的网络广告还未被人们了解、接受，选择网络广告的广告主主要集中在网络科技公司，市场规模很小。而且当时的网络广告也以效果类为主，注重广告效果的直接转化。后来，随着人们对网络、网络广告认识的深入，网络广告主的类型得以向多领域拓展，数量也不断增多。特别是大品牌广告主的加入，使得品牌类的网络广告崛起，丰富了网络广告的类型，同时也极大地提升了数字营销市场的规模。

广告主通过广告与营销活动向受众提供其商品或服务的各种信息，必须坚持实事求是的原则，依据国家相关法律法规约束、规范自身行为，并对其广告行为负主要责任。很多时候，广告主决定着广告营销活动的方向，因此，广告主自然成为广告管理机构的主要管理对象之一。新修订的《中华人民共和国广告法》第四条就特别强调，“广告主应当对广告内容的真实性负责”。

二、数字营销公司

数字营销公司是数字时代的广告经营者，是从事网络广告与营销活动的主要力量之一。《中华人民共和国广告法》对广告经营者的定义很简单：“接受委托提供广告设计、制作、代理服务的自然人、法人或者其他组织。”作为广告经营者的数字营销公司，是为广告主提供数字营销服务的专业机构。

相对而言，传统广告市场中的广告经营者比较单纯，主要就是广告代理公司。当然，当时的广告代理公司也因服务内容、公司规模与实力的不同而被分为多种类型，如综合代理型广告公司、单一代理型广告公司，4A 广告公司、非 4A 广告公司等。但无论是何种类型，所有的广告代理公司基本都专注于广告、广告活动。进入数字时代之后，机会巨大、前景无限的数字营销市场吸引了以前与广告相隔甚远或者根本无关的其他行业与领域的公司跨界进入；再加上数字营销行业内部近几年愈演愈烈的“去乙方化”浪潮——品牌自营内容、媒体自营广告，直接导致参与数字营销活动的公司及机构朝着多元化的方向发展，种类与数量不断增多，同时也改变了广告经营者在数字营销市场的地位和作用。从整体上来看，变化主要集中在以下几个方面。

（一）市场地位受到挑战

进入数字时代，广告经营者居中发挥中介与桥梁作用、实行双重代理双向服务的市场地位受到严重冲击，有被忽视、被替代甚至被淘汰的危险。数字营销市场内，越来越多的品牌广告主以 In-house 模式自营广告，网络媒体机构也可以自主完成广告位和广告库存的售卖，先前由广告公司“双肩挑”的客户代理、媒介代理逐渐被广告主和广告发布者收回；与此同时，其他方面的力量也纷纷高姿态地强势进入，如大型审计、咨询公司纷纷全力拓展数字营销业务，互联网巨头公司对媒介资源、大数据以及广告交易平台的绝对垄断性的掌控，使得三大主体之间的竞争变得异常激烈、残酷。在激烈、残酷的市场竞争中，广告经营者明显处于弱势。在行业内已经有人如此悲观地预测数字营销市场的未来格局：随着大品牌广告主在 In-house 模式上继续拓展、深入，并直接与像谷歌、Facebook、腾讯、阿里巴巴这样的互联网巨头公司直接交易，最终数字营销行业可能只有三方玩家——广告主、少量广告交易平台、媒体，其他的中间代理商将无立锥之地。[①]到那时，整个广告营销市场便由之前的“三足鼎立”（广告主、广告经营者、广告发布者）变成“一线牵两端”——基于网络的广告营销平台直接连接广告主与手握媒介、用户资源的网络公司，这应该是数字营销市场内所有的中间服务商都不愿意看到的局面。

（二）面临的竞争日趋激烈

今天的数字营销活动，无论是活动的内容、方式与渠道，还是支撑活动的人才、技术与设备，都有了非常多、非常大的扩充与拓展，远非传统的广告营销活动所能比拟。相应地，数字营销代理服务商的类型、规模、特质也就呈现出多姿多彩的局面，不同的公司会根据自身的基础与实力选择不同的深耕领域，进而形成独特的个性与不可替代的竞争优势。从服务内容的角度加以区分，就有全案代理型、技术服务型、创意设计型、数据挖掘型四类。即使是同一个类型的公司，其性质、特色、侧重点与主攻方向又各有不同：全案代理型的公司中有通过转向

---

① Mark Ritson. 2018 年营销界的八种新可能性. 新营销，2017，（7）：66-67.

或购买、兼并数字营销公司进入市场的传统 4A 公司，有从咨询、审计行业跨界而来的大型传统咨询公司，还有新兴的数字营销公司。技术服务类的公司，早期主要做网站建设，网络广告管理，发布系统的开发、升级与维护。一站式营销模式普及之后，则开始转向广告交易平台的研发与运作，在此基础上又衍生出更加细致的分工——有的凭借技术优势主要从事系统的广告交易平台及相关技术平台与产品的研发，主要靠技术吃饭；有的则术有专攻，或者基于自己的 DSP 专为广告主代理数字营销活动，或者基于 SSP 专为媒体机构代理媒体广告资源的销售。数据挖掘型公司的构成也很复杂，有分别依托于广告主、互联网企业、平台运营商以及网络媒体机构的，还有独立的第三方数据管理与分析机构。当然，还有一些实力雄厚的大型公司将触角延伸到多个领域……

（三）自身竞争力需不断提升

外部的市场环境与竞争态势已然如此复杂、激烈，数字营销服务商的内部运作又是怎样一番景象？如果说，在传统广告主主导市场的时期，广告公司拼的就是“创意”，只要有优质的创意，能够基于对消费者的洞察做出可以出街的广告作品，就能立于不败之地；那么，随着数字化浪潮的兴起，在广告营销市场，先前频繁出现在广告人口中、笔下的关键词“大创意”“头脑风暴”逐渐让位于“技术”和“程序化”，数字营销公司必须将“创意”与“技术”完美结合在一起才能快速找到目标用户、精准投放个性化广告并顺利实现市场转化；再往后，随着更多、更新的高科技，如大数据、人工智能等的快速兴起与普及应用，数字营销代理服务商又迎来更大的挑战——需将营销、技术、管理三大要素融为一体，方能掌握主动。可以说，数字营销代理服务商一路走来，其所肩负的职责、代理的内容、运作的方式、所需的人才以及依托的技术与设备，都在不断提升、扩充、拓展，需要解决的问题、完成的任务也在不断升级。有文章如此总结数字营销市场的发展脉络及方向：品牌对技术驱动增长的关注从 AdTech（advertising technology，广告技术）的广告精准投放与程序化购买，扩大到 MarTech（marketing technology，营销技术）的自建流量池与客户精细化运营。营销的重点将从“大创意”进化为“大数据”，从精准营销进化为预测营销[1]。正是品牌广告主对数字营销公司持续的、不断更新的需求与期待，激励并促进着数字营销公司不断寻求自我变革、自我突破。

应该说，数字营销代理服务商存在的价值和意义就在于能够为委托方（广告主、广告发布者）解决实际问题。只有不断根据市场的变化、委托方的需求提升自身解决问题的能力，数字营销代理服务商才能得到委托方的认可与尊重，才能始终拥有生存的空间、发展壮大的舞台。现实的情形也的确如此：传统广告公司，特别是 4A 公司的广告运作，主要面对的问题是如何针对在广告主与消费者之间存在的信息不对称的现实，以富有创意的方式有效转达正确、关键的信息，于是，"大创意"（big idea）成为当时广告行业普遍的追求目标与评判标准；在数字营销活动普及的前期，随着互联网作为信息传播媒介与市场销售渠道的双重属性逐渐被人们认识，广告主越来越期待网络广告能直接引发用户进一步的行为，如点击链接、反馈信息，甚至通过电商直接消费，迅速完成市场转化。以此为出发点，数字营销公司给出的解决方案是 AdTech，主要基于对外部数据的分析实施程序化广告投放，最终解决广告主市场营销层面的实际效果问题。但是，AdTech 仍然被人们视为一种"外功"，因为它基本上还是围绕着媒介投放、媒介曝光展开各项工作，只不过在传统广告的做法上，加入了新的网络技术、数字技术。虽然从理论上来说，新技术的采用可以在一定程度上保证广告的实际效果，但由于其所利用、依托的主要是一些外部数据，很难真正与商品的实际客户准确对应，因而最后的实际转化效果其实很弱。如何解决这一问题？近年来，数字营销行业把更多的关注转向了 MarTech。MarTech 的概念最早由 Scott Brinker 提出，他认为"当下的营销已不再是让消费者想象商家的产品，而是让消费者体验商家的产品。营销技术特别强调消费者的体验，它们是客户的客户。这就是商业从业者必须重视用户体验的原因。"[1]由此，他主张将营销、技术、管理融合在一起，以技术为核心驱动力，直接驱动营销模式与管理模式的更新及运行效果。MarTech 更多地基于广告主的视角，将营销、技术与管理熔于一炉，达成外部数据与内部数据的结合，通过对数据的科学分析准确把握需求，进而对企业整体生产经营活动

① 高学院|美国营销界风头正劲的 MarTech 是什么？谁是独角兽微信公众号[2017-09-11].

的全流程予以指导。有业内人士如此评价 MarTech：不仅在颠覆数字营销的方式，同时也助力企业的数字化转型。也就是说，MarTech 在 AdTech 的基础上又完成了一次升级，它所面对、解决的是企业级的整体经营问题。

在群雄并起、竞争激烈的数字营销市场，作为中间代理商的数字营销公司面临着来自多方的挑战，前景不容乐观，唯有以积极的姿态主动迎接挑战，方能化解危机、永立潮头。从数字营销市场的现有格局来看，数字营销公司未来应该朝着更加多元化、专业化的方向发展：首先，那些有雄厚基础与实力的全案代理型公司，可以作为战略“合作伙伴”，与广告主达成更加全面、深入的合作关系，以科学、专业的“外脑”服务全面融入广告主的整体经营活动之中，以观念、智慧及独到的眼光直接参与企业整体营销战略与策略的制定，成为广告主的智囊团，而不仅仅只是充当一个执行者的角色；其次，具有创新能力、研发优势的技术型公司，则可以集中精力于数字营销平台的建设，如广告交易平台及相关系统、软件、产品的搭建、设计与维护，为数字营销活动顺利、高效地运作奠定基础；最后，大量的中小型数字营销公司继续坚持独立的、个性化的发展道路，就像独立的创意热店、第三方数据监测公司那样，不依附于任何一方，在某一细分领域深耕，练就市场内不可或缺、无可替代的“独门绝技”，以在越来越“轻资产、重整合”的数字营销行业占据有利位置。如果以上设想得以实施，三种不同类型的数字营销公司既可以在自己的目标领域里各自发展，又可以在市场需要的时候打破边界、结成同盟，发挥各自特长整体作战，灵活多变，进退自由。

有人曾预测，如果善于整合技术和人才资源，能用数据驱动的洞察讲好故事、设计用户体验，成为品牌的合作伙伴而非“代理商”，这样的组织形态势必会获得更多的机会。[①]即围绕一家企业、一个品牌，在汇集多家公司的创意人才和技术精英的基础上为其重新定制一家代理商，这一预测已被现实印证。上文提及的宝洁 2018 年创办的独立广告机构，就是一家聚集了多家广告集团人员的互动广告机构。比这更早的则是 2016 年，宏盟集团在赢下了麦当劳价值 15 亿美元的创意业

① Juni. 未来广告代理商的形态会是什么样？SocialBeta 微信公众号[2016-10-09].

务之后，就以旗下的 DDB 为基础，抽调集团内部资源，再加上来自 Facebook、谷歌和 T Brand Studio 的外援，为麦当劳专门定制成立了一家新的代理商。相信在未来，以整合的方式为广告主，特别是大品牌广告主量身定制专门的数字营销代理公司的做法会越来越普及。

因此，对于代理服务商来说，保持超前的眼光、理性的头脑，深入了解市场的需求，准确把握市场走向，真正以专业服务商的身份融入服务对象的业务之中，与之同进退、共荣辱，风险同担、利益同享，最后方能走向共赢，走向长久。

三、数字媒体机构

数字媒体机构也就是数字广告的发布者。广告发布者，是指为广告主或者广告主委托的广告经营者发布广告的自然人、法人或者其他组织。通俗地说，就是拥有广告发布阵地即广告媒介的人或机构。

在传统广告市场，广告发布者以广告媒体机构为主，特别是拥有大众传播媒介的机构，如报社、杂志社、电台、电视台等，它们占有绝对的优势。个人在当时根本不可能掌握、拥有媒介，自然也就不可能成为广告经营者。后来，随着新媒介的不断涌现，广告媒体机构的类型也越来越多，越来越复杂，既包括拥有各种媒介资源（传统媒介及新媒介）的组织机构，也将拥有自媒体的个人囊括进来，那些掌握互联网流量、平台的网络公司也成为其中举足轻重的一支力量。

广告媒体机构，是任何广告与营销活动都绕不开、离不了的中介与工具；同样，广告媒体机构也是所有广告营销活动都不能缺失的一方主体。中国广告市场自 1979 年重开以来，广告媒体机构一直在其中扮演着非常重要的角色。可以说，在 20 世纪 80~90 年代，正是当时的新闻媒体机构主导着中国广告的复苏与快速发展，它们往往集广告承揽、广告制作、广告发布多种职能、多重角色于一身，致使在相当长时间内，每年位居全国广告营业额排行榜前列的大多是媒体机构，因而人们也把那个时代称为媒体强盛时代。1993 年，我国开始试点推行广告代理制，将广告媒体机构的主要职责明确界定为广告发布，规定广告媒体机构不得直接与广告主接洽承揽、制作广告，其所拥有的广告版面与时间也必须交由专业广告代理公司代理。

互联网诞生之后，网络又成为一种新的广告媒介。世界上第一批正式的网络广告应该是广告主与掌握网络技术、拥有网页和网站的机构直接接洽、商议的结果——AT&T 等共计 14 个客户的旗帜广告于 1994 年 10 月 14 日出现在美国著名杂志 *Wired* 的网络版主页 Hotwired 上。其后，随着网络广告的价值越来越受到人们重视，一些科技公司通过自己的网站将其他网站，特别是中小网站的广告资源汇集、捆绑在一起，寻求有需求的广告主，由此开启数字营销市场早期“媒介代理”的业务。好耶当年就搭建起了国内第一个广告网络联盟 Allyes AdNetwork，对大小网站的广告资源进行集中代理。但是，与携带着媒介资源、流量、用户以及以技术优势强势入驻数字营销市场的大型互联网公司（如谷歌、Facebook，BAT）相比，这些媒介代理公司明显处于弱势。在中国数字营销市场，大部分市场份额将会被 BAT 等巨头公司占据，这与美国的情形保持一致，谷歌、Facebook 两家公司几乎包揽了美国数字营销市场的全部增长。也就是说，无论是在中国，还是在美国，数字营销市场也基本被媒体巨头公司占据。

正如电通安吉斯旗下安纳特（Amnet）中国董事总经理温道明（Lawrence Wan）所言：“在中国市场，媒体资源的最大的购买方不是 4A 公司，也不是广告主，而是 BAT。作为媒体巨头，他们也一直在不断将其他各方媒体加入到自有 Ad Exchange 平台中，强化媒体资源优势，而这些媒体资源也会优先提供给他们自建的 DSP 平台。”[①]与数字营销公司相比，这些互联网巨头具有很多优势。

（一）平台优势

互联网本身就是一个宏大的开放平台，诞生在互联网上的绝大多数公司，基本上都属于平台型公司。平台型公司，指的是居中将供应方和需求方连接在一起最终实现交易行为的公司，其职责主要是创建并开放交易平台，制定平台内的交易规则，吸引需求双方进入平台。与传统企业的供应链模式相比，平台模式有很多变革与优势。数字营销市场，很多网络媒体机构都是典型的平台型企业，如

① 大媒体平台的垄断，对广告技术圈意味着什么？Adexchanger.cn 官网[2018-06-06].

BAT，以及众多的平台型媒体。这些平台型数字媒体机构基于互联网搭建起一个个数字内容的生产、聚合、分发、浏览的互动平台，并以大量免费的基础服务吸引目标用户进入平台。海量用户进入平台带来的流量、数据成为平台型媒体宝贵的资源，这些资源对于数字营销来说，是非常宝贵、不可或缺的。

（二）流量优势

在网络世界，流量是一个非常基础而又重要的词汇。简单地说，流量就是网站的访问量，也就是在一定时间内打开某网站网页的用户的数量。与传统媒体时代的流行词汇“发行量”“收视（听）率”一样，“流量”也是衡量一家网络媒体受欢迎程度的主要指标，同时也是决定网络广告投放方向的重要参考因素。“流量是实现互联网企业货币价值的基础。不管是广告还是获取投资，谁获得流量多，谁就拥有更强的变现能力。”[①]在这方面，以 BAT 为代表的网络巨头无疑具有天然的优势。据相关统计数据显示，到 2017 年底，Facebook 的平均日活用户数为 14 亿，月活用户数为 21.3 亿；QQ 的月活跃账户数为 7.83 亿，智能终端月活跃账户数有 6.83 亿，微信的月活跃账户数则达到 9.89 亿；阿里巴巴中国零售平台的年度活跃消费者达到了 5.52 亿。[②]通过广告及其他增值服务，海量的流量能为这些网络媒体平台带来巨大的利润与财富。

（三）数据优势

如果说，IT 时代的互联网世界是“流量为王”的话，那么，进入 DT 时代之后，“数据”则一举超越“流量”成为决定性的因素。“大数据已经成为互联网企业的重要资产和生产要素，数据掌握的多寡、处理能力的强弱、价值挖掘的深浅已经成为互联网企业竞争力的重要衡量标准。”[①]经过 20 年左右的积累，以 BAT 为代表的互联网公司基本上都已成为大数据公司，腾讯的社交数据、百度的搜索数据、阿里巴巴的电商数据，都是其他公司难以企及的。“腾讯已经运营了 20 年，拥有的数据量超过 1 000PB，微信、We Chat 和 QQ 的合并

① 马英才. 互联网之争：从流量入口到数据入口. 互联网经济，2018,（5）：38–43.
② 郭全中. 流量的前生今世. 互联网经济，2018,（5）：34–37.

月活跃账户数超过 18 亿。百度每天有 60 亿次搜索量，6.6 亿移动搜索月活跃用户，近 10 亿的用户画像。京东企业购物平台集聚了包括大型企业、政府、公共客户和中小型企业在内的 600 万家活跃企业客户。阿里巴巴则不仅有规模庞大的电商数据，还通过投资、并购等手段，掌握了大量的文娱数据、UC 浏览器的门户数据、微博和陌陌的社交数据、高德的位置和地图数据、本地生活数据、物流数据、金融数据等全行业数据。”[①]通过大数据的采集、积累、分析与挖掘，能够从多维度对用户进行画像，进而为之贴上标签，这是提高数字营销活动精准性、有效性的切实保障。少数互联网媒体巨头对用户数据近乎垄断的最大量级的占有，以及由此形成的数据孤岛，对其他数字营销公司而言，无疑是巨大的挑战。

（四）技术优势

基于流量、数据方面的优势，互联网媒体巨头们在互联网行业占据着绝对的主导地位，或者说，正是由于其所拥有的海量的流量与数据，使之这么多年来一直雄踞于行业顶端，几乎无人能够撼动。随着数字营销的普及，这些互联网媒体又开源引流，将自身搭建的平台向全社会开放，实现多赢。同时又利用自身在技术方面的长项，积极投入广告交易平台的开发，甚至在此基础上建立自有的 DSP 和 DMP。由此，这些互联网媒体巨头们在媒体、技术、产品、服务多个方面多路出击、全方位布局，构建起自己的全景营销生态：作为互联网主要入口携流量与数据双重优势，同时又以内部自成体系的广告交易平台以及营销工具，直接与品牌广告主对接，为其提供全套数字营销服务[①]。

正是由于互联网媒体多方面的优势，使得其在数字营销市场的地位不断上升，并由此带动整个数字营销市场格局的改变：“当巨头的媒体资源、数据及广告技术平台都齐备时，中国数字广告市场的格局就变了——广告主对巨头数字广告平台的依赖性更强，进而使得大媒体巨头在整个数字广告圈的话语权要远远高于其他数字技术平台，甚至高于一贯站在数字营销链条顶端的 Agency 公

---

① 大媒体平台的垄断，对广告技术圈意味着什么？Adexchanger.cn 官网[2018-06-06].

司和品牌主。”[①]

从单纯地专注于广告发布，到手握平台、流量、数据以及技术优势与数字营销公司一较高低，甚至显现出取代数字营销公司、直接与广告主主导数字营销市场的趋势，数字媒体机构的市场地位可谓一路走强。在未来的发展道路上，如何加强、提升广告营销意识，能否真正有效地实施、驾驭一站式整合数字营销传播，是这些数字媒体巨头能否顺利地从网络科技公司、数字媒体公司升级为“数字营销公司”的关键。

四、第三方服务供应商

第三方服务供应商，一般指的是除了使用方和销售方之外的第三方机构，它们主要在某细分领域为市场提供专业化的服务。数字营销市场的第三方服务供应商就是为广告主、数字营销公司或数字媒体机构提供某项专业服务的公司，如第三方数据检测与评估公司、第三方数据分析与挖掘公司，以及第三方技术研发与服务公司等。

真正意义上的第三方服务公司在市场内应该始终处于中立地位，即不直接参与市场内的买卖行为，不从中赚取差价，只为市场提供工具与服务，这样才能保证其服务的客观、透明与公正。数字营销市场的第三方服务供应商主要集中在两个领域。

（一）技术研发与服务

数字营销本来就是建立在网络技术、数字技术、人工智能技术等高新技术的基础之上的，数字营销离不开技术，技术的进步有力地推动着数字营销的发展。因此，在数字营销市场，就需要有专门的科技公司从事与数字营销有关的基础设施、平台、软件及工具的开发与生产。随着云技术的崛起，市场上先后出现了 IaaS 公司、PaaS（platform-as-a-service，平台即服务）公司、SaaS（software-as-a-service，软件即服务）公司。一般来说，互联网上所有活动的进行都需要三个层面的支撑：基础设施、平台与软件，于是，在三个层面上分

① 大媒体平台的垄断，对广告技术圈意味着什么？Adexchanger.cn 官网[2018-06-06].

别出现了三类公司：IaaS 公司提供场外服务器、存储和网络硬件等基础资源；PaaS 公司则主要为企业定制化研发各种中间件平台，提供解决方案；SaaS 公司则通过 Internet 提供软件服务，凡是有需求的客户都可以在 SaaS 公司的服务器上定购相应的应用软件，并按定购的应用软件的多少和使用时间的长短支付费用。有了这些技术公司提供的相关硬件设施、运作平台以及系统软件，数字营销市场的其他主体既能节约大量的时间、精力，专注地从事本职工作，同时又能以相对较少的租用费用节约成本。

数字营销市场内，第三方技术研发与服务类的公司主要在 PaaS 和 SaaS 层面深耕。初创时期的数字营销公司几乎都是从技术角度切入，进行互联网广告发布与管理软件的开发与推广，站稳脚跟后再向其他领域拓展，如美国的 DoubleClike 和中国的好耶。后来，围绕着一站式网络营销与程序化投放，又有一批公司以平台的开发与建设为主要业务内容。可以说，如果没有这些技术开拓型的公司在前面铺路，网络广告和数字营销的发展之路将会走得更加艰难。

（二）大数据的汇集与挖掘

大数据对于数字营销的重要性，如今已没有任何人有丝毫的怀疑。而随着大数据技术、人工智能技术的普遍运用，大数据的价值与意义也得到了充分的挖掘与运用。在互联网上，人只要发出行动，就会留下痕迹，就会产生数据。上网的人越多，数据就会越大，于是大数据成为可能，成为现实。数字营销活动要有目标性、针对性，就必须尽可能多而全面地掌握数据，并从数据中要效益。但是，网上数据越来越多地汇集到几家互联网巨头公司，如阿里巴巴、腾讯、百度、京东等，这些公司掌控着海量的数据，对外形成数据封锁、数据孤岛，由此导致大数据的全面汇集遇到很多困难甚至障碍；更何况大数据本身不能解决营销问题，关键是对数据的分析与挖掘，这又涉及相关的技术应用以及人才储备，不是一般中小型数字营销公司能够独立支撑完成的。于是专门致力于数据汇集、分析与挖掘的公司应运而生。

对于数字营销而言，大数据的重要性日益彰显。自然而然，数据分析与挖掘公司的地位也越来越高。当然，传统广告市场也有第三方机构的存在，如市场调查公司、信息咨询公司，但由于当时的市场调查流行的是抽样调查，一般广告代理公司均能依靠自己的力量完成；加之市场各方对广告效果的要求与期待不像今天这样明确、直接地以具体数据体现，主要追求的是大量投放、大量曝光，因而这些调查机构不太受重视，其市场影响力非常有限。其后，早期的网络广告市场流行的是"技术+媒介代理"的模式，就像精硕科技的首席技术官洪倍表所说的，"国内最早的技术类广告公司往往演变为涉足广告代理商的双重角色，对于广告效果监测的投入力度并不够大，兼做运动员和裁判，其公信力也遭受质疑。"正是在这样的行业氛围下，特别是随着效果广告、精准广告的兴起及普及，独立的第三方效果监测和评估机构显得尤其重要。由此，第三方数据分析与挖掘、效果检测与评估公司迎来了空前的发展机遇。精硕科技和秒针系统分别于 2006 年、2007 成立，如今，这两家公司都成为国内领先的第三方数据分析监测公司。

世界广告商联合会（World Federation of Advertisers，WFA）2018 年颁布了新版《全球媒体宪章》(*Global Media Charter*)，明确提出了数字营销市场必须遵循的八项原则。其中的一条就是"作为最低要求的第三方验证和测量"——"自行报告的数据不会被接受，广告主需要第三方验证，以便库存具有可见性，无欺诈，品牌安全并触达目标。经由相关行业认可的机构进行审计和认证的第三方广告投放和验证公司，广告主承诺优先合作"。在 WFA 的 CEO Stephan Loerke 看来，"数字生态系统发展如此迅速，难免会出现这样或那样的问题。但放任不管的时代已经过去了。数字平台吸引了最大份额的营销预算，广告主有权要求他们花的钱能够被清楚地追踪，被消费者理解，这不仅仅是知道预算得到妥善使用。我们还需要确保品牌和消费者的利益在这些新平台中得到保护。"[①]相信在这样的市场原则指导下，第三方服务提供商在未来会扮演更重要的角色，会有更长足的发展。

① 要么变革，要么停止合作，大品牌向数字广告市场提出八项原则. Adexchanger.cn 官网[2018-06-05].

五、用户

互联网时代的“用户”，与传统媒体时代的“受众”一样，指向的都是信息的传播对象，或者是媒介的使用者。但就概念的内涵而言，二者却有着本质的差别：“受众”处于绝对的被动位置；而“用户”是主动的，它将传播者与接受者的角色集于一身，同时，它还能自主地决定什么时间、什么地点以什么方式使用媒体。

传统广告时代，广告传播的对象被称为“广告受众”。中文的“受众”二字，本来就带有极强的被动意味，而广告的实际运作情形更是有力地印证了这一点。传统媒体广告基本都是基于传播者立场的“点对面”传播，虽然广告经营者也注重对受众进行分析、研究，但由于掌握的数据有限，大多数时候的受众分析只能称为对受众群的合理猜测。另外，当时的媒介与传播技术也根本无法实现针对每个个体的个性化需求投放广告，所以最终的结果只能是媒介上刊播什么，受众就接受什么；媒介什么时候刊播，受众就什么时候接受。受众的选择性很小，唯一能够主动选择的权利只是表现在看（听）还是不看（不听）。因此，在传统广告市场中，广告主、广告经营者、广告发布者三者是市场运行的主体，而广告受众则被当作客体看待。也就是说，广告受众只是广告信息的被动接受者，他们是无法直接参与、影响广告的实际运作的。

这种状况随着网络媒体的诞生和发展逐渐产生了变化。在门户网站主导的Web1.0时期，网上信息不断增多，但信息都是由网站提供，网民借助搜索引擎，能够非常便利地寻找自己需要的信息。虽这些信息还停留在“只读模式”，但相比于传统媒体的受众，网民选择的空间有了极大的提升，选择的自主性也有一定的增大。Web2.0时代的到来，则彻底改变了受众始终处于被动的局面，因为Web2.0将人们带入了一个内容共创、知识共享的时代。此时的“受众”概念已被“用户”替代，通过社交媒体BBS、论坛、博客，以及后来的微博、微信等自媒体，被动的“受众”彻底转变为自主的“用户”，他们在互联网上不仅可以搜索、阅读信息，还能生产、传播信息；不仅能从事个性化的内容生产，还能分享、评论他人的信息。可以说，用户的主体性在互联网上得到了全方位的发挥与展现。

于是，在特别强调与传播对象达成良好的沟通与互动效果的数字营销市场，用户的地位与作用便显得尤其关键、重要。

（一）用户是数字营销活动的中心

从数字营销活动的整体运作来看，用户是绝对的中心，所有的活动环节都必须围绕用户展开，整个活动可以说起于用户，终于用户，同时活动的效果也源于用户。为了有的放矢，数字营销活动往往以汇集、分析大数据为起点，对商品的目标消费者进行画像，然后形成标签，在此基础上为之量身定制广告；当互联网上的某个用户点击鼠标、滑动屏幕之时，广告交易平台上的 SSP 与 DMP 会迅速调用相关数据，得出这一个用户的个性特征，并将之推送给对这一类型的用户有需求的 DSP，各品牌广告主于是便针对这一个用户展开竞价，最后出价次高的广告主获得这一个用户，这一个用户便在上网的数秒钟之内看到这个品牌的广告。这就是目前流行的程序化广告呈闭环式的运作流程，从中我们可以明确感知到用户的决定性力量：他始终牵引着数字营销活动的方向。

（二）用户成为品牌的创造者之一

传统广告时期，品牌是由广告主会同广告代理公司一手打造的，品牌消费者只能照单全收，或者说基于广告主塑造的品牌形象是否与自己的心理期待相吻合来选择自己心仪的品牌，无论是哪种情形，品牌消费者也都是被动的。有人曾将大众传播时代的品牌比作“一尊雕像”——由广告主委托的广告公司、广告创意人精心打磨、雕琢和塑造的雕像；到了互联网时代，品牌的塑造也发生了改变，“不再是呈现在消费者面前完整的雕塑，而是一幅没有成为（成品）的画卷”。也就是说，品牌并不完全属于品牌主，而是由品牌拥有者和品牌消费者共同塑造、共同拥有。无论是品牌的创建与维护，还是品牌形象与个性的塑造，早已不是品牌拥有者或广告代理商单方面决定、完成的，品牌这幅“未完成的画卷”，还需消费者的主动参与，“需要品牌与消费者不断修缮，共同面对他（它）的变化”。在此，“消费者不再只是信息的接收者，他们越来越多地参与品牌传播，在分享品牌信息的同时，消费者正在成为品牌建构的生力军，消费者处于协助广告主和广告公司共同完成品牌建构的重要角色。”①

（三）用户消费行为模式的改变带动营销模式的改变

品牌消费者（也可称为品牌用户）角色转变的同时，其消费行为模式也完成了从被动到主动的转变。中国互联网数据中心（Data Center of the China Internet，DCCI）在其发布的 2011 年社会化营销蓝皮书中，提出了数字时代新的消费行为模式 SICAS。SICAS 模式是对传统广告时代的 AIDMA 模式、网络时代初期的 AISAS 模式的升级换代，其主要内容是：品牌与用户互相感知（sense），产生兴趣、形成互动（interest & interactive），用户与品牌及商家建立连接、交互沟通（connect & communication），行动、购买（action），体验、分享（share）。传统广告时代的 AIDMA 模式基本遵循的是单向的刺激—反应模式，广告创意聚焦的核心是怎样以好的内容和形式吸引人们的注意（attention），并尽快将短暂的注意转化为真正的兴趣（interest），以激发人们内在的欲望（desire），使之在形成记忆（memory）的基础上发出消费行为（action）。在这个模式里，消费者完全是被动的，除了对广告信息做出广告主与广告人所期待的反应，似乎别无他用。这一点在互联网时代得到极大改变。随着搜索引擎的出现，特别是 SEO、SEM 的普及，消费者能够非常便利地主动搜索信息、分享信息。日本电通敏感地捕捉到消费者的这一行为特征，将 AIDMA 升级为 AISAS（attention-interest-search-action-share，引起注意-引起兴趣-进行搜索-购买行动-人人分享）。AISAS 模式突出了消费者对信息的主动搜索与分享，在一定程度上已经具有了“互动”的意识，但仅仅只是停留在对已有的编辑好的信息的搜索与自己的感受的分享上，范围还很狭窄，内容也较为简单。在 SICAS 模式中，“互动”则自始至终体现在消费行为的每一个阶段，每一个环节——从最初通过全网触点达成品牌与用户之间的相互感知，到彼此产生兴趣尝试互动，到用户与品牌、商家建立连接并就各种问题在各个层面保持沟通甚至协商，再到用户信任品牌发出消费行为，直至用户消费商品后将自己的所有体验分享给他人。可以说，无互动，就不能称之为“数字营销”，就无法达成广

① 沈虹. 互动网络营销传播的创意研究. 广告大观（理论版），2011，（10）：38-47.

告营销的目的[①]。

无论是数字媒体用户，还是品牌用户，其角色、行为方式以及在市场中的地位都发生了明显的改变。总体而言，以主动、积极姿态出现的用户，已然成为数字营销市场一支不容忽视的力量，或者说，用户也是一方主体，参与并主导着数字营销活动的运行。

第三节 数字营销市场运行

在传统广告营销市场的基础上发展、进化而来的数字营销市场，基于新的运作主体、社会与媒介环境以及各种高新技术的开发与运用，其运行自然呈现出不同的特点与流程。

一、数字营销市场运行的特点

与传统广告市场运行相比，数字营销市场的运行在以下几个方面有明显的改变，进而形成独特的特点。

（一）运行主体更加多元，市场竞争更趋激烈

传统广告市场的运行有广告主、广告代理公司、广告媒体机构三大主体参与，三者分别处于市场的上、中、下游，各司其职，如链条般环环相扣地推进各项活动。数字营销市场的运行主体则在此基础上有更多的主体加入，如数字营销代理商就既有转型的传统广告公司，又有新兴的数字营销公司，还有咨询、审计公司；广告媒体机构领域除了各类传统意义上的媒体机构之外，还涌入了手握用户、数据、平台资源的网络科技公司、电信运营商，甚至还包括手机生产商。在整个数字营销市场规模增长的幅度相对有限的情形下，运行主体的不断增多必然带来市场竞争的日趋激烈。

---

① 阮卫. 互动 · 自动 · 变动：数字时代广告营销的创意特质. 学习与实践，2017,（12）：135-140.

（二）广告代理制遭遇挑战

在市场运行主体越来越多、竞争日趋激烈的同时，传统广告市场的运行机制——广告代理制也受到冲击，逐渐显得过时、落伍，有被抛弃的危险与趋势。广告代理制对传统广告市场三大主体的责、权、利做了非常清晰的界定与规范，广告代理公司居中为广告主、广告媒体机构实行双重代理、双向服务：一方面，为广告主代理整个广告活动的策划、创意及实施；另一方面，为广告媒体机构代理广告版面与时间的销售，广告主与广告媒体机构一般不得直接接洽、实施广告的相关事宜。但在数字营销市场，近年来“去中介”“去乙方化”的现象逐渐增多，广告主、数字媒体机构开始绕开、抛弃中间代理商，自行经营广告；再加上一些大型网络公司、媒体平台纷纷扩张业务，开始涉足数字营销活动的代理，广告代理制几乎形同虚设，数字营销代理商的空间与舞台变得越来越狭窄，其未来生存与发展受到极大的挑战。

（三）用户真正成为决定性的力量

传统广告市场的运行主要由广告主、广告代理公司、广告媒体机构三大主体主导、掌控，广告说什么、怎么说、什么时间在什么媒体上说等诸多事项的决策完全由三大主体控制，受众基本上没有发言权，更别谈参与权，只能被动接受。到了数字营销时代，用户（受众）一跃而成为市场上最具决定性的力量，用户的需求、心理以及行为很大程度上影响、决定着数字营销活动的方向与策略，数字营销市场的运作也随之转变，开始以用户为出发点，同时也以用户为最终落脚点。更为重要的是，用户不仅成为数字营销活动的中心，而且还进一步完成了从被动接受者到主动参与者的角色转变，可以以各种方式直接参与到数字营销市场的运作之中，在一定程度上也成为一支主导力量。

（四）平台化的运作模式

数字营销市场的运作是典型的平台化运作方式，几乎所有的营销环节都是基于互联网大平台，再通过将 DSP、DMP、SSP 等串联在一起的广告交易平台实施完成。也就是说，广告主、数字营销公司、数字媒体机构、数据检测与评估公司、用户很多时候是同时出现在广告交易平台上的，这与传统广告市场的运行有很大不同。传统广告的三大运作主体广告主、广告公司、广告媒体机构分别处于市场的上、中、下游，广告的各项工作必须从上游到中游再到下游线性推进，最后才能抵达受众面前，战线拉得很长，各主体相隔甚远，彼此之间责、权、利的界限非常清晰。进入网络时代之后，世界变成了平的，时间与空间的距离都被极大地缩短，各主体同时共存于网络平台上，彼此的界限趋于模糊，甚至消失，进而形成一种新的协作或者说竞合的关系：合作中有竞争、竞争中有合作，我中有你、你中有我。

（五）运作周期大幅度缩短

传统广告市场的运作周期较长，从广告的投标、中标到广告的制作、刊播，一般需要耗费好几个月的时间；而且在一个运作周期内，所有环节的工作都以时间为轴按先后顺序依次推进、展开，即广告主招标、广告公司在调研的基础上完成整体策划后参与投标、中标后制作并在媒介上刊播广告直至最后将广告效果反馈给广告主，如流水线般环环相扣，犹如超长距离的接力赛跑。凭借着互联网平台以及相关技术的发展，数字营销市场的运作周期得以大幅度缩短，虽然市场运作的流程大体保持不变，但在完成前期的招标、中标工作之后，平台化、程序化的运作模式将诸多运行主体同时聚集在广告交易平台上，使得数字广告能在锁定一个目标用户的基础上实时进行程序化的创意与投放，而完成这一系列工作所需的时间只需以“秒”为单位计算，可以说是多人并肩进行的百米冲刺。我们时常看到一些借势营销、事件营销的成功案例，整个活动从事件的发生到营销活动的最终落地，前后只需十几分钟的时间，真正实现了“短平快”，这在传统广告市场是根本无法实现的。

二、数字营销市场运行的流程

任何活动的进行，都需循序渐进，大致经过开端、中间推进，最后走向终点、结局，数字营销市场的运行同样如此。

（一）招标与投标

一般来说，广告与营销市场运行的起点是广告主的公开招标。无论是传统广告市场，还是数字营销市场，都概莫能外。

广告主在确定了整体的广告营销目标及预算之后，会有针对性地选择自己了解的数字营销公司、广告公司发出比稿邀请函，随后会对有参与竞标意向的公司提供比稿简报（brief）。比稿简报包括企业面临的市场背景，旗下品牌的定位及相关手册，历年的市场销售数据与市场占有率数据，之前广告与营销活动的简要介绍，竞争品牌的基本情况，品牌面对的问题和挑战，以及竞标公司需要在提案中完成的工作和提案的时间、地点等方面的信息与要求。

接下来，竞标公司会从各部门抽调人员，以小组的形式在较短的时间内（一个月左右）依照广告主提供的比稿简报展开各项工作，在收集、分析数据的基础上对整体广告营销活动的战略、策略以及具体实施方案提出构想，形成策划书，准备提案文件，最后在广告主召集的比稿提案会上进行陈述、展示。如果提案获得广告主的认可，竞标公司就获得广告营销活动的代理权，在通过试用期之后按计划推进各项活动；如果没有入围，竞标公司前期的所有工作与投入就打了水漂，白白浪费，因为比稿提案大多是免费的。

广告营销行业以免费比稿提案的方式招投标已延续了很长时间，在行业内一直存在各种争议。引发争议的焦点主要集中在竞标公司的时间、智力投入未被重视、认可，一些广告主盗用、冒用竞标公司的创意等。2018 年 6 月初，21 家中国独立创意公司发起了“关于付费比稿的联合倡议”，在业界引起极大反响。

（二）数据汇集与分析

对于广告营销活动而言，信息、数据的汇集与分析是所有环节、一切工作的基础。一方面，广告主会给代理商提供很多关于企业、品牌、产品、目标消费者、市场销售及市场竞争等方面的相关信息，以供代理商参考、分析；另一方面，代理商还需进一步扩大范畴，多渠道收集信息。只有充分占有信息并对信息进行科学的分析与把握，才能在此基础上确立正确、有效的营销战略与策略。

传统广告市场的运作中，广告代理商常以抽样调查的方式进行从宏观的社会环境、行业及市场状况到企业及产品、消费者心理与行为、竞争对手状况以及广告媒体使用情况等方面的调查，同时汇集从广告主以及专门的市场调查与咨询公司获得、购买的信息，为科学的分析与决策奠定基础。由于当时的调查方法与手段相对简单、费力，代理商能够掌握的信息是非常有限的，因而也在一定程度上影响了决策的准确性和针对性。进入大数据时代，数字营销市场内信息与数据的来源更广，获取的途径更多，采集方式也更加便利、快捷。海量的数据分别掌握在网络公司、广告主、数字媒体机构、电信运营商、数字营销公司以及第三方数据服务商手中。如果数据封锁、数据孤岛能够得以消除，通过对这些海量数据的分析与挖掘，就能够全方位地为数字营销市场服务：

首先，科学预测市场的未来发展趋势，为广告主提供决策咨询服务。

其次，深刻洞察用户心理，实现对用户的精准画像，加强广告与营销活动的针对性、有效性。无论是内容的生产，还是内容的分发、广告的投放，都能有的放矢，并激发用户的主动点击及互动。

最后，对广告营销活动的实际效果有客观、透明的呈现与反映。

（三）内容生产

如今的广告与营销活动早已超越了单纯依靠大众传媒狂轰滥炸、大声吆喝的时代，是否拥有独创的、与品牌密切相关、与消费者的价值取向高度契合的内容，成为决定广告营销活动成败的关键。据美国内容营销协会（Content Marketing Institute，CMI）的数据显示："无论是 To B 还是 To C，90%以上从业者都将内容营销作为首选的营销方式，76%表示还会增加内容营销的比重。"①

进入互联网下半场，对于互联网企业而言，人口红利减缓，流量成本激增，竞争的压力也随之加大；与此同时，用户的媒介接触行为普遍、深刻地呈现出去中心化、碎片化、个性化的特征；消费者的广告素养也得到极大提升，加之一些屏蔽工具的出现与付费会员的流行，使得去广告非常便利，诸多因素汇集在一起，凸显了内容的重要性，一个"内容为王"的时代真正来临。"2016 年，所有打造内容平台的互联网公司都基于这样的逻辑：用户在哪里消费内容，流量就在哪里，

① 超级内容时代，抢占 C 位秘诀. 成功营销，2018，（Z2）：18-19.

而流量在哪里，钱就在哪里。最终的竞争演变成了对用户时间的争夺。”①

广告营销活动要成功地抓住用户，就必须在内容生产上下功夫。如果说，传统广告时代，广告营销内容的生产主要由广告代理公司与媒体机构承担、完成；到了数字营销时代，广告营销内容的生产主体则更加多元，既有传统的内容生产的主力军，如媒体机构、广告代理公司，还有品牌主、数字营销公司、公关公司，以及意见领袖，甚至每个自媒体用户。概括而言，目前行业内普遍采用的内容生产方式有三种：PGC（professionally-produced content，专业生产内容）、BGC（brand-produced content，品牌生产内容）、UGC，而且三种生产方式之间还有交叉、互动与配合，最后形成一种内容“共创”的局面。“在新机制的运行下，企业品牌可以选择自己主导或依托旗下的内容生产联盟进行生产，此外还可以积极与调性相符的KOL（key opinion leader，关键意见领袖）、自媒体等共同合作产出内容，甚至与其他媒体平台实现跨界合作，形成泛平台内容合作联盟。目前，内容产业已经出现众多平台型机构组织。这些组织机构网罗、集合众多的优秀内容创作者，孵化并打造IP，并为内容创造者提供衍生服务。”②

另外，随着时代的发展、媒介形态的变迁，广告营销市场内容的内涵和外延也有了一定的改变及拓展。传统广告营销活动的内容多集中在商品与品牌信息层面，如今，就像罗振宇所说，“一切内容皆是广告”，只要是消费者感兴趣的，能吸引他们的注意、引发他们的共鸣、强化或改变他们行为的内容，都是好的营销内容。当然，与品牌的高度契合也必不可少。换句话说，品牌营销内容挖掘的空间无限扩大，内容的性质与类型也更加多姿多彩。

因此，在内容生产环节，生产者必须相互协作、密切配合，为选择恰当的内容、恰当的内容呈现方式展开以下工作。

首先，在深刻洞察消费者的基础上，准确把握消费者面临的问题，并将之提炼为广告营销活动瞄准的“痛点”。

其次，围绕“痛点”，寻求破解方式。主要思考方向是：将商品、品牌的特质

---

① 余斯译. 头条号、百家号、企鹅号、UC号……互联网公司为什么纷纷押注“内容”？腾讯科技[2017-01-20].

② 马涛，周艳，聂乃知. 内容破局：“互联网下半场”的营销创新. 新闻与写作，2018，（2）：43-48.

与消费者的“痛点”相结合，熔铸成消费者可以获得的主要“利益点”。

再次，进一步将“利益点”与社会热点事件、话题或者热门IP深度融合。此举一方面可以有效吸引消费者的注意，引发消费者直接点击、关注；另一方面，又能增强内容的分享价值，促使消费者主动分享、转发，扩大内容的影响范围与力度。

最后，内容生产者自始至终都应秉持消费者至上的立场与理念，一切以消费者为出发点和落脚点。只有这样，才能真正引发互动。

（四）内容分发

传统广告营销时代，品牌的广告营销内容经由广告代理公司或媒体机构制作完成之后，往往是按照预先拟定的媒介计划在规定的时间、渠道与规定的规模及频率之下，借助大众传播媒体进行刊播，最后将内容送达到消费者面前。

如今，在更新换代的数字营销环境下，一方面，媒介的种类与数量急剧扩张，信息传播、内容分发的途径日益增多；另一方面，用户接受信息、阅读内容的渠道选择越来越多，个性化需求越来越明显。两方面的因素汇聚在一起，使得严格按预先计划针对一大群目标受众、按照统一的媒介渠道发送同一内容的方式明显落伍，因此，急需革命性的变革。

首先，内容分发的方式由预先统一计划转变为实时灵活投放。基于大数据、广告交易平台的程序化投放，在诸多方面超越了传统的广告排期与投放。

（1）内容分发所需时间极大地压缩。传统广告投放往往是提前数月进行规划，随后按部就班地依照拟定计划执行，相对比较迟缓、滞后，而且计划一旦确立，很难再临时调整或改变；程序化投放则能实时针对正在上网的目标用户进行内容分发，从用户触摸屏幕、点击鼠标，到用户分析、RTB，再到内容推送，这一系列活动可在几十秒时间内完成，非常便利、快捷，使得广告营销活动的效率明显提高。

（2）内容分发的目标更加精准。传统广告投放主要依靠大众传播媒体实施大规模的信息传递，追求的是信息的覆盖范围、到达人数。借助于大数据、人工智能、科学的算法，程序化投放系统平台能很快分析、判断正在网络上浏览的用户的标签是否与目标消费者标签吻合，如果吻合，就会及时启动程序化创意环节，针对“这一个”用户将适合他的内容以恰当的方式分发给他，精准程度高，信息内容传达到位的概率更大。

（3）内容分发的个性化特色更加突出。传统广告是针对一大群人进行投放，每个人看到的内容都是一样的，千人一面；依靠相关技术，程序化投放则实现了“一对一”的内容分发，每个用户看到的广告内容都是不同的，千人千面。

其次，数字营销时代，内容分发的途径实现了全方位的跨越。各种媒介，如传统媒介与新媒介，各种渠道，如线上渠道与线下渠道，各种终端，如电脑、平板电脑、手机、智能电视等，都被整合在一起，可以任由内容分发者调用。也就是说，不管什么时间、什么地点、什么媒介与终端，只要用户一出现，广告营销内容就会不请自来，迅速出现在他的面前，真可谓无孔不入，全面覆盖。

最后，数字营销活动内容分发的自动化、智能化程度更高。传统广告投放主要依靠的是人力，通过人工操作进行广告的排期与刊播，费力、耗时；而在互联网平台与广告交易平台上，依靠大数据和科学的算法，内容的分发完全由系统自动完成，节约了大量的人力、物力，并且还非常快捷。

（五）互动与反馈

在消费者赋权、用户主导的时代，数字营销活动必须以用户、消费者为中心，运用各种手段、方法与之互动，并及时根据从互动中获取的各种信息快速做出反应，对活动方案进行完善与调整，以建立、维系品牌与用户之间的良好关系。如今，“不互动，无营销”已成为普遍共识。

传统广告营销活动常常是站在广告主和传播者的立场上，广告主与广告代理公司单方面决定着广告营销活动的一切事宜。虽然他们在观念与意识上也重视受众研究、消费者洞察，但以当时的技术条件、媒介特质，根本没有办法实施，实现真正意义上的互动。只有在互联网及相关技术出现并普遍运用之后，互动才能实实在在地进行。

要实现良好的互动，必须特别注重内容的选择与生产，可以说，好的内容是激发互动的基础与前提。什么样的内容才是好的内容？答案很简单，就是要与用户的三观相契合，能够与之产生共鸣和获得认同；同时，在生产内容时，还需有好的形式和手段配合，如巧妙借用最新社会事件与话题，围绕品牌讲述有趣且极具力量的故事，以此吸引用户的注意，引发他们关注、点击、阅读的兴趣。

在此基础上，要大胆尝试，应用一些先进技术，如AR、VR等。一方面，这些高新技术能给好的内容插上翅膀，使内容得以完美呈现；另一方面，也是更为重要的，它们能带给用户更逼真、更生动、更好的体验，使之有身临其境之感。这种深度沉浸式的感受与体验，不仅能刺激并促进用户对相关信息的主动接受，还能激发他们进一步的分享、转发以及再创作。

为了激发用户分享、转发特别是评论等再创作行为的发生，广告营销者在生产内容时就要为用户的再创作预留空间、提供条件。如今，品牌的创建与维护早已不是品牌拥有者或广告营销代理商单方面决定、完成的。有人曾将大众传播时代的品牌比作“一尊雕像”——经由广告公司、广告创意人精心打磨、雕琢和塑造的雕像；而数字营销时代的品牌，则“不再是呈现在消费者面前完整的雕塑，而是一幅没有成为（成品）的画卷”。这幅未完成的画卷，还需用户与消费者参与，“需要品牌与消费者不断修缮，共同面对他的变化”。在此，“消费者不再只是信息的接收者，他们越来越多地参与品牌传播，在分享品牌信息的同时，消费者正在成为品牌建构的生力军，消费者处于协助广告主和广告公司共同完成品牌建构的重要角色”①。既然消费者业已成为品牌建构的重要角色，就要尊重他们，使他们的作用得到充分发挥。营销者在创意广告作品，或是设计营销活动之时，不能大包大揽，要给消费者留有空间，甚至要巧妙地创造条件，提供契机引导消费者积极主动地投入其中，自觉自愿地去分享信息，将自己的感受和想法表达出来，甚至为品牌的广告营销活动出谋划策。“为消费者预留创意空间”“广告营销人只需要做一半，另外一半留给消费者”“品牌在新互动平台下是一个活体”①，这都是数字营销从业者的切身感悟与经验总结，值得效仿、提倡。

“来而不往非礼也”，针对用户与消费者的参与及表达，数字营销公司与广告主必须快速反应，特别是对他们提出的问题、意见及建议，一定要高度重视，尽

① 沈虹. 互动网络营销传播的创意研究. 广告大观（理论版），2011，（10）：38–47.

快采取措施，给出反馈信息。如果对用户与消费者的互动行为置之不理，任由这些宝贵的资源石沉大海，一则会极大地伤害用户与消费者的感情，浇灭用户与消费者主动参与的热情，二则会失去直接聆听消费者心声的机会，最终对自己的品牌带来直接的伤害。

第四章　数字营销公司的经营理念、组织结构与人员构成

在全新的互联网技术、计算机技术、数字技术背景下诞生、生存和发展的数字营销公司，一定程度上继承了传统广告营销代理公司的服务内容与服务方式，但是，其经营理念、组织结构及人员构成等，却在传统广告公司的基础上完成了很多改变及超越。

第一节　数字营销公司的经营理念

经营理念，是指公司、企业基于外在的社会、时代、行业背景，以及内在的能力与条件而形成的对自身使命、目标与责任的概括与界定。通俗地说，经营理念就是企业的指导思想、基本准则和行动纲领。所有的公司，无论大小、新旧，都有自己的经营理念。

经营理念既不能一蹴而就，也不会一成不变，它必须在具体的经营过程中逐渐形成、不断完善；同时，随着社会、时代以及行业诸多外在因素的变化，企业的经营理念也会随之调整。

数字营销公司诞生、成长于互联网时代。无论是对个人，还是对社会与时代，互联网都带来许多变革，甚至颠覆。如今，人们的生活方式、思维方式都发生了

天翻地覆的变化。自然而然地，巨变也发生在广告营销行业。虽然同样是从事广告营销活动，但数字营销公司对究竟应该以怎样的立场、态度、目标与方式开展各项工作及给出的答案明显与传统广告公司不同。

一、自身定位：合作伙伴

在竞争日趋激烈的数字营销市场，数字营销公司究竟扮演着怎样的角色？应该如何为自身定位？这是首先必须明确的。只有在定位明确、目标清晰的基础上，公司一切活动的开展才有目标和方向。

总体而言，传统广告公司的定位就是中间代理商，居中为广告主、广告媒体机构提供双重代理、双向服务：一方面，受广告主委托，为其代理广告活动整体策划、创意与实施；另一方面，受媒体机构委托，为其代理广告版面与时间销售业务。三大主体之间责权利的划分非常清晰明确。在实际运作中，三方各处其位、各司其职，互相配合、协调，以保证广告营销活动的顺利进行。广告公司作为中间代理商的角色在 19 世纪中后期的美国形成并确立，逐渐扩散到全球大部分国家和地区，并得到普遍认可。直到 20 世纪 90 年代，整合营销传播理论提出并得到普遍运用之后，这一定位才受到一定的挑战，进而有所改变：在大型广告集团推进整合营销传播活动的过程中，由于业务内容的极大拓展，其触角开始在行业内向上游和下游扩张：向上游扩张，进入广告主整合营销传播的决策圈，参与到企业营销战略的重大决策当中，充当参谋角色；向下游延伸，通过资本运作组建大型媒介购买集团，开发广告媒介资源，并为媒介机构的节目定位、内容制作、广告经营等出谋划策，实现双赢①。

进入互联网时代之后，“跨界”与“融合”更是成为核心概念与普遍现象，上面所说的角色延伸也就成为一种必然。在这样的时代背景下，数字营销公司便有了更新的角色定位：超越单纯的代理商，与广告主、广告媒体机构以及网络科技公司等建立全面战略合作伙伴关系。相较于传统广告公司“独立”的中间代理商的角色定位，全面战略合作伙伴的定位更强调彼此的“交融”，即在广告营销活动

① 阮卫. 从代理人到合作伙伴：广告公司角色的变迁. 西南大学学报（社会科学版），2018，44（3）：66-70.

的运作过程中，上、中、下游与甲、乙、丙方的界限被模糊，各主体之间不再刻意地区分彼此，而是结成更密切的利益共同体，你中有我、我中有你，风险共担、利益共享。

数字营销行业内全面战略合作伙伴关系的形式灵活多样，一是双方直接签订合作关系，如 2017 年 6 月 21 日，全球传播集团电通安吉斯与中国互联网巨头腾讯在戛纳国际广告节上宣布建立全球战略合作伙伴关系，以更好地服务于全球广告主，用大数据深度挖掘消费者，并以此为依据选择、创造、优化内容，实现广告效益的最大化。二是运用资本，对相关、心仪的公司进行兼并与重组，以拓展业务内容、提升业务能力，如全球最大传播机构 WPP 于 2014 年对领先技术平台 AppNexus 追加 2 500 万美元的投资，持股水平增加到 15%；2015 年又买入 Medialets 和 The Exchange Lab，以进一步增强自身实时媒体投放的能力；Twitter 在 2015 年以 5.326 亿美元的总价购入电商数据广告公司 TellApart；Comcast 在 2015 年 5 月以超过 1 亿美元的价格收购视频广告技术公司 StickyAds；三星在 2016 年 6 月收购 DSP 平台广告服务商 AdGear。①三是多方在自愿的基础上共同出资、出人建立一家全新的营销代理公司，2015 年，WPP 进一步联合备受年轻人喜爱的社交应用 Snapchat 和英国《每日邮报》，以三方合资的形式成立了一家名为“松露猪”（Truffle Pig）的原生广告代理公司。这家新公司汇集全球最顶尖的广告代理公司、新闻编辑机构和社交媒体人才，为品牌提供内容创作、视频制作、社交媒体管理、洞察和分析服务②。

从本质上而言，不管采取哪种合作方式，其主要目的与最终效果都是集中各自的优势，为需求者提供更高质量、更好效果的数字营销服务。

二、经营宗旨：为用户服务

经营宗旨指的是一家公司以什么样的价值观与指导思想来规范、约束自身的经营活动。在某种程度上，经营宗旨直接体现并决定着公司的存在价值。

---

① 林小楠. 做数字时代的广告技术狂人. 媒介杂志微信公众号[2017-02-15].

② Juni. 2015. Snapchat 携手 WPP 和每日邮报成立原生广告代理公司. SocialBeta 微信公众号[2015-06-24].

无论是传统广告公司，还是数字营销公司，都是为市场提供广告与营销服务的机构，二者都属服务型公司。但是，在具体的市场指向、服务对象上，却有着明显的差别。

真正意义上的现代广告公司兴起于19世纪中后期的美国，当时人们对广告的认识是"广告是有关商品和服务的新闻"，到了20世纪20年代左右，约翰·肯尼迪提出的"广告是纸上推销术"的观念得到普遍认可，从中我们可以明确看出广告的绝对中心是商品，广告的核心任务是传达商品信息进而推销商品，这种广告观念和意识一直延续到20世纪50年代左右。在这种观念与意识的影响下，广告公司的整体经营自然而然地围绕着商品展开，其服务对象也就是拥有商品的广告主。也就是说，广告公司一直是站在广告主的立场，站在商品的立场开展广告与营销活动，"为客户（广告主）服务"由此成为众多广告公司经营宗旨的核心。

随着大规模生产及大规模消费的出现，以美国为代表的一些西方国家很快从生产型社会进入消费型社会。在消费型社会，商品过剩，且同质化现象日趋严重，对广告营销活动而言，再固守广告主立场、商品立场明显落伍，跟不上市场的状况与需求，因为市场已从商品供不应求的卖方市场转变为商品供过于求的买方市场。顺应市场的这些变化与转向，广告公司也开始调整自己的经营策略，逐渐从"为客户服务"转变为"为消费者服务"。20世纪90年代的整合营销传播理论就是对这种转变的及时呼应。互联网普及之后，随着各种新媒体，如社交媒体、自媒体等的出现与普及，一直处于被动地位的"受众"与"消费者"开始"反客为主"，逐渐成为广告与营销活动的决定性力量，一个新的概念"用户"也随之取代了"受众"的概念。而且，"用户"既可指媒介用户，又可以是品牌用户，能将先前的"受众"与"消费者"两个概念统领在一起，于是很快便流行起来。这样，数字营销公司的经营宗旨便可概括为一句话，那就是"为用户服务"。

三、工作重心：互动与体验

秉承着"为用户服务"的经营宗旨，数字营销公司日常工作的重心必然落在怎样为用户提供好的服务、怎样让用户满意上。只有首先让用户获得好的感受与体验，其后续的消费行为才有可能产生。

20 世纪 90 年代，整合营销传播理论将广告营销活动关注的焦点从“消费者请注意”转向“请注意消费者”，强调消费者数据库的建立以及对消费者的分析、洞察，以期通过对数据库积累数据的科学分析准确把握消费者的心理需求，然后以此为基础实现与消费者的有效交流与沟通。但由于时代及相关技术条件的限制，数据库收集的数据非常有限，由此得出的对消费者的整体把握最终只能是一个大致合理的猜测，还有很多的缺失与不确定；而且当时的广告营销活动数据收集与分析的目标仍然停留在加强广告信息传播的针对性和有效性上，大部分广告营销人还不具备与信息接受者进行互动的意识，同时客观的技术条件也根本无法有效地达成传播者与受众之间的互动。正是这些因素的影响，使得消费者的地位与受重视程度虽然有很大提升，但其主体性并没有真正得到发挥，大多数时候他们依然只能被动地接受信息，难以真正融入广告传播与营销过程之中，更谈不上直接参与。这种状况在社交媒体与自媒体兴起、数字营销兴盛之后才得以彻底扭转。

互联网的普及及互联网技术的不断升级，特别是社交媒体与自媒体的出现，彻底改变了受众与消费者的地位，使之从被动转为主动，成为主导广告营销活动成败的重要力量。由此，数字营销活动的重心便由传播商品、品牌信息转向激发用户主动参与互动并使之从中获得愉悦的体验。如今，数字营销各个环节的工作都必须围绕“用户”这一中心与重心展开：首先，要汇聚各方数据为用户画像，为其贴上清晰的标签；一旦有与标签对应的用户在网上出现，系统立即启动 RTB 程序，中标的广告主或代理商快速依据用户标签进行程序化创意，为之量身定制的广告营销信息很快便出现在这个用户面前……有了这些环节的保障与支撑，最后送达到用户面前的广告信息大多都能让他们主动点击、关注，在观看之后如果喜欢，还可以进一步发出行动：点赞、转发并留下自己的评论。此时，广告营销活动还没有到达终点，后续的环节一定要衔接到位：对用户的主动参与行为，广告主与代理商要及时做出反馈，使信息传播的双方真正互动起来。这样，用户不仅能从中感觉到自己被尊重、被重视，而且还会将这种良好的感受与体验带入对品牌的记忆中，进而形成积极的品牌印象；同时，广告主以及数字营销代理商也能从中了解商品与品牌存在的问题，聆听到来自用户的真实声音，对品牌未来的发展也能起到参考、借鉴及促进的作用。

可以说，对互动与体验的重视、实现程度，是区别传统广告营销与数字营销最主要、最明显的特征。对于数字营销而言，无互动，不营销；不能带给用户好的体验，广告主期待的投资回报率根本无从谈起。

第二节 数字营销公司的组织结构

组织结构指的是企业为了自身经营活动的顺利开展，对内部的机构设置、人员安排以及管理机制所做的整体构想与安排。

现代企业是顺应工业化大生产的出现而产生的，其组织结构也随着工业化的深入与发展不断创新、演进，大致经历了直线制、矩阵制、事业部制等阶段。进入全球化、网络化时代之后，传统的金字塔式的层级结构越来越不适应企业发展的需要，企业组织结构逐渐趋于弹性化、分权化，一些新的组织结构应运而生。

广告营销行业是典型的工业时代的产物，以 4A 公司为代表的传统广告公司的组织结构也基本以等级森严、层级明晰的金字塔式为主。兴起于网络时代的数字营销公司，则在组织结构上实现了变革与超越。

一、扁平化结构普及

扁平化组织结构，与多层级的金字塔式组织结构相对，指的是通过减少中间的管理层级与职能机构，打破部门界限，将权力下放，进而提高运行效率的新型组织形式。

传统广告公司，大多依据广告活动涉及的主要业务内容组建对应的业务部门：客户部、创作部、媒介部、市场调研部，再加上从事日常管理的行政部、人事部、财务部等，由此形成广告公司最基本、最常见的内部组织结构。可以说，广告公司内部组织结构的最小单位是部门，公司员工按各自专长被分配到不同的部门，在工作中接受部门负责人（总监）的领导和监督；部门总监再向上接受公司总经理或 CEO 的领导和监督，这种层层领导与监督的组织结构就是人们常说的金字塔式结构。随着全球化的深入，企业集团化的步伐不断加快，一些大型跨国营销传播集团的组织结构则在此基础上实现了体量的升级，最初的部门提升为事业部或者分公司，但在组织结构的本质属性上并没有多少改变，仍然实行的是自上而下的层层垂直管理。本土最大的广告公司广东省广告集团股份有限公司（简称省广集团），从其官网公布的信息来看，集团的核心管理团队就有 9 人，其中只担任一种职务 6 人，分别为董事长、副董事长、监事会主席、副总裁（2 位）、首席财务官，另外 3 人都身兼三职：1 人任副董事长、CEO 兼总裁，1 人任董事、首席运营官兼常务副总裁，1 人任董事、副总裁兼董事会秘书。这个阵容非常强大的管理团队领导着下属的 18 个事业部、4 个分公司以及其他合资公司、管理部门，就是非常典型的垂直管理的金字塔式组织结构。这种以部门、事业部或分公司为基础的直线型组织结构与管理模式，就积极的方面而言，分工明确、层级明晰，非常便于管理，命令与任务逐层向下传达、落实，意见与问题则逐层向上汇报、反映，比较规范、严谨，能保证各项工作有序开展；但从另一方面来看，这种规范、严谨有些时候可能会直接导致刻板、僵化、迟缓，如体现专业分工的部门制走到极端就是画地为牢、各自为政、互不买账；遇到问题只能逐层上报，等待高层领导做出决断，常常贻误战机；每个案子严格按照规定的线性生产流程在各个部门之间按部就班地周转，无形中会影响运行节奏，降低工作效率……在讲究速度与效率的今天，传统广告公司在组织结构及日常管理上的这些缺陷，使之在面对追求“实时化”信息的受众与“实时化”市场行动的广告主时，显得力不从心，频频因“花钱多”却“出活慢”遭人诟病。

产生于网络时代的数字营销公司自然而然地秉承了互联网的特质与精神——去中心、去中介，反映在公司组织结构的架构上，就是由垂直化走向扁平化。组织结构及管理的扁平化是新型网络公司的典型特质，如拥有数千名员工的小米公司，最高管理层就是 7 位创始人，这 7 位创始人直接面对基层员工，中间不再设置其他的管理部门及人员。管理层级的减少非常有利于决策流程的缩短与决策效率的提升，而且更加民主，更能激发基层员工的主人翁精神，能促使员工们积极主动地参与到公司的各项事务与活动中来。总体而言，数字营销公司组织结构扁平化的具体表现有以下几点。

其一，取消了传统的部门制，主要基于客户或项目组建小组与团队，小组与团队内汇集数字营销运作的各类人才，能完整、独立地推进所有工作，从而彻底打破部门之间的边界，消除部门之间的摩擦与矛盾。成立于 2011 年，为杜蕾斯、可口可乐等品牌做出许多现象级广告的环时互动，自称处于“既不是依赖资源的大公司，也不是小而美的创意热店，而是最小的大公司和最大的小公司”[①]的临界状态，内部组织结构采用事业部制，“每个事业部有 20~30 个员工，负责 3~4 个客户，沟通成本更低”。2015 年左右，环时互动一共有 150 多人，却高效地服务着 30 多个客户[②]。在其最近的招聘信息中，进一步突出了“创意群”，从创意群内的职位设置来看，包括创意群总监、创意总监及副总监、客户总监及副总监、高级文案指导及文案指导、资深美术指导及美术指导等，这个阵容完全可以独立支撑、运行一个完整的广告营销活动。在环时互动看来，“正是这种状态（注：上面所说的临界状态），才允许任何人闪耀，允许靠个人能力解决系统问题。既可以让体系围绕个人运行，也可以让个人搭乘体系”。

其二，最大限度地减少中间管理层级，弱化纵向的垂直管理，注重横向的协调与合作，使指挥链趋于最短，能最快捷地落实各项任务。成立于 2002 年的本土独立广告公司 180China，其组织结构主要由两大块组成：一块为创意解决方案中心，另一块为数字中心。创意解决方案中心整合了传统的创意部、客户部、策划部，以最直接的方式与广告客户进行最快捷、最全面的沟通；数字中心则专门应对新媒体，运用新技术。正是内部组织结构的变革，造就了 180China 的独特优势——财务体系的独立带来了决策体系的独立，进而能够帮助公司做出快速、自由的调整，以适应外部环境的快速变化[③]。

其三，高层管理者将管理权限更多地下放给工作在第一线的基层员工，通过管理重心的下移，一方面强化了管理的临场性和灵活性，另一方面又能调动基层员工的积极性和参与性，进而使得整体运作效率大大提高。2014 年，有 10 年 4A

---

① 环时互动扩列，全国招聘进行中. http://www.sohu.com/a/258338915_256052[2018-10-09].

② 楼婍沁. 这家叫环时互动的公司，为什么总能帮陌陌和杜蕾斯做出牛逼广告？ https://www.jiemian.com/article/314585.html?_t=t[2015-06-30].

③ 广告门的伙伴们. 180China：独立广告公司的背后. http://www.adquan.com/post-13-25909.html[2013-11-21].

公司工作经历的江畔，抱着做“广告界异类”的想法与合伙人许稼逸一起创立意类广告公司，在接受记者采访谈及创立意类广告的初衷时，江畔表示，“过去在4A工作有一些束缚，创意人不自由且辛苦。一般想idea会要求有几个不同的方向和公司内部的策略、客户部的讨论，接着是外部客户的审核，中层主管、高层老板……经过了层层筛选，最原始的创意很容易被改成面目全非的状态，不断地调整和修改，创意是很珍贵的，禁不起这样的折腾”。由此，江畔着意将由10余个小伙伴组成的意类广告打造成一个“温馨的小家”，这个小家应“散发着自由、温暖和人情味。这里没有严格的职级区分，没有泾渭分明的办公区域，只有一群对广告创意爱到狂热的青年”。[①]其内部组织结构主要以创意部为核心，将内容生产、媒体应用、策略创意、技术开发、舆论公关、用户洞察统统聚合在一起，构建关系密切的全案团队结构模式，直接面对广告主，为其提供更好、更全面的服务。

二、项目制成为主导

如上所述，传统广告公司一般都按照不同的功能进行部门的划分，员工均被划归到不同的部门，看起来井然有序。但在具体运作广告活动时，各自分散、独立的部门制根本不利于项目的正常有序推进，广告公司常规的做法往往是打破部门之间的边界，根据项目的实际需要从各个部门抽调人员，组成项目小组。这个项目小组的成员在AE（account executive）或AP（account planning）的带领下，领取各自的任务分头研究、思考、准备，然后在恰当的时候汇聚在一起协商、讨论、整合，最终形成项目推进的整体方案。也就是说，传统广告公司部门制的内部结构框架只是为了人员归口及日常管理的方便，不仅不利于实际业务的运行，会人为拉长战线、拖慢节奏，甚至还可能成为一种障碍，导致部门之间为了各自利益而不配合、不投入、拆台等。

针对这些弊端，数字营销公司进行了大刀阔斧的改革，在设置内部组织结构时，一切以为广告主提供优质、高效的数字营销服务为出发点，将管理职能与实

① 秦先普. 意类：好作品会说话——对话意类广告创始人江畔、许稼逸. http://www.ad-cn.net/read/8586.html [2018-04-23].

际业务运作整合在一起，或是采用相对灵活的项目制，或是聚焦核心业务，以少而精的核心部门聚合公司员工及相关业务。

与传统广告运作中以 AE 或 AP 牵头的小组制相比，数字营销公司普遍实行的项目制有了质的改进。

其一，传统广告公司内部由 AE 或 AP 牵头组成的小组只是一个临时性的广告运作小组，小组因某个广告代理活动的开始而建立，最后又因代理活动的结束而解散；而数字营销公司内的项目组既是一个常设的机构，同时又是实施、运作广告营销活动的固定团队，会长期存在。

其二，传统广告公司的广告运作小组内各成员分工明确，各自的职责、权限划分非常清晰，如 AE 主要负责接洽、联络广告主，在广告主与小组成员之间充当信息传递与沟通的角色，被人称为“做沟通的线人”。一方面，广告主提出的目标、任务与要求，通过他传达给小组成员；另一方面，项目小组工作中遇到的各种问题以及建议又通过他向广告主反映；同时，在广告公司内部，AE 也承担着上传下达的职责，其他成员则分别按要求做好自己的本职工作，遇到问题就直接反馈给 AE，层层上报寻求解决的方法。数字营销公司的项目组内部的分工则不会这么“泾渭分明”，如意类广告公司采用的是以创意为核心的全案团队结构模式，团队内集结了内容产出、媒体应用、策略创意、技术开发、舆论公关、用户洞察的各类人员。意类要求每个团队成员“你是创意同时也能是 Account（客户经理）”，也就是说，每个人，特别是创意人员都可以“杀”到前线直接跟广告客户接触，“如此一来，在接 brief（工作简报）的时候就能跟客户直接讨论，产生的疑问也可以第一时间提出，大大改变以往项目执行过程中客户把一些不清楚的 brief 丢给客户部或策略部，创意再从策略那里满腹狐疑接下 brief，甚至还来不及质疑询问，就只能硬着头皮硬干下去，这样产出的东西自然混沌不清。”[①]如此，大大优化了运作流程，提高了工作节奏与效率。

除了项目制以外，还有一些数字营销公司在明确自身定位的基础上，围绕核

① 秦先普．意类：好作品会说话——对话意类广告创始人江畔、许稼逸．http://www.ad-cn.net/read/8586.html [2018-04-23].

心业务有针对性地建立内部机构。2013 年 11 月，以“4A 升级版”为目标的天与空成立，公司的定位非常明确——“跨越一切沟通平台的创意公司”。为此，“在公司架构上，我们破除原有 4A 繁杂缓慢的结构决策链，取消客户部和创意部分权而立的管理结构，将数字营销公司、广告公司、公关公司全部合并为一个个独立的创意事业群。每个创意事业群都由顶尖的创意合伙人带领，并配品牌总监联合管理，团队里包括策略人员、创意人员、公关人员、新媒体人员、技术人员等。这样的创意事业群独立而精简，高效又灵活，并可不断复制，孵化”，“每个创意事业群都形成一个完整的营销闭环，提供给客户的都是跨媒体传播方案”[①]。同样，上面提及的环时互动、意类广告的核心机构也是“创意群”，180China 则是创意解决方案中心+数字中心。李三水领衔的 W 公司内部仅设两个部门：“文策部”与“创造部”，前者将创意文案与客户服务、策略咨询三大部门整合为一；后者将艺术、动画、插画、设计、制片、音乐、科技等多部门聚合在一起，“扁平化的管理模式使得工作效率数倍提升”[②]。

三、网络化趋势明显

作为典型的互联网企业，数字营销公司的组织结构也自然而然地体现出鲜明的互联网特色：网络化、虚拟化。一方面，互联网世界是平的，去掉了很多中介，同时也去掉了中心；另一方面，互联网世界又是极度开放、相当自由的，于是，各个不同的行业、各种不同的机构与组织之间的边界日益模糊，甚至消失，“无边界组织”由此应运而生。无边界组织指的是企业内部各部门之间、企业与外在的其他相关企业之间的边界均被打破，即在企业内部，无论是纵向的按不同层级设岗的等级制，还是横向的按不同职能划分的部门制，均让位于聚集了各类专业人员、能实施全案服务的多功能项目团队；在企业外部，则是主动打开大门，走出去、请进来，与其他相关企业建立战略合作伙伴关系，或者外聘专家、学者甚至用户加入企业内部的项目团队。这种从内到外都彼此融合的无边界组织，在现今的数字营销行业越来越多。

---

① 杨烨炘．天与空的第二次革命．广告常识微信公众号 [2017-03-10].

② 宋晓涵．“野狗”的使命和价值观——对话 W 创始人李三水．中国广告，2018，(3)：25-27.

首先，各种战略合作关系在广告主、数字营销公司、网络公司之间建立。2016年，在DDB拿下麦当劳10亿美元的广告创意业务代理权之后，宏盟集团即着手为麦当劳重金打造专门的服务机构。当年11月，名为“We Are Unlimited”的定制团队正式亮相：BBDO资深总监Brian Nienhaus出任CEO，他直接向曾参与麦当劳全程比稿的DDB北美分公司CEO Wendy Clark述职；曾在李奥贝纳芝加哥负责麦当劳业务的John Hansa担任执行创意总监；曾效力于奥美集团、M& Saatchi等4A公司的Graceann Bennet出任首席策略官；埃森哲北美电子商务经理Chip Knicker出任首席数字官。同时，该团队还吸纳了The Marketing Store，Facebook，谷歌，Twitter，Adobe及《纽约时报》旗下的品牌工作室的人员，旗下共有约200名员工[①]。与之相呼应，宝洁公司2018年初也为其北美市场的衣物护理业务专门组建了一家独立的广告营销服务机构。新机构将由阳狮集团旗下盛世长城纽约CEO Andrea Diquez领导，团队成员大多来自于各大广告控股集团，如WPP集团的Grey，宏盟集团的Hearts& Science和Marina Maher Communications，以及阳狮集团的盛世长城。这些人并不是离开原本的广告代理公司，而是到宝洁公司的新机构兼职，即同时在两处担任职位并主要服务于宝洁。在接受记者采访时，宝洁首席品牌官Marc Pitchard强调，这个新成立的机构并不是一般的In-house模式，而是一家新型的互动广告机构，它关注的第一要素是“人”。“这不是宝洁的员工在做创意工作，而是让专业创意人才来做创意。不一样的是，让他们处在一个共同体中，变得更加富有创造力。这是一个共同协作的创意社区。”新机构将各种人才——创意人才、客户沟通人才、策划人才、媒介人才，统统都聚合到一起，在一个共同体中互动、碰撞，能够在最短的时间内创造最具突破性的好创意。“我们将拥有最精简、最无阻力的团队，能够以最快的速度开展工作，但这些团队成员仍然属于各自所归属的广告代理公司。”[②]随着行业的发展，各大运行主体之间“你中有我、我中有你”的现象会越来越多。特别是对于数字营销公司而言，更全面、深层地融入广告主、数字媒体

---

① Roxy. 宏盟为麦当劳打造新厂牌 Unlimited，满足未来营销的无限想象. http://www.adquan.com/post-3-35195.html[2016-11-21].

② 宝洁成立了一家独立广告机构，但人才都是各大 Agency 集团的. Adexchanger.cn 官网[2018-04-11].

机构的日常经营之中，提供更快捷、专业、到位的服务是大势所趋，更是自身发展的需要。

其次，数字营销公司在坚守自己的核心业务的同时，立足于互联网平台，将其他一些非核心业务外包给其他公司，或者是面向整个社会以“众包”的方式将包括创客、用户、粉丝在内的网民的热情和智慧汇聚在一起，共同推进整个营销活动的策划与实施。从 2017 年开始，宝洁公司的广告营销活动就越来越多地采用开放式广告承包和整合制作的代理模式。如围绕 SK-II 开展的主题为“改写命运”全球活动的中国区广告，其创意主要由李奥贝纳公司整体策划并执行，但“她最后去了相亲角”的广告制作则外包给了瑞典一家小型创意机构 Forsman & Bodenfors。这种开放式的合作让 SK-II 的市场投入比预期降低了 50%，由此，宝洁全球首席市场官 Marc Pitchard 表示未来将与更多的创意机构建立整合性合作。[①]正是因为一些大型的营销传播集团看好专注于某一领域或某一环节的小型创意机构，纷纷将创意与制作业务外包给它们，使得近几年来小型独立创意公司如雨后春笋般出现，并成为市场上一支重要的、不可或缺的力量。再比如技术在数字营销活动中占有重要位置，大多数数字营销公司以专业化的服务取胜，但缺乏专门的技术研发人才，如果硬要自己重新招揽人才、组建团队，耗时费力，最终还不一定成功，得不偿失。于是，许多数字营销公司放宽心态、转化思路，转而将技术领域的业务外包给专门的互联网技术公司，或直接付费使用互联网技术公司研发的数字营销平台以及相关技术产品，既便利高效又合理利用了资源，可以说是走向了一个共赢的结果。

除了将一部分业务外包给一些专业机构，基于互联网，数字营销公司还可以充分调动、发挥网民特别是用户与粉丝的力量，使之积极、主动地参与到活动中来。如今，“众包”的方式非常普及。众包在维基百科上的解释：“是一种分布式的问题解决模式。问题以公开招标的方式传播给未知的群体。用户（众包里的‘众’）组成在线社区并提交方案。群‘众’还要审查方案并发现最好的方

① 刘雨静. 2017 年，宝洁说要继续精简广告预算，与更多创意机构开放式合作. https://socialbeta.com/t/100498 [2016-11-30].

案。”[①]维基百科自身也正是“大规模互联网协同”的典型代表，维基百科在全球约有 1 600 万名注册编辑，每一个有兴趣、意愿的网民都可以参与维基百科词条的编写，只要成功创建一定数量以上词条，都能成为注册编辑。维基百科网站运营的绝大部分环节都对参与者开放：开放注册编辑、开放规则制定、开放首页设计、投票选举管理员……[①]中国本土的小米公司，作为一家典型的互联网公司，则将粉丝经济发挥到极致。在小米公司内部，根本不设研发经理，主要工作以研发小组为依托推进。研发小组将手机研发拆解成许多功能模块，每个模块由几个研发工程师负责。在研发过程中，工程师通过小米论坛、微博等渠道直接与粉丝互动，从粉丝那儿了解产品存在的问题，以及使用产品的感受与体验，并让粉丝对研发结果投票，根据粉丝的投票结果做出最后抉择。小米老总雷军一直强调：“因为米粉，所以小米”，在他看来，是米粉成就了小米，“我大概也就十来万忠实用户，但这十几万用户，帮我卖了一千多万部手机，如果没有他们的力挺，我们怎么能做到今天呢？”[②]如今，在数字营销活动中，用户与粉丝可以直接与广告主、数字营销代理商互动，甚至直接参与到品牌、品牌故事的创建之中。一方面，基于互联网平台的社交媒体、自媒体为用户的自由发声创造了可能、提供了便利；另一方面，广告主与广告代理商也明确意识到用户参与的重要性，开始重视并积极采取措施吸引、激发用户的互动热情，为用户的创作预留空间，由此达成一种良性的互通、互动与共创的关系。2017 年 3 月 20 日，网易云音乐在杭州市地铁 1 号线和整个江陵路地铁站围绕“看见音乐的力量”的主题推出系列广告。这些广告并不是专业广告人创作的，而是直接借用了网易云音乐用户生产的内容。每一个在网易云音乐听歌的用户都可以在平台上留下自己对歌曲的感受与评价，营销人员先从积累的 4 亿条评论中选出点赞数最高的 5 000 条，再对之进行人工筛选，最后选定了 85 条优质评论，以红底白字的形式呈现在地铁站与地铁车厢。活动一推出立即引发了全民的关注与热议。随后在 2018 年 1 月 4 日，网易云音乐又在北京团结湖地铁站搭建了一条“镜面长廊”，以“2018 照见自己”为题推出

① 谢导. 互联网营销：理念的颠覆与蜕变. 北京：机械工业出版社，2016.

② 《销售与市场》杂志社. 互联网+：传统企业转型. 北京：清华大学出版社，2016.

系列文案，这些文字仍然来自于网易云音乐的听众。

最后，这种“由一群志向和理念接近，为了共同的目标走到一起来的人自发结成的团队”又被人称为“自组织”。传统企业的组织结构都是“他组织”，主要依靠指令和权力建构组织、维护日常工作的运行；到了“自组织”中，则不再由最高管理者发号施令，而是让基层团队自由寻找最佳方式来完成工作；基层团队自主展开各项工作，不必再像传统企业那样一切工作都以顶头上司或老板的首肯为原则，而是直接对用户和市场负责①。进而真正实现“去中心”“去权威”，这是服务性行业与企业应该秉承的态度和立场。

第三节　数字营销公司的人员构成

传统广告行业属于典型的创意行业，创意能力与水平的高低很多时候直接决定着广告公司的生存空间与发展潜力。到了数字营销时代，技术的力量日显关键与重要，再加上市场日趋复杂与多元，数字营销公司对人才的需求也有了明显的变化，并由此从整体上带动企业文化更加丰富。

一、创意与技术人才并重

从某种角度可以说，数字营销公司的人才观，在承袭传统广告行业人才观的基础上，经历了从倚重创意人才到偏重技术人才，再到创意与技术人才并重的发展历程。

最早的专门从事广告工作的人，可以追溯到受报社聘用负责接待上门商议刊登广告事宜的广告主的社会招聘人员。后来，一批独立的广告代理店成立，广告人的主要工作基本沿袭了专为媒介销售广告版面（时间）的传统。应该说，在广告公司以单纯的媒介代理为服务内容的时期，广告的技术含量不是很高，考验广告公司的主要是媒介资源与经济实力。在客户代理这项服务内容被艾尔父子广告

---

① 谢导. 互联网营销：理念的颠覆与蜕变. 北京：机械工业出版社，2016.

公司开发并实施之后，广告的专业性得以提升，特别是 20 世纪二三十年代克劳德·霍普金斯“广告是科学”观念的提出，以及乔治·盖洛普社会调查、民意测验的影响延伸至广告行业，注重广告调查、崇尚科学实证几乎成为 20 世纪前半个多世纪美国广告的主流。在这段时间内，有影响力的广告人，克劳德·霍普金斯、罗瑟·瑞夫斯、大卫·奥格威、李奥·贝纳都是科学派广告的坚定拥护者、捍卫者；主要的广告观念与理论，原因追究法、USP（unique selling proposition，独特的销售主张）理论、事实说及“与生俱来的戏剧性”都强调对产品进行科学、细致的分析与探究，从中寻找、确定广告传播的主要内容。到了 20 世纪 60 年代，随着以威廉·伯恩巴克为代表的艺术派的崛起，这一状况才有所改变。威廉·伯恩巴克高举 “广告是艺术”的大旗，强调对于广告来说，“怎么说”远比“说什么”更加重要，因为如果根本没有人看你的广告，花那么多时间与功夫，甚至投入重金做科学实验去寻找一个独特的销售主张有什么用呢？而对广告究竟应该“怎么说”的思考与把握根本不关乎科学，而是艺术领域的事。于是，从广告是对人心进行说服的艺术角度出发，艺术派的成员们更注重独到的创意，由此，创意成为决定广告活动成败的关键因素，创意能力成为广告公司的核心竞争能力，创意人才的地位与作用也日显重要。在此后的数十年时间里，创意人一直是支撑着广告运作的核心力量，其重要性与日俱增、难以撼动。这一点，从美国《广告时代》杂志评选的影响 20 世纪广告传播业发展 100 人中，威廉·伯恩巴克位列榜首就可直观验证。

进入互联网时代，广告行业的状况又开始发生变化。作为一种全新的媒介，互联网与传统媒介有很大差异，传统媒介广告的一些惯常做法根本不能原样复制到互联网上，特别是互联网技术层面质的改变，使得传统广告创意人一时难以转换身份与角色，找到开拓互联网广告的有效策略。反倒是一批熟练掌握互联网技术的科技人员，率先吹响了进军网络世界的号角，承担起网络广告拓荒者的职责。换句话说，在网络广告产生的初期，主导着网络广告市场的是互联网技术人才，如以好耶为代表的早期互联网广告公司，其创办者和主要成员基本都是熟悉计算机与互联网的技术人员，具有明显的技术基因；公司的业务也基本专注于互联网广告管理系统的研发与推广。但随着网络广告的逐渐普及，单凭技术已经远远不能适应、满足日益增长的市场需求，在熟练掌握、运用相关技术及技术产品的同时，必须有“创意”的加持，才能让技术真正发挥效益。一站式网络营销模式的崛起，程序化广告的出现，将技术与创意紧密结合在一起。一方面，技术在很多层面提升着创意的效率、精准性、个性以及整体效果，如各种广告交易平台，DSP、SSP、DMP将广告运作涉及的各方主体以实时在线的方式齐聚在互联网上，程序化投放系统能在十几秒的时间内完成广告的精准投放，大大优化了广告运作流程；大数据技术与科学的算法，能洞察到消费者的隐性需求并精确地为其画像；各种程序化创意软件能在广告交易平台上根据正在线上使用媒体的用户画像瞬间创作符合他的兴趣和爱好的广告作品，实行千人千面的个性化传播；人工智能与机器学习可以在短时间内提升机器人的广告素养与创意能力，使之能像IBM的“沃森”（Watson）在两个半月的准备之后，操刀为丰田氢能源汽车Mirai制作上千条广告，像阿里巴巴的人工智能设计师“鲁班”平均1秒钟就能完成8千张海报设计，而且每张都不一样；还有VR、AR技术的运用，让先前只存在于广告创意人的想象中、无法直观呈现出来的一切都活灵活现地再现于荧屏，带给用户别样的感受与体验，让用户沉浸其中……另一方面，创意反过来又拓展了作为工具的技术的舞台与空间，经由创意的点染，技术被赋予无限的想象力和创造力，更全面、更深刻地融入人类生活，为人们的生活带来改变。于是，技术也就从“创意的实现工具”发展演变成为“创意核心的一部分”[①]。也就是说，在现在的数字营销活动中，技术与创意密不可分，二者相互支撑、缺一不可。数字营销公司必须同时拥有且同样重视技术人才和创意人才，才能满足日常工作之所需，才能顺利推进各项活动有序有效展开。

二、员工数量少而精

初创时期的数字营销公司往往都是几个志趣相投的好友一起创业，随着业务的增长，领域的拓展，员工人数会慢慢增加，但一般规模都不是很大，很少出现大型或超大型的公司。在公司的整体规模上，数字营销公司难以与一些跨国广告

① 栗建．戛纳创意节：见证技术与创意的合体．IT经理世界，2015，（14）：54-56.

集团相提并论。

2015~2016 年，两位年轻的广告学者万木春、胡振宇采访了 20 余家数字营销公司（或分支机构）、30 多位高层管理者，最后集结出版了《数字营销再造："互联网+"与"+互联网"浪潮中的企业营销新思维（服务篇）》一书。该书重点介绍了 18 家数字营销公司（机构），其中明确给出公司规模和人员数量信息的有 11 家，其中最大、人数最多的一家公司有 800 多人，其余的依次往下为：1 家 400 人，2 家 300 人左右，200~300 人的公司最多，有 4 家，100 多人的公司有 2 家，人数最少的一家公司为 70 人。总体而言，100~300 人的公司数量最多，达到 6 家，占比 55%左右。时任悠易互通 CEO 的周文彪介绍，一般数字营销公司，特别是偏技术型的公司，不需要太多的人。他曾在 2014 年左右到美国考察领先的 DSP 公司，发现这些公司基本都是一两百人的规模，基本没有超过 300 人的[①]。

《中国广告》杂志编辑部从 2013 年起开展"你必须知道的 25 家数字营销公司"评选活动，评选程序为：数字营销公司自主申报，中国广告年度数字大奖专家委员会专家推荐，经过组委会的严格评选和推荐，最后评出 25 家上榜公司。2017 年"你必须知道的 25 家数字营销公司"的介绍中列出了每家公司的员工数量，具体数据如表 4-1 所示。

表 4-1　2017 年"你必须知道的 25 家数字营销公司"员工数量情况

员工人数	1~99	100~199	200~299	300~399	400~499	500~599	600~699	1 000	2 000 以上
公司数量	6	5	4	4	1	2	1	1	1

资料来源：《中国广告》编辑部.《2017 年你必须知道的 25 家数字营销公司》

25 家数字营销公司，员工人数在 500 人以上的只有 5 家，占比 20%；其余 80%的公司员工人数不足 500 人，其中 300 人以下的公司共有 15 家，占比达到 60%。从员工人数的分布情况来看，六成公司的员工人数都不足 300 人，有 6 家公司的员工数在 99 人以下，其中人数最少的 W 公司只有 30 名员工；超过 600

① 万木春，胡振宇. 数字营销再造："互联网+"与"+互联网"浪潮中的企业营销新思维（服务篇）. 北京：机械工业出版社，2016.

人规模的公司只有 3 家，员工人数最多的是蓝色光标数字营销机构，有 2 030 人。在国家统计局印发的《统计上大中小微型企业划分办法（2017）》中，包括电信、广播电视和卫星传输服务，互联网及相关服务在内的“信息传输业”类别中，人数在 2 000 以上的为大型企业，人数在 100~1 999 的为中型企业，不足 100 人的为小型企业；在与数字营销行业相关的“软件和信息技术服务业”类别里，300 人以上的为大型企业，100~299 人的为中型企业，10~99 人的为小型企业。由此可见，大部分数字营销公司都属于中小型公司。

据国家工商总局广告司发布的数据，2017 年我国广告业从业人员已达 438.18 万人，同比增长 12.3%，广告经营单位 112.31 万户，同比增长 28.3%，其中私营企业 80.32 万户，同比增长 32.4%，广告经营单位户均吸纳从业人员 3.9 人。广告经营单位的 72% 都是私营企业，一般规模都不会很大，由此决定了广告经营单位户均员工数只有 3.9 人。

人数少并不意味着效率必然低。与一些大型的 4A 公司部门分工明确、人员配备齐全、每个人只负责干完自己分内的工作不同，大多数数字营销公司的员工往往一人可以身兼多职，如创意人员可以身兼客服，直接与广告主对接，沟通、商议有关广告的事宜；营销人员要懂一点技术；技术人员也要有营销的意识等。这样就不需要事无巨细每一个涉及的环节都必须设岗，从而大大节约了人力成本，而且还能免去业务在多个环节、无数人手中巡回周转的麻烦与时间的浪费，有效地提升效率。在很大程度中，人数虽少但却注重团结与配合的精干项目团队是数字营销公司面对复杂多变的外在环境能快速做出反应的切实保障，招之即来、来之能战、战之能胜。

三、企业文化在多元中寻求融合

数字营销公司内聚集着两大类人才：技术人才与创意人才。一般来说，技术追求的是科学、理性与抽象，主要使用的是人的左脑；而创意的主要特质是具体、感性与形象，依靠的主要是人的右脑。从公司整体运作的角度而言，左右脑互补，科学、理性、严谨与形象、感性、灵动完美结合，可以最大限度地达成“既叫好又叫座”的效果。但在具体的运行过程中，一群非常严谨、理性、较真的技术人与另一群随意、活跃、追求别具一格和特立独行的创意人生活在同一个屋檐下，可能会时常产生矛盾、冲突。广州互动派传媒科技股份有限公司创始人、董事长王耀明在接受采访时这样介绍自己的公司："我们其实是一家技术加营销的公司，经常会左右脑互搏的。有一些搞信息技术的人相对来说'宅'一点，搞营销、搞创意的人相对来说活跃一点。所以对我们而言，管理难度会远远大于单纯做内容或者单纯做营销的公司。"[①]在王耀明看来，技术人员和营销、创意人员之间有矛盾冲突很正常，因为技术和营销创意的思维角度、思维方式都是不一样的。怎样让这两类特质鲜明，甚至有些针尖儿对麦芒的人彼此融合在一起成为一个相互配合、互相支撑的有战斗力的团队，是数字营销公司高效率工作的基础和前提。

要解决这一问题，必须从企业文化的战略高度出发，构建彼此包容、和谐共处、相互支持的内部文化氛围，让每个人都能自如舒适地身处其中，轻松愉悦地开展各自的工作。广州互动派传媒科技股份有限公司采取的措施就是"尽量建立融合机制"，"我们的认识是后端要支持前端，前端是听得见炮声的，他对客户的了解是最清楚的。我们也在进行产品化，产品化的目的也是为了更好地服务前端。毕竟是在做服务业，如果客户需要一些疯狂的想象，我们肯定尽量去满足。"[①]在数字营销公司，站在前端的是营销创意人员，技术人员往往处在后端，即幕后。广州互动派传媒科技股份有限公司强调的是技术人员要支持、服务营销创意人员，因为他们是冲在前面，直接面对客户，最终为客户解决问题的人。但在更多的数字营销公司高管看来，了解、支持与配合应该是相互的，"我们访问过几家技术加营销的公司高管，他们说技术人员要有营销思维，营销人员要有技术思维。营销人员不能动不动就传达客户修改产品的意见，技术人员会说，你说一句话倒是轻巧，可我得写 10 万行的程序。所以营销人员首先要了解自己的团队到底能在技术上达到什么样的程度"[①]。这些公司高管强调、看重的是换位思考，无论是技术人员还是营销创意人员，都应该尽可能地了解、理解、尊重对方的工作，尝试着从对方的角度出发，设身处地为对方着想，以减少由于工作性质和思维方式的不

① 万木春，胡振宇. 数字营销再造："互联网+"与"+互联网"浪潮中的企业营销新思维（服务篇）. 北京：机械工业出版社，2016.

同导致的摩擦与冲突，进而更好地相互配合、取长补短，提高工作效率及效益。

除了技术人员与营销创意人员彼此的理解与配合、协作之外，每一个项目团队还需要一个既懂业务、又善于在两类人才之间协调关系的负责人。悠易互通CEO周文彪认为："团队负责人都要懂业务。某一个工程师具体做算法，营销人员肯定不了解，但是他的主管必须明白，并且马上就能把算法转化为下属员工理解的语言。第一是团队负责人要有很丰富的经验；第二是技术人员里面要有懂业务的，业务人员里面有懂技术产品的，沟通起来效率会比较高。"[①]也就是说，项目团队的负责人必须既是业务的把关人，对数字营销的各个环节、各类业务都很了解，同时还是一个内部关系的协调人，"技术语言"与"创意语言"之间的翻译者。在这样的负责人的协调与带动下，每个小组成员工作的主动性、积极性与创造性才能被激活，整个项目组才能真正成为一个和谐的、有战斗力的团队。

数字营销行业是个年轻的行业，同样，大多数数字营销公司的员工以年轻人居多，主要以80后、90后为主。特别是90后，将越来越多地成为数字营销公司的中坚力量。90后是典型的互联网原住民，他们对互联网以及众多新媒介有着天然的亲近感，进入数字营销领域比较容易。但以90后为代表的新一代年轻人，在个性、价值观、处事方式等方面都有了很大改变，如果还以传统的机制与方式来管理他们，可能难以奏效，甚至适得其反。对数字营销公司来说，年轻人只会越来越多，如何针对新时代的年轻人创建出能让他们产生共鸣、认同的企业文化，并自觉地融入其中，也是一件非常重要、迫切的任务。成立于2011年的时趣互动（北京）科技有限公司（简称时趣互动），2015~2016年时已拥有员工800多人，其中50%是90后，75%是85后，这给公司内部的管理带来很大的挑战。时趣互动于是专门针对年轻人容易犯的一些错误推出一些主题活动，如"认真"与"靠谱"。这些主题活动都从小事入手，如"认真"针对的是写文案时出现的错别字，通过"认真邮箱"让写错别字的人买书给大家看；"靠谱"则针对见客户或开会迟到、不及时回复邮件、自己不关注内部规章制度、遇到问题到处问人等现象，

① 万木春，胡振宇. 数字营销再造："互联网+"与"+互联网"浪潮中的企业营销新思维（服务篇）. 北京：机械工业出版社，2016.

让犯错的人在工作群里发红包并说明原因。这样的方式既能免去直接批评年轻人可能引发的尴尬与抵触，同时又能让他们记忆深刻，并逐渐养成好的习惯[①]。时趣互动的做法告诉我们，以年轻人为绝对主体的公司，其企业文化一定要适应年轻人的特点，不能照搬传统的老套路。

① 万木春，胡振宇. 数字营销再造："互联网+"与"+互联网"浪潮中的企业营销新思维（服务篇）. 北京：机械工业出版社，2016.

第五章　数字营销公司经营之基础：平台建设

如今的数字营销市场，程序化广告已基本普及。程序化广告指的是基于自动化、系统化的数字平台，由智能机器与设备代替广告主（广告代理公司）、广告媒体机构完成媒介资源的购买与售卖行为的新型广告形态。在数字广告交易平台上，作为数字媒介需求方（买方）的广告主或广告代理公司，与作为数字媒介供应方（卖方）的广告媒体机构居于市场的买卖两端，广告主可以自行或委托广告代理公司进行广告的策划、创意、制作以及媒介资源的采购及投放，广告媒体机构也可以自行或委托相关公司售卖媒介资源。另外，为了保证数字媒介需求方和供应方的交易行为更加精准和有效，数字营销平台上还兴起了一些第三方服务机构，如广告验证平台、DMP、监测分析平台，等等。这样，数字营销活动涉及的多方主体就齐聚在数字广告交易平台上。可以说，离开了数字广告交易平台，数字营销活动根本无法推进。由此，对于数字营销公司来说，平台建设是其所有经营活动的基础，是其立足的根本。

第一节　数字营销平台的构成

互联网广告诞生的初期，基本延续的是传统媒体广告的一套做法，走的是靠人力一步步推进的线性流程：广告主自行或通过广告代理公司与目标媒体机构一一商谈网络广告发布的相关事宜；网络媒体机构，如 Yahoo、CNBC、ESPN 等，也组建起自己的直销团队直接投放、管理广告。有人将这一阶段称为“直销时代”，这一时期“广告的售卖形式是直接售卖广告位，计费模式主要是CPT①或者CPM。”②

随着网络广告的普及与发展，将众多网络媒体聚合在一起的广告网盟（Ad network）出现，如DoubleClick公司于1993年率先搭建起世界最早、最大的广告网盟，好耶于1998年成立了中国第一个广告网盟，在2003年百度推出百度联盟之后，广告网盟在中国快速普及。这些广告网盟的角色非常类似于传统的媒介代理公司，它们将众多中小网站的广告资源整合在一起，作为中间代理人为其寻找有网络广告需求的广告主或广告代理公司，在一定程度上保证了大量的长尾广告资源不被浪费。广告网盟为确保网络广告位售卖活动的效率及效果，纷纷研发推出自己的网络广告管理系统，如DoubleClick的DART与好耶的AdForward，就是主导当时网络广告市场的主流产品。但是，这些广告管理系统还只是单纯聚焦在广告位的售卖这项单一的服务内容上，业务的局限性比较明显。

其后，在网络广告技术不断拓展与成熟的支撑推动下，完全超越传统广告运作模式的程序化广告横空出世。2005年，世界上第一个广告交易平台Right Media在美国出现，2011年，谷歌DoubleClick Ad Exchange在中国试运营（2012年4月10日正式在中国推出），国内第一个面向全网的实时广告交易平台Tanx也于2011年9月由阿里妈妈正式对外发布。紧接着，腾讯、盛大、新浪、百度亦纷纷推出自己的广告交易平台。一个完备的数字广告交易平台通过互联网将DSP、SSP对接在一起，可以非常快捷、方便地完成网络广告运作的所有流程。同时，为了保证网络广告投放的精准性、有效性，DMP也成为广告交易平台上一支重要的、不可或缺的力量。

至此，一个完整的数字营销生态体系基本建立。在这个生态系统里，广告交易平台是基础平台。基于这个基础平台，DSP、SSP、DMP有机地串联在一起，

---

① CPT：cost per time，按时长付费。

② 梁丽丽. 程序化广告：个性化精准投放实用手册. 北京：人民邮电出版社，2017.

再加上一些辅助性的平台，如广告验证平台、监测分析平台、程序化创意平台，智能化、自动化的一站式营销活动便能快速、精准、安全、有效地展开。

一、广告交易平台

广告交易平台是基于互联网络，将广告主、广告代理公司、网络媒体机构以及相关的广告服务商聚集在一起，形成的线上广告交易市场。有人形象地将之比作股票交易所，数字广告与营销活动的所有流程都可以在这个平台上快捷、方便、精准地实施、完成。

全球范围内较早提供线上广告交易服务的公司是美国的 Right Media，“这是一家基于公开式广告买卖的网络广告交换机构”。2005 年，Right Media 率先创建线上广告交易平台，开启程序化广告的序幕。“在 Right Media 平台上，每天有 20 000 个参与者进行广告拍卖，同时每天的交易数量超过 50 亿。Right Media 为广告商、广告发布者以及网络平台提供各自不同的功能。广告媒体交换系统可以让广告商自由选择目录列表中的网站位置并且在单独的拍卖平台上提供广告买家管理的功能（包括广告服务器管理）；发布者媒体交换系统是专为出售自己网站内空间用于广告的商家专门设计的，网络媒体交换系统可以对网络广告发布者提供的广告进行实时竞拍并直接控制。”[①]通过线上广告交易平台，众多网络媒体机构可以直接提供库存的广告位，广告主则可以各种竞价方式购买这些广告位。2007 年，雅虎以 7 亿美元收购 Right Media，并推出在线广告交易平台 Right Media Exchange。到 2012 年，Right Media Exchange 已拥有 30 万家活跃广告交易商，每日交易量超过 110 亿次。

同样是在 2007 年左右，谷歌收购 DoubleClick、微软收购 AdECN，广告交易平台的开发与建设进入快速发展通道。2012 年 4 月 10 日，谷歌将已在全球运营两三年、覆盖 26 个国家的广告交易平台 DoubleClick Ad Exchange 正式在中国推出。该平台一推出就有 10 余家国内网络媒体发布商加入。在 DoubleClick Ad Exchange，作为买方的广告网络与广告代理机构可以用“每

① Right Media 模式将会增加网络广告购买的透明度. https://www.sypopo.com/post/9LoxZvYYrl/.

一次广告展示”为基础进行实时拍卖；与此同时，平台也可以为卖方——网络媒体发布商和广告代理商，提供详尽的数据和结算方式。DoubleClick 亚太区负责人 Estee Cheng 将广告交易平台比作股票交易，主要向竞价成功的广告主收取手续费[①]。

受国外市场的启发，从 2010 年末开始，国内一些网络广告服务商也开启了对广告交易平台的探索之旅。第二年，成立于 2007 年的阿里妈妈就推出了面向全网的广告交易平台 Tanx。其后，盛大、阿里巴巴、腾讯、新浪、百度也相继推出自己的广告交易平台。2014 年，国内首家支持 RTB 的移动互联网广告交易平台——芒果移动广告交易平台 AMAX（AdsMOGO Mobilc Ad Exchange）由芒果移动广告推出，使程序化广告由有线互联网延伸到移动互联网。

按照广告交易平台广告位资源来源的不同，人们又将广告交易平台分为公有广告交易平台（public Ad exchange）与私有广告交易平台（private Ad exchange）[②]。概括而言，公有广告交易平台的广告位资源来自于众多的网络媒体，而私有广告交易平台往往只是一家媒体的广告资源。

一般来说，公有广告交易平台的开发者、所有者主要是互联网巨头公司，如谷歌的 DoubleClick Ad Exchange，阿里妈妈的 Tanx，百度的 BES（Baidu Exchange Service，百度流量交易服务）。在公有广告交易平台上，汇集着众多网络媒体的巨量广告资源，这些媒体往往都是以战略合作伙伴的身份加入；同时，公有广告交易平台的运营者自身也拥有相当丰富的广告资源和数据资源。此外，市场上还有由拥有一定数量媒体合作伙伴的公司搭建的相对小型的公有广告交易平台，如灵集的 Xtrader，聚效的 MV AdX。

私有广告交易平台的运营者则是以大型门户网站、视频网站为主。这些大型媒体集团为了提升对自有广告资源出售的控制力，便自行搭建私有广告交易平台，单独出售自己的广告位。例如，大型门户网站腾讯、新浪、搜狐，以及视频网站优酷、爱奇艺、PPTV、暴风科技等，都有自己的私有广告交易平台。

---

① 谷歌在中国推出 Ad Exchange 广告交易平台. 网易科技[2012-04-10].

② 中国程序化购买广告市场专题研究报告 2015。

经由广告交易平台，多种资源，如媒体资源与购买媒体的资源；多个主体，如媒体的需求方、媒体的供应方以及媒体的使用方，都同时汇聚在广告交易平台上，可以非常方便、快捷地实现直接互联。当一个用户点开某媒体的网页或 APP 浏览他感兴趣的信息时，该媒体便将这个用户的信息和广告位信息传送给广告交易平台，买方（广告主或广告代理公司）即可根据该用户信息，快速分析、判断其是否是自己的目标消费者，如果该用户和广告主产品的目标消费者画像一致，那么他就是一个有价值的用户，在经过一番程序化购买的竞价流程获得这个广告位之后，针对这个用户的广告就会出现在他的眼前。这一完整的广告投放过程一般均可在 0.1 秒内完成，给用户的感觉几乎就是刚点开页面广告就跳了出来，非常快捷。由此，广告主可以更直接、精准地针对目标消费者投放广告，大大提升了广告的准确性和实际效果，同时，众多网站的广告资源也能得到充分利用，广告收入也有了切实保证。可以说，广告交易平台是网络广告与营销活动顺利实施的基础与前提。

随着广告交易平台的出现与日趋成熟，与之配套的 DSP、SSP、DMP 等技术平台的建设也随之进入高潮。

二、DSP

DSP 是基于广告交易平台，为广告主提供实时在线广告投放服务的广告平台。其运营者既可以是广告主，又可以是广告代理商，如数字营销公司。

通过 DSP，广告主或广告代理商可以在互联网、移动互联网上对接多家广告交易平台上的在线广告资源，并以 RTB 等方式快捷、精准地购买高质量的广告资源。通俗地说，DSP 就是一个自动化、智能化、程序化购买广告的工具，运用这个工具，能较好地达成广告主精准购买“用户”、个性化投放广告以及持续优化广告效果的目标。

DSP 是站在广告主的立场、专为广告主更高效地投放数字广告而研发、搭建的，DSP 出现的契机及条件是广告交易平台的诞生。在广告交易平台上，聚集了大量的媒体资源，人们便开始关注如何才能更有效地利用好这些资源这一根本问题。是继续像运作传统广告那样，一家一家跑媒体机构，接洽广告排期以及投放的相关事宜，还是用更加便利的互联网新玩法？是基于有限数据的分析大致选择对应的媒体，还是把握、利用好体量越来越大的网络数据将广告投放更加精准地聚焦到使用媒体的用户？在 2008 年左右，国内外就有企业就这些问题进行思考并展开研发。据国内最早探索 DSP 的品友互动创始人、CEO 黄晓南回顾："我们 2008 年的时候提出的是行为定向，就是基于人群的行为来建立数据模型，用大数据的概念来进行营销撮合和效率提升。""2008~2011 年，品友主要做的是广告技术，就是基于人群建模来提高效率。那时，整个交易平台的生态链并没有建立起来，我们只能直接与媒体对接，但在小范围内证明了这种数据算法的力量。2011 年，我们开始与淘宝合作，当时他们做 Exchange，我们做 DSP，形成了中国最早的程序化购买雏形。"[①]而且，品友互动的这些探索基本与北美的一些公司同步，"2008 年品友公司成立时，国外的那些 DSP 公司也刚起步"。以黄晓南的视角来看，"国外的 DSP 走的是另外一条路，变成了一种非常分散的业态。现在看来，中国市场可能比美国的市场更健康"[①]。

2012 年是国内 DSP 建设的爆发之年，有人将之称为 RTB 元年。品友互动、华扬联众、易传媒、好耶、聚胜万合、舜飞科技等数字营销公司，纷纷推出自己的 DSP。此后，DSP 技术逐渐趋于成熟，市场对此反应热烈，许多品牌广告主越来越重视程序化购买，并对其服务内容和购买方式提出更多更高的要求。顺应着市场的需求，在 PC 端 DSP 的基础上，又先后涌现了视频 DSP、移动端 DSP，最后又整合在一起实现了跨媒介、跨渠道的程序化投放；另外，在 RTB 公开竞价的投放模式上，又开拓了 PDB（programmatic direct buying，私有程序化购买）、PD（preferred deals，优先交易）、PA（private auctior，私有竞价）等私有程序化购买交易模式。这样，广告主就能切实根据自身实际与需求，有针对性地选择一种或几种程序化购买交易方式，实施多屏或跨屏广告投放，最终收获广告效益的最大化。

---

① 万木春，胡振宇. 数字营销再造："互联网+"与"+互联网"浪潮中的企业营销新思维（服务篇）. 北京：机械工业出版社，2016.

对于 DSP 公司而言，要经营好 DSP 平台，必须在以下几个方面花大力气、下真功夫。

其一，相关软、硬件设备的开发与维护。作为为广告主提供综合性媒介选择与投放服务的操作平台，相关硬件设备的建设与维护是 DSP 运行的前提与基础。一般而言，DSP 必备的服务器就有很多种，如日志服务器、数据库服务器、用户数据服务器、广告服务器、RTB 服务器、UI（user interface，用户界面）管理服务器、负载均衡服务器、缓存服务器等；有了硬件设施，还需有相应的驱动程序。DSP 要正常、顺利地运转，必须开发的重要软件包括登录模块、广告系列模块、广告创意模块、广告系列定向模块、智能投放模块以及统计报表模块等①。广告主或广告代理公司必须有足够的经济实力装备这些服务器、研发这些重要模块，并持续不断地维护、优化整个 DSP 的有效运行。

其二，广告资源的对接。DSP 要真正发挥效用，必须接入广告交易平台，并对接多家 SSP。广告交易平台本质上就是网络媒体广告资源汇集并实现交易的场所，它将网络广告资源的需求者和供应者聚合在互联网平台上，快速、精准地实施、完成广告资源的交易。从 DSP 的角度而言，一方面，为了实现精准营销的目标，必须完成与多家拥有优质流量的 SSP 的对接。只有尽可能多地拥有优质流量，才有可能最大限度地找到与品牌用户标签高度重合、对应的媒介用户，进而精准实施广告投放，达成品牌主的广告目标及效果。另一方面，还需不断拓展、扩充客户资源，只有当平台聚集的客户资源越庞大、越丰富，其对优质媒介供应方的吸引力才会越来越大，其所能获取、占用的流量的数量及质量才能有充分保证。有人将 DSP 称为“资源聚合器”，也就是说，当某个 DSP 拥有更多的市场流动性和相关资源，其优势就会更加明显、突出，其所代理广告的投资回报率才有可能实现最大化。

其三，数据的汇集与处理。DSP 存在的价值，以及其吸引广告主的主要原因是它能在最恰当的时间，找到最恰当的用户，并为之提供最恰当的广告，以获取明显、实在的广告效果。而 DSP 能实现这一切的基础与前提就是对数据

---

① 段超. 键值存储的互联网广告投放系统需求方平台研究与设计. 华中师范大学硕士学位论文，2014.

的掌握与分析。只有当平台汇集的数据足够多，足够真实与全面，并且还拥有科学、先进的算法，广告精准投放的目标最终才能真正实现。“DSP 的概念一面世，就与大数据紧密相连，而强大的数据获取及处理能力、先进的算法技术和大量的投放实践积累是 DSP 平台的核心竞争力，只有具备这些，才能具备优异的竞争力，为广告主创造价值，并成为一个健康的 RTB 生态系统中的中坚力量。”①

DSP 公司的数据来自于多个方面：其一是公司自身在从事网络广告与营销活动中不断积累的数据，如最早的一批 DSP 公司，基本都从事过网络广告代理，组建过广告网络联盟，或者是互联网广告技术的供应商，大多拥有一定的数据积累；其二是来自于进驻平台的广告主掌握的相关业务数据；其三，如有需要，还可从独立的第三方数据公司获取、引入数据。

其四，专业人才队伍的建设。除了上述三个方面的条件与基础之外，还有一个至关重要的因素，那就是专业人才队伍的建设。可以说，如果缺乏相关专业人才队伍的支撑，上面所谈的一切也就失去了意义，或者说根本无法实现。运营一家 DSP 公司必需的专业人才主要有两大类：技术人才与运营人才②。具体而言，技术人才主要包括对平台进行研发、维护和优化的人才，进行数据分析、挖掘的人才，以及算法工程师。这些技术人才必须熟练掌握互联网技术、计算机技术、大数据技术、人工智能技术、通信技术等高新技术，并创造性地综合运用这些技术从事相关数字营销产品研发、生产、维护及优化，以确保能为广告主带来实实在在的营销效果。而运营人才则是基于技术人员研发的平台、产品以及算法，策略性地思考、拟订广告投放计划，并在实施过程中随时跟踪广告效果，根据市场的实际状况不断调整、优化广告投放策略。“必须要有专业的优化团队去不断地根据客户的 KPI 查看投放效果，进行相应的调整，逐步趋向于客户的 KPI 的最终达成。这样客户才会满意，也会持续在平台上进行投放。从而做到从客户的角度、从广告平台的角度、从流量方的角度取得共

① 陈园园. 借助 DSP，探寻网络营销新价值. 互联网周刊，2013，(16)：22-23.

② 梁丽丽. 程序化广告：个性化精准投放实用手册. 北京：人民邮电出版社，2017.

赢的效果。”[①]

随着DSP的数量越来越多，作为其升级版的采购交易平台又在行业内兴起。采购交易平台一般都会对接多个DSP，广告主借助于一个采购交易平台就可以同时在多个DSP投放、管理广告，具体包括“分配投放预算、制定和调整投放策略、查看数据报告等”[②]，既便利又能节约成本。总体而言，采购交易平台主要是为大品牌广告主而生，因此有人又将采购交易平台比拟为证券交易所的“大户室”[③]。

三、SSP

SSP 是基于广告交易平台，将众多数字媒体的广告资源即流量汇集起来，并为之提供管理及销售服务的广告平台。也就是说，SSP 是为媒体方服务的，其运营者既可以是媒体拥有者自身，也可以是独立的第三方专营或兼营 SSP 的公司。

应该说，自从有了互联网以及互联网广告，对于所有互联网媒体、互联网公司而言，如何将互联网上不断聚集的流量变现便成为其日常经营的重要组成部分，是其经济效益的重要来源。在互联网广告还不被大多数人了解、接受的初期，大多是网站、网页主动出击，以传统人工售卖广告位的方式亲自、直接与广告主联系；随着网络广告独特特点、效益被更多的人认识、肯定，开始有专门的公司像传统的媒介代理公司一样，为网站、网页特别是中小型网站与网页代理销售广告位，这就是广告网络联盟。当时的广告网络联盟在广告主和网络媒体之间架起了一座基于流量供需的“桥梁”，一方面，广告主通过广告网络联盟，特别是一些垂直类和定向型广告网络联盟，可以更方便、直接、准确地找到优质流量，能够节约大量的人力和物力；另一方面，将众多中小网站、网页的流量资源汇聚在一起，很大程度上保证了这些网站与网页流量资源的顺利变现，进而避免流量白白浪费的尴尬。

作为一种为媒体方提供流量变现服务的新兴平台，SSP 可以说是在广告网

---

① 阙星文. 面对质疑，独立 DSP 如何自我救赎. 互联网周刊，2014，(6)：28-30.

② 梁丽丽. 程序化广告：个性化精准投放实用手册. 北京：人民邮电出版社，2017.

③ 什么是广告市场里的 trading desk？知乎.

络联盟基础上的升级换代。2012 年，好耶推出国内第一个 SSP——MediaMax，在当时的新闻稿中，好耶如此介绍：MediaMax 作为中国首家 SSP，通过整合、优化、分配媒体方的库存媒体资源，将更多有价值的库存流量分配给第三方技术供应商或需求方，最大限度地提高媒体流量的填充率。MediaMax 集成了“创意管理”“关系管理”“资源管理”“智能报表”等功能模块，提供 RTB、流量包断、流量转载三种流量分配模式，能够为买卖双方提供更多样、更标准、更开放的流量通信，是目前国内最符合互联网行业实际需求的营销类技术平台[①]。同年，时任易传媒供应端平台总经理的何沛在接受专业网站 Ad Exchanger 编辑采访时曾非常形象地介绍 SSP：“如果媒体愿意，他们可以把一部分剩余流量导到我们 SSP 的开放平台上，这个开放平台就像一个公共的池子，里面汇聚了各种流量，广告位尺寸尽管大小不一，但符合 IAB 标准。我们会把这样一团乱麻的资源进行整理，然后通过历史累计数据，对接 DSP，最后以竞价方式卖掉。这部分跟 Ad Exchange 有点相似，但是 Ad Exchange 没有任何倾向性。而我们 SSP 倾向于帮助媒体获得更多的利益。这个开放平台才是真正起到收入优化作用，因为我们可以帮助媒体获得新的收入来源。”[②]

综合而言，相较于广告网络联盟，SSP 主要在以下几个方面有质的飞跃。

其一，聚集的媒体供应方的类型、数量与规模更加丰富。SSP 是一个开放的平台，任何网络媒体只要有意愿，具备相关的技术条件，都可以将自己的流量接入中意的 SSP。无论是大型网络公司，主流门户网站，还是一般中小型网站，以及广告网络联盟，都是 SSP 的重要来源。因此，SSP 拥有流量资源远远超出于广告网络联盟，几乎所有的广告主都可以在平台上找到自己最需要的流量，并快捷、精准地投放广告。

其二，平台的运作机制更加智能。广告网络联盟虽然以互联网为主要阵地，在广告投放技术上与传统广告的投放相比有一定的升级，但究其实质，仍然是以人力操作为主。广告网络联盟预先采购一定数量的流量，然后再寻找相应的流量

① 好耶 SSP 供应方平台 MediaMax 上线试运营，反观国内 SSP 现状. Adexchanger.cn 官网[2013-01-17].

② 易传媒供应端平台，为媒体收入优化带来新机遇——易传媒供应端平台（ASP）访谈. Adexchanger.cn 官网[2012-11-23].

需求者将库存的流量销售出去，从中赚取代理费用。在各种高新技术的支持配合下，SSP 很大程度上实现了自动化与智能化：当一个用户在互联网上出现，SSP 瞬间便会依据已有的数据库分析出这一个用户的画像并为之贴上清晰的标签，随即将这个广告位上传至广告交易平台，同时给出竞标的底价供众多 DSP 竞价，当中标者胜出后，迅速将中标者的广告推送至用户的面前，整个流程都在 100 毫秒内在线自动、精准地完成。

其三，大数据技术的运用及普及使得每个流量的价值得以充分实现。凭借先进的数据跟踪技术、数据分析与挖掘技术，每一个用户只要通过电脑、平板电脑、手机等各种终端在互联网上出现，他的所有行为就会被一一记录在案，这些数据日积月累、积少成多，最后形成海量数据库。借助海量数据，依托相关技术，SSP 能通过对数据的深入分析与挖掘，形成对每一个上网用户的精准画像，从而为每一个流量找到对应的需求者，为其广告价值的实现奠定坚实的基础。

正是得益于多方面的突破与升级，SSP 有效地助力于各网络媒体的广告经营与管理，为其有效地拓展广告客户资源，更加科学、合理地管理广告资源，并提高每一个流量的经济效益。“在 SSP 服务平台上，媒体不但可以将自己的库存广告资源进行实时展示，而且可以与 Ad Exchange、DSP 等数字营销模块进行对接，实现即时售卖，获得最优化的展示收益。可以说，SSP 平台的出现，使得大型媒体进行最优化售卖、中小媒体直接介入广告交易，都成为轻而易举的事情。”[①]基于 SSP 提供的服务，不仅大型媒体与中小型媒体可以各得其所，而且同一媒体不同等级的流量也能各尽其用。一般来说，媒体拥有的优质流量可以预先通过保价不保量的 PD 方式和程序化保量的 PDB 方式吸引大型品牌广告主，再将剩余流量通过 SSP 以 RTB 的方式寻找买主，这种类似组合拳的打法能最大限度地使每一个流量顺利变现，进而实现流量价值的最大化。

---

① 刘波成. SSP：服务于媒体的数字营销平台. 互联网周刊，2014，(14)：54-55.

四、DMP

对于广告交易平台上的供应方与需求方来说，要使彼此的流量对接能够精准、高效，还需要另外一支重要力量的加入，那就是负责数据汇集、分析、挖掘与检测任务的 DMP。DMP 指的是能够帮助广告流量的需求方和供应方汇集、管理来自各方的数据，并通过对海量数据的分析形成用户画像及人群标签，以保证广告投放的精准性的营销平台。

作为数字营销产业链中的重要组成部分，DMP 伴随着大数据、云计算、精准广告等概念的兴起而产生①。在传统媒体广告的运作过程中，广告市场调查与分析就是必备的一个重要环节，广告公司特别是 4A 公司，一直都强调要通过各种渠道，以多种方式收集相关信息，为广告策略的制订与实施奠定现实基础与事实依据；当时的行业格局中也有一些专门从事市场调查与分析咨询的公司存在，但由于主观意识与客观条件的限制，始终难成大气候。20 世纪 90 年代，随着现代营销观念从“以产品为中心”转向“以客户为中心”，客户关系管理（customer relationship management，CRM）应运而生，可以说，CRM 就是以客户数据库为基础进行有针对性的营销与管理。互联网出现并普及之后，每一个人在网上的各种行为数据都能通过不断更新的技术与设备被及时、全面地跟踪、获取与存储，进而产生大数据。依据大数据，再加上科学的算法，就能在很大程度上保证广告内容生产与分发的针对性和精准性。由此，对数字营销活动而言，决定其是否精准、有效的重要因素就是活动运营者是否拥有大数据，是否能从大数据中发现问题并找到解决问题的方式与方法。很快，一批专门负责收集、存储、分析、挖掘大数据的技术公司纷纷出现，在广告交易平台上，DMP 也成为重要的、必不可少的一方平台，与 DSP、SSP 共同支撑起程序化广告运行的生态链。

在广告交易平台上，DMP 的功能与职责主要有以下几点。

第一，数据收集与存储。数据是 DMP 的基石。没有数据，DMP 无疑就是空

① 中国程序化购买广告市场专题研究报告 2015。

中楼阁。只要上网，每个人在网上的各种行为都会留下痕迹，产生数据。借助于不断更新的计算机技术、网络技术，数据的跟踪、获取与储存工作能够非常便利地完成；但是，由于大型互联网公司对入口的垄断，又使得大数据往往被少数公司垄断，要想真正全面地拥有大数据非常困难。在数字营销行业，人们一般依据数据的归属权，将数据分为第一方数据、第二方数据和第三方数据三种类型：第一方数据指的是广告主“自有”的用户数据，包括其 CRM 数据、广告投放数据、官方网站及自媒体数据，以及电商数据等；第二方数据则是数字营销代理方在数字营销活动中积累的业务数据；第三方数据则是指数字营销活动中独立的“非直接合作方”拥有掌握的数据，如互联网平台与媒体的数据、运营商数据、独立数据检测平台数据。与之相呼应，汇聚、分析、运用数据的 DMP 也被划分为第一方 DMP、第二方 DMP 和第三方 DMP[①]。

第二，数据分析与挖掘。分散、零乱的数据即使再海量，其本身也不能直接显示、说明任何问题，大数据要在数字营销活动中真正发挥作用，必须具备的前提条件是对数据进行全面的整理、分析与挖掘，从中发现品牌、商品面临的各种问题，聚焦目标用户，得出精准的用户画像，为数字营销活动的策略思考及实施奠定坚实基础。

第三，数据具体运用。以数据分析与挖掘的结果为依据，认真探寻、思考、确立整体营销解决方案，即主要针对哪些用户、在什么时间和地点、以何种方式与手段、传递什么内容。在这一环节，也就是有针对性地进行内容生产、广告投放及营销优化。只有付诸实际运用，大数据的价值才能真正得以实现。

第四，数据监测与广告效果评估。拟定的数字营销策略是否按计划实施？广告投放计划是否如期完成？广告营销活动是否有效？究竟有多大效果？投资回报率具体是多少？这一切问题都需要有切实的数据支撑、证明。无论是广告主，还是数字营销公司，都期望能通过一些数据，特别是来自第三方数据监测平台的数据，给出明确、客观、权威的答案。由此，第三方数据监测分析平台开始崛起，并日益受到重视。成立于 2006 年的精硕科技和秒针系统，都是国内

① 梁丽丽. 程序化广告：个性化精准投放实用手册. 北京：人民邮电出版社，2017.

较早出现的第三方数据监测分析公司，一直致力于运用最新技术对数字广告的投放数据进行全流程的同步监测，并对广告交易平台提供的各种数据的真实性进行评估。随着数字营销行业内虚假流量、无效流量等欺诈行为的曝光，以及广告主对品牌安全问题的日益重视，一些大型广告交易平台纷纷与第三方数据监测分析公司建立合作关系。2017 年 4 月，腾讯移动互联网事业群（Mobile Internet Group，MIG）与精硕科技联合成立广告反欺诈大数据实验室。这个实验室主要“致力于升级移动广告投放效果评估等阶段的虚假流量与作弊模式甄别，净化中国移动互联网广告生态”。同样是在 2017 年，阿里巴巴分别与精硕科技和秒针系统签署战略合作协议，精硕科技和秒针系统的广告监测产品分别和阿里妈妈旗下的 Uni Desk 实现对接，阿里巴巴旗下的大数据平台极大地赋能精硕科技、秒针系统利用阿里巴巴的大数据进行 TA（trade assurance，信用保障）验证。在阿里巴巴集团内部，成立于 2010 年、2013 年被阿里巴巴收购的以移动应用统计分析为主要服务内容的友盟，也在 2017 年推出全媒体数据监测解决方案 U-ADplus，实现了主要基于互联网媒体（Web）、OTT 及智能家居媒体（Home）和智能户外媒体（Outdoor）的跨屏统计、跨媒体监测。通过 U-ADplus，广告主可以“清晰地看到每一条广告的曝光—点击—行动—落地官网/淘内的全过程，并且是以用户视角，深度洞察目标群体的细微行为；同时，基于全网用户数据，俯瞰营销大盘表现，精准评估渠道质量、创意内容，指导投前/投中/投后的营销策略。”①

如今，由广告交易平台、采购交易平台、DSP、SSP、DMP 组成的数字营销行业的生态链业已搭建完成并不断走向完善与成熟。

第二节　数字营销产品的研发

数字营销活动的进行，除了要依托健康、健全的产业链之外，还需要诸多具

① 阿里巴巴赋能“友盟+”，实现营销活动全链路评估. Adexchanger.cn 官网[2017-07-28].

体、专项营销产品的加盟。换句话说，广告交易平台、采购交易平台、DSP、SSP、DMP只是搭建起了一个数字营销舞台，数字营销公司能否在这个舞台上跳出既叫好又叫座的“舞蹈”，还必须做好相关“道具”的开发与生产。

一、算法及模型

谈及数字营销，人们经常说，借助于大数据技术、人工智能技术，现在的数字营销活动已经实现了精准化。精准化的广告营销活动，一定是以大数据为基础、以科学的算法为依据才能得以实现。在广告交易平台上，各种数据可以很快捷、便利地获取，但这些海量的数据能否真正为广告营销活动所用，发挥直接的经济效益，却取决于对数据分析与挖掘的结果。传统广告营销时代，广告营销人对数据的拥有非常有限，再加之当时主要是通过人脑对有限的数据进行分析与处理，很多时候得出的结论可能只是一个大致的推测，自然而然地，基于大致推测的结果做出的决策也难以达到精准的目标和效果。进入数字营销时代之后，人工智能技术及其相关产品大量运用于数字营销活动之中，使得本来运算能力就远远超出于人脑的计算机又有了科学、独到的算法的加持，更是如虎添翼，不仅能快速对海量的数据输入进行处理并做出有针对性的决策及行动，而且随着机器学习的不断普及与进化，基于数据以及已有经验的算法优化也已成为可能、成为现实。由此，数字营销活动变得更加精准、更加智能。

最能体现算法的重要性及效用的成功典范就是今日头条。今日头条创建于2012年3月，只用了不到四年的时间，它便轻松超过诸多新闻客户端，成为广受欢迎的互联网媒体。在今日头条创始人张一鸣看来，算法是今日头条的核心。“今日头条没有任何采编人员，本身不生产任何内容，完全靠机器算法来运转。今日头条搭建的算法模型会记录注册用户的每一次阅读行为，并基于此计算用户的喜好，推送用户可能感兴趣的内容。”可以说，今天头条的成功主要得益于其独具个性的推荐算法——“当用户使用微博、QQ 等社交账号登录今日头条时，它也能在5秒钟内通过算法解读使用者的兴趣DNA，用户每次动作后，10秒更新用户模型，越用越懂用户，从而进行精准的阅读内容推荐。正是由于这套算法，今日头条在短短两年多的时间内便拥有了2.2亿用户，每天有超过2 000万用户在今日头条上阅读自己感兴趣的文章。”[①]

算法成就了今日头条。同样，智能化、精准化的数字营销也离不开算法的支持。在数字营销专家、《IT 经理世界》特约专栏作者栗建看来，“算法已经无处不在”[②]，如今的互联网世界，无论是新闻信息的推送，还是广告营销活动的开展，只要是带上了“程序化”“自动化”“智能化”的字眼，其背后就必然有算法与模型的支撑；同时，“算法也已经看似无所不能”[②]，企业与用户之间的连接与互动，用户在线上的所有活动，包括他每一个点击鼠标，触动屏幕后出现的结果，都无不受算法与模型的掌控；到了最后，甚至还可能“一切归于算法”[③]。未来的世界可以说是人工智能的世界，正是在人工智能一步步的推进下，数字营销实现了一次次的自我更新与提升。由此，栗建预言，人工智能“或许能让创意从一门依赖经验和灵感的神秘手艺变成一种依靠算法和模型的大众工具”[③]。从某种角度可以说，未来的数字营销将更多地从由人控制转向由不断优化的算法及模型控制；对数字营销公司而言，其核心竞争力也会越来越多地聚集在算法及模型上。

二、程序化创意平台

好的不断优化的算法及模型使得数字营销活动朝着精准投放的方向无限接近，但精准的广告效果的最终达成，还得进一步借助于能够针对每一个用户趣味与标准进行一对一传播的智能创意平台与产品。也就是说，数字营销活动通过算法及模型精准锁定了用户，接下来还需依靠智能创意平台与产品，专为正在线上的“这一个”用户进行私人定制式的广告创意与制作。

传统广告的创意与表现主要以创意制作人为主导，广告作品完成后一般会在选定的媒介上长时间反复刊播，所有的受众看到、听到的广告都是一模一样的。因为每个受众的心理、趣味与标准的不同，广告作品的实际效果自然参差不齐，甚至差距很大。而数字广告，特别是程序化广告，则越来越多地依靠程序化、智能化创意平台及产品，以及以大数据、机器学习为基础的智能机器主导的自动化、

① 今日头条：成也算法，败也算法. CSDN 技术社区[2017-12-20].

② 栗建. 数字营销的终极算法. IT 经理世界，2017，(19)：42-44.

③ 栗建. AI 营销：营销的终极武器降临？IT 经理世界，2017，(11)：40-42.

智能化的广告创意与制作。

早期的创意平台主要实现的是创意的自动生成。2010 年，百度网盟推出了一款快速生成多媒体创意（图片/flash）的在线工具系统——“百度创意专家”。这款多媒体创意制作工具可以对零经验的用户提供免费服务，基于系统提供的海量精美模板，用户只需填写相关信息，如品牌名称、主广告语、公司 Logo、产品图片等，就可自动生成多套创意作品。如对生成的作品不满意，还可退回修改。与此类似的还有阿里妈妈的麻吉宝创意模板。麻吉宝是一款针对商家的无线端营销推广工具，麻吉宝创意模板主要提供两套模板：高级模板和品牌模板。高级模板致力于成交转化，细分为海报区、优惠券区、单品区；品牌模板则有利于品牌宣传，提供四类组件：全屏大图组件、横向图文组件、纵向图文组件、多图文组件。商家进入麻吉宝的创意管理页面后，只需输入创意标题和相关图片，选择关联类目后就可轻松完成创意。2014 年，湖南右脑科技公司 CEO 尹云从发明了一款主要运用语言符号自动生成创意的 APP——创意按钮。创意按钮 APP 依据中文句式的基本构成，收集了 6 个维度的数据：主语类、谓语类、宾语类、定语类、状语类和补语类，每一类数据又细分成 18 小类。根据湖南右脑科技公司的算法，这些数据可以随机形成 260 多种不同的算法，即 260 多个不同的表达句式。在此基础上，创意按钮 APP 以产品为主再细分为 60 多个类别，基本涵盖日常生活的方方面面，如吃喝穿戴玩用行等。利用创意按钮 APP，每一类产品的创意数量从理论上可以达到三千的四次方，而每位用户每天可以免费浏览 81 条创意[①]。这样的创意数量，是人脑永远无法企及的。更让人惊喜的是，创意按钮 APP 可以至少将创意效率提升 144 倍，极大地节约了人力成本和时间成本。

随着人工智能广泛运用于数字营销领域，数字广告创意与制作进一步从自动化提升到智能化，可以具体针对每一个不同的用户创意制作不同的广告，真正实现了广告作品的“千人千面”。在 2015 年法国戛纳创意节上，美国 EA Sports 公司的 Madden Giferator 项目获得了“创意金狮”奖。EA Sports 公司为了延

① 王正飞. “创意按钮 APP”：疯狂还是神奇？——访“创意按钮”发明人尹云从. 中国广告，2015，(11)：94-95.

长旗下的 NFL 游戏项目 Madden 的生命周期，利用谷歌展示广告网络等实时数据分析平台向全球 1.5 亿橄榄球迷进行推广。广告“通过自定义兴趣相似受众群体功能与各支 NFL 球队的粉丝进行互动。它们为 32 支球队分别设计了自定义兴趣相似广告，以确保不同球队的粉丝能够看到与赛场表现同步的展示广告。”“EA Sports 这套 GIF 实时生成系统由分层比赛画面设计（layer game artwork）、动态标题和数据（dynamic headlines and stats）以及可替换背景（replaceable backgrounds）构成，生成实时 GIF 广告向查询和访问 NFL 比赛相关信息的球迷推送。例如，如果西雅图队的理查德·谢尔曼今晚拿掉阿隆·罗杰斯，你就会看到一个谢尔曼的 GIF 文件，在视频流中还配上标题‘你难道不该接住吗？囧……’，另外还可以实时更新比分及比赛用时钟。球迷也可以自己利用 Giferator 软件去设计 GIF 文件，选择球队、球员、背景和标题，做好后在整个网络共享。”同时获奖的 Netflix 公司的 GIF 户外广告牌则会随着周围环境的改变而改变——广告牌所处的地方如果下雨，广告就会自动播放下雨的内容；广告牌附近的马路如果出现拥堵，广告就会调出高峰堵车的内容[①]。这些获奖作品都是借助于智能投放广告平台实现了因人而异的个性化广告作品的实时生成。2016 年，北京金桥智慧科技有限公司自主研发的 iBCP 智能广告投放平台 2.0，也能针对不同的场景和人群，实时进行不同创意组合的筛选和投放[②]。在全球范围内，更为有名的智能创意产品当属 IBM 旗下的沃森。沃森是在曾战胜国际象棋冠军卡斯帕罗夫的“深蓝”的基础上研发的挑战人类智能极限的计算机，由 90 台电脑、360 个芯片组成。自诞生之后，沃森几乎是无所不能，可以讲笑话和故事，可以编菜谱，可以写歌谱曲，还可以辅助设计师设计时装……同时，沃森还是一个营销高手，既能写文案，也能剪视频，如经过两个半月的学习，操刀为丰田氢能源汽车 Mirai 以“千言万语就是没毛病”（Thousands of Ways to Say Yes）为主题写作了上千条文案，一般人很难从中看出人工智能的痕迹；从 100 部恐怖片的预告片中学习如何营造恐怖与悬疑的方法后，和制片方一起完成了 20 世纪福克斯公司出品的人工智能

---

① 栗建. 戛纳创意节：见证技术与创意的合体. IT 经理世界，2015，(14)：54-56.

② 金桥智慧. 首次发布智能广告投放平台 iBCP2.0 版. http://www.sohu.com/a/117705552_114731[2016-10-31].

题材电影《摩根》（*Morgan*）预告片场景的选择、编辑和制作[①]。

三、广告验证平台

互联网是一个开放平台，随着数字营销和程序化广告的日益普及，一些有损品牌形象与声誉的现象开始引起品牌广告主的重视。2017 年 3 月，谷歌 YouTobe 因为将一些品牌主的广告放置在非常不当的视频内容如恐怖组织的视频旁边而招致强烈的批评与谴责，至少有 250 家品牌广告主，如星巴克、通用汽车、强生、BBC、欧莱雅、奥迪、麦当劳、AT&T 等，撤回广告预算，谷歌由此陷入空前的“信任危机”；当年 7 月，宝洁宣布在一个季度内削减 1.4 亿美元数字广告支出，并强调削减的主要原因是因为其广告的呈现位置与品牌不相称；8 月，在“2017 MMA 中国无线营销论坛”上，宝洁大中华区媒体及品牌运营总裁、电子商务总裁许敏将“保护品牌安全”列为宝洁中国的四大行动倡议之一[②]。由此，“品牌安全”问题引起行业内外的广泛关注。

在广告主方面，基于保护品牌安全、提升品牌资产的目的，纷纷调整、放弃先前单纯追求流量、曝光度以及 KPI 的粗放型广告策略，开始注重流量是否真实、优质，以及广告出现的位置与环境是否恰当、和谐；开始考虑每一次广告投放、品牌曝光是否暗藏风险，是否能带来正面的、积极的效应。顺着这个思路，许多广告主要么出于对数字营销效果的质疑削减数字营销预算，要么采用相关措施防范风险，确保品牌安全。2018 年 2 月，美国银行（Bank of America）宣布招聘一位“品牌安全官”，以确保其广告不会与网络上有争议的内容放在一起，维护品牌声誉，同时给消费者带来积极良好的体验。美国银行由此成为全球第一个设立品牌安全官的广告主。

在 2017 年初 IAB 年度领袖会议上，宝洁全球首席营销官 Marc Pritchard 炮轰了数字营销行业的造假现象，并强烈要求与其有合作关系的媒体、平台、代理机构必须采用第三方验证。此举极大地激发了数字营销行业内各方力量对品牌安

---

① 栗建. AI 营销：营销的终极武器降临？IT 经理世界，2017，（11）：40-42.

② 中国市场，品牌安全之路该怎么走？Adexchanger.cn 官网[2017-09-26].

全问题的重视程度，以及相关技术产品的研发投入力度，广告验证平台由此备受青睐。广告验证平台通常由第三方机构开发并运营，主要为品牌广告主提供品牌安全、无效流量验证、反作弊、广告可见度以及媒体匹配度等的保障服务。在我国，专注于提供广告验证服务的公司主要有上海荷格科技（Adbug）、上海腾徽软件科技（RTBAsia），以及精硕科技和秒针系统。Adbug 成立于 2013 年，是我国第一家专业的第三方广告验证公司，主要为客户提供品牌安全、广告可见性验证和广告反欺诈服务。Adbug 的广告搜索引擎能根据具体需求实时搜索相关广告，2019 年初，Adbug 又推出提供数字广告投放信息的查询与曝光服务的广告验证速查工具“广告查查”。“广告查查”具有独特的主动发现广告欺诈的机制，能有效打击欺诈行为，保证数字广告的透明、真实；同时，其“中央巡视”功能，还能迅速发现广告投放中的欺诈行为和安全隐患。总之，使用者通过“广告查查”既可以随时随地“追溯已投广告的历史”，又能“实时了解在投广告的情况”[①]。创建于 2012 年的 RTBAsia 的经营宗旨是“为您的 DSP 广告系统过滤和分析‘非人类流量’数据，让营销预算投放给真实的目标消费者”，其对 RTB 的理解中渗透着公司的理念——“RTB 的含义不仅是 Real-Time-Bidding（实时竞价），而且是 Real-Time-Blocking（实时屏蔽）。”[②]创业之初，RTBAisa 想做一款细分广告用户的数据工具，却发现网上存在大量的虚假流量，即由机器人程序点击的“非人类流量”，于是将重点转向互联网反作弊软件的研发。运用相关技术和 IP 地址情报数据库，RTBAsia 反作弊平台对每个 IP 地址进行场景分类和“真人度”概率评估。“场景分类”对 IP 地址的地理位置进行定位，将 IP 地址还原到现实的物理空间里，IP 地址的主要场景类型有家庭宽带、数据中心以及固定线路连接的企业专线。如果某个 IP 地址的场景为“数据中心”，那么它发出的点击行为有极大的可能是由机器人发出；“真人度”概率评估则是为每个 IP 地址从 0 到 99 进行评分，如果 IP 地址得分在 0 至 49 分区间，得分越低，说明其行为特征与真人的差别越大，这时 RTBAsia 就会建议调整竞价价格或放弃竞价。如果 IP 地址

① ADBUG 获新一轮投资，新推“广告查查”打击广告欺诈与不透明. http://www.sohu..com/a/287966378_505891 [2019-01-10].

② RTBAsia 官网，https://www.rtbasia.com/#about.

得分在50到99区间，基本可以断定其流量是真实的人类行为。场景分类和“真人度”概率评估相结合，能在相当程度上过滤“非人类流量”，进而保证广告投入的实际效果。

此外精硕科技于2016年底发布《广告反欺诈白皮书》，紧接着又在2017年3月推出《广告反欺诈研究报告》；2017年9月，精硕科技与群邑中国联合RTBAsia、秒针系统发布《无效流量应对方法论及战术建议白皮书》。同时，精硕科技与腾讯移动互联网事业群联合成立广告反欺诈大数据实验室，对虚假流量与作弊模式进行甄别；精硕科技和秒针系统还分别与阿里巴巴签署战略合作协议，两家公司的广告监测产品对接阿里妈妈旗下的Uni Desk，阿里巴巴旗下的大数据平台极大地赋能精硕科技、秒针系统利用阿里巴巴的大数据进行TA验证。2017年，中国区无线营销联盟（Mobile Marketing Association China，MMA China）组建了中国品牌安全与流量质量标准小组，并先后推出中国移动互联网广告三大验证标准——《移动互联网广告可见性验证标准V.1.0》《移动互联网广告品牌安全验证标准V.1.0》和《移动互联网广告无效流量验证标准V.1.0》。这些措施与相关标准的出台，使得品牌安全和广告可见性验证工作有了切实可行的依据与标准。

在各种技术日新月异、数字营销环境日趋复杂的背景下，广告验证平台日显重要，成为必不可少的标配。通过广告验证平台，能有效地过滤、规避虚假的流量与不安全、不恰当的广告位置与品牌环境，确保广告在正确的时间、正确的位置出现在正确的用户面前，最终达成真实、可信的广告效果。

第三节　平台与产品的日常维护及升级

有了完善、健全的数字营销生态链以及相关的营销服务产品，数字营销活动就能精准、快速、有效地展开。但在技术不断更新、市场千变万化的时代背景、产业环境之下，数字营销平台及相关产品也必须与时俱进，才能跟上节奏、适应需求。因此，对数字营销公司而言，对平台及产品的日常维护与迭代升级也是非常重要的一项任务。

一、平台与产品的日常维护

数字营销活动主要基于互联网上的由广告主、数字营销商、数字媒体机构、第三方服务商、用户组成的数字营销生态链展开。换句话说，离开了健全、健康的数字营销平台，或者数字营销平台出现故障、问题，数字营销活动根本无法有序、有效地展开。正如人必须喝水、吃饭、睡觉才能保持每天的有效工作和学习一样，数字营销平台也必须注重各种软硬件设施的日常维护，才能保持平台的正常、有效运转。

首先，在硬件方面，无论是DSP、SSP、DMP，还是广告交易平台，都必须有最基础的设施：服务器、存储设备以及机房。服务器每天高速运转，需要随时监控，定期由专业人员对服务器的部件进行清洗、润滑，对出现故障的设备进行检修，更换易损的部件，机房也要有良好的卫生环境及适合的温度，以免服务器及相关设备出现“死机”和“崩溃”现象。同时，各平台都要接入宽带，各平台之间也要有畅通的连接，这样当用户目标出现时才能做出快速反应，因此，必须随时关注网络连接状况，保持网络的畅通，及时面对、解决可能出现的网络拥挤、堵塞问题。另外，在大数据日显重要的今天，存储设备的维护、扩充也很重要，一定要保证大数据有安全的存储空间。

其次，软件是驱动硬件设施有序、有效运转的关键。无论是各平台内部的运作，平台之间的连接与配合，还是整个数字营销平台的联动反应，都是由无数个软件、程序驱动的。软件系统在实际使用过程中可能会出现异常、故障，甚至会暴露出在设计阶段没有预料到的一些隐含错误，都需要及时进行诊断、修正；同时，用户在使用的过程中，也可能会根据自身状况提出一些个性化的要求，对软件系统进行必要的扩充与完善。

最后，整个数字营销生态链的运转也需有一个和谐的行业大环境，能使每一个主体，每一方平台各处其位、各司其职，既尽力履行自身的职责，又能在彼此的合作中收获效益。但这样的良好的行业环境也须各方主体及平台共同营建、共同维护。

二、平台与产品的升级

自从人类社会进入数字时代之后，各个领域的各项技术都突飞猛进地发展、更新着，如与数字营销密切相关的计算机技术、网络技术、大数据技术、区块链技术、人工智能技术，等等，莫不如是。而每一次（项）技术的发展与更新，也无一例外地会直接影响、推进甚至改变数字营销的方方面面，从硬件到软件，从内容到形式，从理念到行动……

具体到数字营销平台及产品，则始终处于优化、升级的状态之中。

第一，从基础设施方面，硬件更新的周期越来越短，存储空间随着数据的不断增长必须不断扩充。随着网络及相关技术的发展，云存储逐渐普及。"云"的出现，使得对存储空间要求提高，因自身经济实力不足而不能不断更新基础设施的公司有了另一个更好的选择，那就是租用云空间，将自己的数据上传到云上，不但能节约空间资源，而且在任何时间、任何地点，使用任何一台能够上网的机器，都可以安全、方便地存取数据。

第二，各种营销软件与工具的升级。数字广告与营销活动，从其产生的那一刻开始，就天然地与技术、系统、软件等共生在一起，须臾难离。纵观数字营销的发展历程，每一个关键的节点、每一次质的飞跃，都与技术支撑下软件与系统的更新换代密不可分。最早引导数字广告起步的 DoubleClike 和好耶公司，都是从广告管理系统的研发、推广与应用起步，全球第一家网络广告服务公司 DoubleClike 就是凭借其开发的网络广告管理软件 DART 主导着早期的网络广告市场。在被谷歌收购之后，DoubleClick™ 基于市场的变化和需求，不断更新产品，陆续推出多种广告管理和广告投放解决方案，DART 的系列产品也不断出现。成立于 1998 年 10 月的好耶公司，在一年后推出 AdForward 广告管理系统，此后"每半年小升级一次，一年大升级一次"，很快赢得市场的青睐，将原先使用 DART 的客户争取过来，主导了中国 80%的网络广告市场。之后，随着网络广告和相关技术的发展，各种数字营销工具如程序化创意系统逐渐覆盖到文案、图片等范畴，算法及模型也不断趋向个性与精准，各种反作弊、反欺诈、力保品牌安全的验证工具与标准也不断推陈出新……这一切，为数字营销的有序运作、健康发展提供了切实的技术保障。

第三，营销平台的升级。数字营销活动涉及的所有主体都会集于互联网平台，同时，数字营销运作的所有环节也都在互联网平台上展开，因此，对于数字营销而言，平台的重要性是不言而喻的。回首数字营销一路走来的历程，营销平台也经历了从单边到多边、从简单到智能的升级。例如，谷歌公司最早推出的广告投放系统 Google Adwords，主要为广告主提供服务，后来的 Google AdSense 则是面向数字媒体方即各类网站推出的一项新服务，二者可以说是相互独立的。之后出现的一站式营销平台，将广告主、数字媒体机构、数字营销公司以及第三方数据监测公司通过虚拟的网络连接在一起，使得数字营销方便、快捷的特质真正发挥并体现出来。在此基础上，搭乘着诸多高新技术的高速列车，数字营销平台不断地快速升级：广告交易平台的完善与 RTB 交易模式出现，精准、自动的程序化广告投放得以实现，数字营销平台趋于智能化；移动互联网的快速普及，又催生了跨屏营销平台；伴随着出海寻求新市场的开拓者的步伐，全球性的跨境、跨屏营销平台也应运而生……可以说，数字营销平台及产品始终都在与时俱进、自我更新。

第六章　数字营销公司经营之基础：数据采集与分析

无论是传统广告与市场营销，还是新兴的数字营销，都非常注重实际的传播效果及销售效益。而传播效果、销售效益的最终达成，与广告营销活动的目标性、针对性密切相关。目标性与针对性主要指的是广告营销活动瞄准的对象是否恰当、准确。很大程度上，目标对象是否明确与准确，直接决定着广告营销活动的成败得失。因此，对数字营销公司而言，要为广告主运作有效的广告营销活动，最首要的工作就是通过各种途径、运用各种方法广泛收集、汇集各种相关信息，如广告营销活动所要面对、影响的人（受众、消费者、用户）究竟是谁，他们的主要特征、需求、趣味、喜好、观念是什么，其在生活中面临怎样的问题与困境……并对信息进行全面、深入、科学的分析，得出目标对象的准确画像，进而确立活动的明确方向和正确途径，以保证整个广告营销活动有一个良好的开端并在正确的轨道上运行。

传统广告营销活动信息的调查、收集与分析主要通过人力以相对简单、粗放的方式完成，无论是在信息的数量还是分析的质量上都受到很多因素的限制，因而最后得出的结果很多时候仅仅只是基于有限信息的大致猜测，离精准的目标还有很大距离。数字营销时代，随着诸多技术及设备的大量引入和不断深化、拓展，如大数据、云计算、机器学习等，营销者获取信息的方式、占有信息的数量都有了很大的改变，进而极大地强化了信息价值分析与把握的准确性，以及广告营销决策的针对性。

第一节 数据采集

对于数字营销公司的整体经营来说，信息获取、数据汇集是关键的一个环节，它决定着后续所有活动的方向以及实际效果，必须高度重视。一方面，要围绕广告主及其品牌、产品、市场和目标用户，尽可能广泛、全面地收集各类信息；另一方面，要拓展途径、利用各种渠道汇集数据。

一、全面获取各类信息

究其实质，数字营销公司主要是为广告主提供广告营销服务。在如今的营销环境下，数据几乎主导着一切。要使广告营销活动有针对性，能取得令广告主满意的实际效果，必须全面深入地调查并收集各类信息、各种数据。概括而言，主要有下列几类。

（一）广告主及其品牌与产品的相关信息

广告主是数字营销公司的服务对象，是其业务的主要来源，从某种角度也可以说是其衣食父母。因此，数字营销公司必须花大力气，以认真、专业、尽责的态度全面了解广告主的一切。

第一，要了解企业自身的方方面面，如企业的历史、现状及发展方向，企业的技术研发能力，企业的规模及人员构成，企业的定位、经营内容、生产流程与市场占有状况，企业的经营宗旨与企业文化，企业的口碑、社会责任感及社会影响力等。

第二，要了解企业拥有哪些品牌，品牌的知名度与美誉度如何，品牌形象、品牌个性、品牌资产的现实状况，与同类竞争品牌相比有何优势及缺陷。

第三，要了解企业的产品链，共有多少种产品，各产品的功能、用途、生产原料与工艺，产品有何独特之处，有哪些亟待改进之处，与竞争产品相比有何优势与不足。

第四，要了解广告主之前广告与营销活动的主要战略与策略，具体的广告主题、广告风格与调性，媒体选择与投放计划，广告营销的实际效果，以及广告营销活动总体的成败得失。

第五，要了解企业的市场覆盖状况，主要的销售渠道，各种不同渠道之间的配合状况，以及行业内的市场竞争状况。

（二）消费者信息

无论是广告信息传播，还是市场营销活动，都是以消费者为目标，期望借助于广告、营销活动，使消费者有所触动，进而产生共鸣，直至发出消费行为。要有效地引导消费者按照广告主期望的步骤走完上述流程，广告人、营销者必须深入全面地了解和研究消费者。从 20 世纪 70 年代定位理论产生以来，“消费者洞察”一直是广告营销活动的重中之重。只有对目标消费者有一个非常清晰、准确的认知，广告营销活动才能有的放矢。进入数字时代以后，借助于网络技术、计算机技术以及大数据技术，通过对海量数据的分析与挖掘，已能比较精准地形成“用户画像”。但“消费者洞察”和“用户画像”的完成都离不开对消费者相关信息的收集。关于消费者的信息主要集中在以下几个层面。

其一，人口统计层面的信息。主要包括性别、年龄、职业、受教育程度、收入状况、婚姻及家庭状况等。

其二，心理层面的信息。主要包括个人兴趣与爱好、审美趣味、价值取向、消费动机以及品牌喜好等。

其三，行为层面的信息。传统广告时期，对行为层面的信息关注主要集中在线下的消费决策行为、媒介接触行为等方面。网络普及之后，消费者行为层面信息的范围有了极大的拓展——不仅有传统的线下行为，还有网络上的线上行为；相比于线上行为，消费者的线上行为更加丰富、多元，既有消费行为，又有浏览行为、搜索行为，还有主动参与（如留言、评论）甚至创作行为；另外，线上行为的记录、获取、储存也更方便、容易、简单。

（三）时代及市场环境信息

广告营销活动始终与人类的生活息息相关，与社会的政治、经济、文化紧密相连。换句话说，广告营销活动必须在特有的政治、经济、文化背景以及自然环境的框架下，积极、主动地融入人类的生活，方能对症下药、产生效果。对于广告营销者而言，需时刻融入生活，关注社会、行业与市场，眼观六路、耳听八方，方能在关键时刻抓住机遇，做出快速反应，一招制胜。

首先，时刻关注政治、经济、文化领域的各项政策、方针及举措，各种法律法规及规章制度，以保证广告营销活动在合法、合规的范围内运行，积极传播正能量，尽可能避免或杜绝负面影响。

其次，时刻关注社会动态，对各种新闻事件、焦点人物、热门话题保持高度的敏感，能快速把握其中精髓并及时做出反应。

再次，时刻关注相关行业、市场及相关技术的现实状况和发展趋势，能以超前的意识和眼光发现机会，引领潮流。

最后，在日趋多元的现实格局中保持开放的心态，了解、包容、接纳各种不同的民族文化及亚文化，以应对各种跨文化的广告营销活动。

二、多渠道汇集数据

信息的获取、收集是一项非常辛苦、烦琐的活动，特别是以人力为主的传统市场调查与广告调查，主要采用的方法是以简单抽样为基础的问卷调查、小组访谈、个人面对面访问等，规模很小，获取的信息也非常有限，但需要投入的人力、物力和财力却很大，问卷的设计，访谈活动的组织，信息的整理、归类、输入与分析，大多依靠人工完成，既耗时又费力，而且所得的信息与数据无论是在数量上，还是在质量上都存在明显的不足，投入与产出不成比例。进入互联网时代之后，在网络技术、计算机技术的支撑下，人们只要点击鼠标或滑动屏幕，其在网上的各种行为便可实时、方便地被一一记录在案，如此积少成多，如今在互联网上已然形成了海量的数据。如果这些海量数据被有效地予以挖掘、利用，将确保广告营销活动的精准、到位和有效。由此，数字营销公司获取、收集信息与数据的渠道将更加丰富、多元，除了沿用传统的调查方式之外，更普遍的方法是对网上信息与数据的汇集。

互联网上丰富的信息与海量的数据，往往来源于不同的渠道，分别归属于不同的市场主体。数字营销行业内，从广告主的立场与角度出发，通常将大数据的来源划分为三类：第一方数据、第二方数据和第三方数据。

（一）第一方数据

第一方数据，指的是广告主自有的数据。应该说，作为品牌与产品的拥有者，广告主对其商品、品牌、消费者及市场最为熟悉，掌握着最为全面、丰富的信息和权威的数据。例如，企业在日常的营销管理中通过销售系统、会员系统、客户服务系统等渠道不断积累的实际消费者的相关数据，通过企业的官方网站与官方微博、微信公众号等自媒体以及一些小程序汇集的用户对产品的体验与评论、咨询留言以及反馈等方面的数据，在企业的电子商城购买商品的消费数据，还有企业历年开展的营销活动、广告投放方面的数据。

相对而言，第一方数据最真实，同时也最私密，可信度与营销价值最高。一般来说，广告主拥有的这些信息与数据都会交与自己的代理商，但其规模与覆盖范围相当有限，如企业掌握的有关消费者的所有数据都只是停留在实际的已有的消费者层面，非常单一，依据这些数据根本无法指导对潜在消费者的开发与挖掘。单纯依赖第一方数据，很难抓住企业与品牌面临的主要问题，并找到有效的破解方法。

（二）第二方数据

第二方数据，指的是广告主的合作方、服务方拥有的数据。第二方数据主要来源于与广告主有合作关系的上下游企业、广告主的广告营销代理商、为广告主提供广告位的媒体机构。第二方数据的内容与第一方数据颇为相似，大多集中在消费者接触点与消费行为数据、受众及媒体用户数据等方面。对数字营销公司而言，主要就是在为广告主代理广告营销活动时不断积累的业务数据，诸如广告投放过程中用户点击、浏览广告的数据，以及后续的转化行为数据等。

数字营销公司常常同时为多个广告主服务，因此也就掌握着多家企业、多个品牌的相关数据。

（三）第三方数据

第三方数据则是指与广告主没有直接合作关系的第三方机构拥有的数据，严格地说，就是独立、专业的数据公司采集的数据。在现今的数字营销行业，人们常常将 BAT 的数据当作第三方数据。确实，百度的用户搜索行为数据、阿里巴巴的用户消费行为数据以及腾讯的用户社交行为数据，似乎既独立又海量，是非常重要的第三方数据。但换个角度来看，现在所有品牌的数字营销活动都离不开 BAT 这样的广告平台，换句话说，BAT 是大多数数字广告必选、必用的广告媒介。那么，当某品牌在 BAT 的平台上利用其提供的数据投放广告，这些数据究竟应该是第二方数据还是第三方数据？由此，有研究者认为，在目前的中国市场，根本不存在真正的第三方数据，或者说，第二方数据、第三方数据之间的界线非常模糊①。即使是独立的第三方数据服务商，也大多从 BAT 以及电信运营商如中国移动、中国联通、中国电信等机构购买数据。

因此，第一方数据、第二方数据、第三方数据之间的区别并不是泾渭分明，站在不同的角度，同一个数据的身份可能就会发生改变。例如，BAT 的数据，对 BAT 自身而言，是第一方数据；对于在 BAT 上做广告的广告主而言，则是第二方数据；而当数字营销公司从 BAT 购买数据之后又将之转给其所服务的广告主时，这些数据又变成了第三方数据。

对数字营销公司的经营来说，最重要的事情不是明确区分三种不同类型数据之间的差别，而是要尽可能地从各种不同渠道汇集各种不同的信息与数据，一句话，就是三种不同类型的数据都要拥有。三类数据，来源不同，特点各异，将之融汇在一起，可以相互补充、启发、印证；而且数据越多、越全面丰富，最终越能支撑起精准、高效的广告与营销。

---

① 宋星. DMP 101 之二：关于 DMP 的数据源. http://www.chinawebanalytics.cn/[2018-10-25].

第二节 数 据 分 析

数据本身并不能直接说明、解决任何问题。只有将众多零乱、分散的信息与数据放在一起，进行一番整理、甄别，然后再深入地进行分析、挖掘，发现海量信息和数据之间的内在联系，提炼出其内在价值，并将之应用于各种实践之中，数据的意义才能真正得以显现。数字营销公司从各种渠道获取、汇集了各种信息和数据之后，接下来的工作就是对信息及数据进行初步的甄别、整理，去伪存真，去粗取精，然后运用各种系统、技术对信息与数据进行深入的分析与挖掘，探究各种信息及数据之间的关系，最终在对消费者有深刻洞察的基础上形成用户画像，为后续的广告营销活动明确目标、指引方向。

数据分析与挖掘是一个相当耗时耗力的过程，数字营销行业内一般将之分解为三个环节，即数据清洗、数据挖掘、用户画像。

一、数据清洗

从各种渠道采集来的各种复杂的数据汇聚到一起，可以说是真假并存，存在错误的数据、互有冲突的数据在所难免，首先必须对数据库的数据进行预处理，将错误、重复的信息与数据剔除，补充缺失的数据，这一环节在行业内又被称为“数据清洗”。

数据清洗，更通俗、形象的说法就是将数据库中的“脏数据”清洗掉。“脏数据”指的是不符合要求与标准的数据，主要有残缺数据、错误数据和重复数据三种类型。残缺数据，指的是信息有所缺失的不完整数据，需要通过人工输入补齐；错误数据则是由于系统的不健全造成的输入方面的错误，如数值数据输成全角数字字符、字符串数据后面有一个回车操作、日期格式不正确、日期越界等，需要通过相应方式加以修正；重复数据出现的主要原因，是数据库的数据来自于不同的渠道，属性值相同的数据被反复记录，须将之合并为一条记录[①]。

数据清洗是数据分析与运用过程中非常重要的一个环节，只有把一些错误、重复、相互之间具有矛盾冲突的数据删除掉或是加以修正，使所有的数据都达到真实、准确、完整、一致，才能确保最终数据分析与挖掘的结论准确可靠。

二、数据挖掘

数据经过清洗之后，接下来的工作就是对之进行深入挖掘。

数据挖掘，就是运用各种分析方法，对数量庞大、分散而又零乱的数据进行梳理、归类，透过数据复杂的表象发现内在的本质与规律；探究众多数据之间的关系，寻找彼此潜在的关联性，最后将数据的价值最大限度地发掘出来用以指导实践。如今，数据分析与挖掘广泛应用于数字营销活动，通过预测建模、聚类分析、关联分析、概率分析，将大量的业务数据、用户数据的价值挖掘出来，使零散的数据成为有用的、结构性的数据，并付诸应用，指导品牌的数字营销活动。

在广告与营销行业，人们一直都非常重视对数据及各种资料、信息的分析与挖掘，因为它是精准、高效运作广告与营销活动的基础和前提。只不过传统广告时期的数据分析工作主要由人的大脑进行。相对而言，人的大脑在一定时间内有效处理信息的数量非常有限；而且传统的以人脑为主的数据分析方法主要是一种"假设-验证"的模式，即人们常说的"大胆假设，小心求证"——先基于已有的知识和经验提出一个假设，然后再通过多种渠道（如实验）获取、收集数据来论证、支持、验证这个假设。到了数字时代，数据挖掘的工作更多地交由计算机承担。计算机的存储空间、运算能力与速度都远远地超出人脑，特别是人工智能技术的普遍运用，独特的算法再加上机器学习，使得现在的数据挖掘无论是在数量上，还是在质量上，或是在速度和效率上，都非传统的数据分析方法所能企及。

常见的数据挖掘主要有描述性数据挖掘、预测性数据挖掘。描述性数据挖掘的目标是把握数据的本质特征与属性，发现数据之间的各种联系，进而将具有强

① 杨桃. 数据清洗基本概念. https://www.cnblogs.com/tomcattd/p/3372341.html[2013-10-16].

关联的数据聚合在一起，形成组群，同时通过异常检测将离群太远的淘汰、剔除，这样，一个个不同的类别、组群便建立起来。描述性数据挖掘中的聚类分析结果能直接用于指导企业的STP（segmenting，市场细分；targeting，目标市场；positioning，市场定位）战略决策。预测性数据挖掘的重点则是从已知的数据中发现未知的知识，或者预测未来的趋势，主要方式是基于对现有数据的分析建立数据模型，计算机自动运用模型及算法完成预测任务。

具体到企业的数字营销活动，数据挖掘作为一种新的商业信息处理技术，其重点主要集中在对用户数据的挖掘。因为程序化广告是否精准有效，在很大程度上取决于用户标签和用户画像是否精准，而用户标签、用户画像的精准程度直接来源于数据挖掘的结果。在程序化广告的投放流程中，数据挖掘是非常基础、重要、关键的环节，必不可少。可以说，数据挖掘的结果直接决定着程序化广告的成败。

三、用户画像

不管是广告信息传播还是市场营销活动，其最终目的都是要吸引、影响受众与消费者。也就是说，受众、消费者是广告营销活动的目标及目的。企业的所有活动，无论是产品的研发、生产与优化，还是市场营销与广告，其出发点与落脚点都应该是“人”，都应该围绕着“人”展开。对于“人”这个至关重要的因素，在传统广告与市场营销活动中，常用的表述是“受众”和“消费者”；进入数字营销时代之后，“用户”的概念更加流行、普及。用户，简单、通俗地解释就是“使用者”，包括各种产品、设备、服务的使用者。在数字营销行业，用户既可指各种数字媒介、平台及终端的使用者，又可指具体商品及服务的消费者；同时，用户既可是复数形式，指组织、机构、集团用户，又可是个体用户，更多的时候指的是个体用户。

用户画像概念的最早提出者是交互设计之父Alan Cooper。在Alan Cooper看来：“用户画像是真实用户的虚拟代表，是建立在一系列真实数据之上的目标用户模型。”按照艾瑞咨询的解释，“用户画像可以简单理解成是海量数据的标签，根据用户的目标、行为和观点的差异，将他们区分为不同的类型，然后每种类型中抽取出典型特征，赋予名字、照片、一些人口统计学要素、场景等描述，形成了一个人物原型”。[①]即通过对用户线上与线下多方面信息和数据的采集、分析与挖掘，提炼、概括出目标用户独特的个性特征与整体气质，由此形成关于此类用户的标签式描述。有研究者亦将用户画像理解成“将数据形象化的过程”，其结果是在标签化的基础上建立用户画像统一的指标体系，并通过指标体系筛选用户，最终形成用户全景视图，进而用于指导个性化、差异化数字营销策略与方案的制定和实施[②]。

用户画像将数据形象化的过程大致可分为 5 个步骤：准确识别用户、动态跟踪用户行为轨迹、结合静态数据评估用户价值、用户标签定义与权重、不同人群优先级排列。[①]基本遵循着明确目标用户、全方位采集数据、分析挖掘数据、最后形成用户画像的流程。

第一步，明确用户画像的目的、类型及具体目标，如给谁画像、画什么像、为什么画这个像，等等。这些问题弄清楚之后，再对需要调查、跟踪的用户进行初步的身份识别。因为在互联网这个虚拟世界，每个人的身份可能是复杂多变的：同一个用户可以手持多种不同的终端设备，通过不同的渠道在多个平台注册不同的账号，以不同的身份出现，在做数据分析之前，必须确认其身份的唯一性，即究竟是同一个用户还是多个不同的用户。可以用来识别身份的数据主要有三类：人口统计身份识别数据、设备身份识别数据和数字身份识别数据。如果身份识别的结果显示是同一个用户，就可以将多个不同的身份进行“归户”，即归之于同一个用户名下[③]。

第二步，启动数据的跟踪与采集活动。数字时代的数据跟踪与采集已能做到线上与线下相结合，最后采集到的数据也是静态数据与动态数据齐备，可以为数据挖掘提供丰富的物料，奠定坚实的基础。静态数据主要包括人口统计层面的信息（如性别、年龄、婚姻状况、家庭结构、所处地域等）、个人兴趣与爱好、从事的职业、收入状况、消费倾向与偏好、价值观念与生活方式，以及企业掌握的 CRM

---

① 艾瑞咨询. 干货：搞定用户画像只需 5 个步骤. http://www.sohu.com/a/115611583_445326[2016-10-08].

② 王苗苗. 基于数据挖掘的互联网企业用户画像分析. 现代经济信息，2018，(10)：33-34，47.

③ 曹虎，王赛，乔林，等. 数字时代的营销战略. 北京：机械工业出版社，2017.

数据；动态数据则主要是有关用户在不同的时间、地点发出的各方面行为的数据，如浏览行为、搜索行为、消费行为、互动行为（点赞、转发、评论）等，以及这些行为的活跃度和忠诚度。

第三步，在对静态数据与动态数据进行全面深入挖掘的基础上为用户建立标签定义与权重体系，比较形象的说法就是为用户“贴标签”。这里的标签指的是在对用户各方面本质特征进行提炼、概括的基础上用简短的关键词或词组加以描绘，如时尚达人、网络红人、IT 精英、发烧友、购物狂等。人是复杂的，同一个用户，往往会被贴上多个标签。多个标签再依据权重体系按重要程度来加以梳理、排序，最后以可视化的方式呈现出来，如图 6-1 所示。

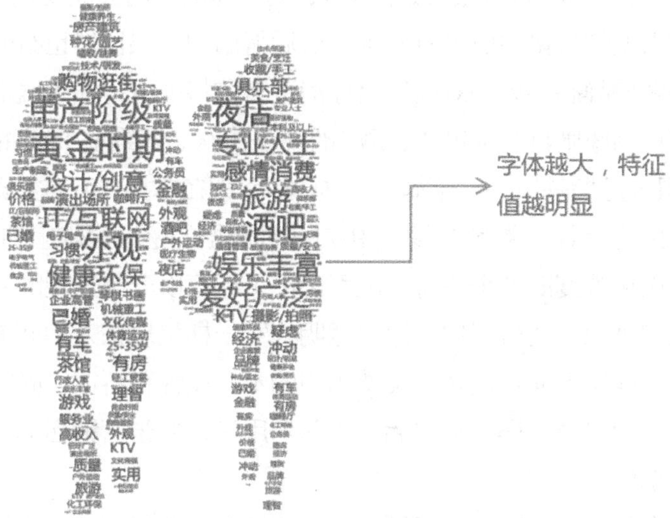

图 6-1　用户标签图

资料来源：艾瑞咨询《干货：搞定用户画像只需 5 个步骤》

图 6-1 是由艾瑞咨询提供的某图片分享类媒体的整体媒介用户画像——很多个标签汇集在一起，直观地勾勒出这个图片分享类媒体的典型男/女用户形象，众多标签按照权重体系依次按字体大小呈现出来，也就是说，权重越高的标签，字体最大，这样就能非常直接、清晰地了解用户的主要特征。

以此为基础，进一步运用聚类分析、关联分析、逻辑回归等方法，挖掘数据之间的相关性，便可形成一整套用户标签体系，构建出相应的数据模型。数据模型再经过验证，剔除一些“偶然的相关性发现或不能准确反映现实的数据模型”之后，剩下的数据模型便可组成用户画像[①]。

与传统广告运作中的消费者洞察相比，数字营销中的用户画像在很多方面具有天然的优势。

第一，在数据的拥有量方面，传统的广告调查大多是随机的抽样调查，获取的信息与数据在数量上非常有限，在类别及覆盖面上也非常单一、狭窄，并且基本上都是已经发生、比较稳定的信息与数据；而数字营销中的大数据采集则能实现全样本、全覆盖、时时处处的动态跟踪与采集，获取的信息与数据数量多（海量）、覆盖范围广、涉及的层次及维度多，而且还能随时关注变化，实现更新。依据的信息与数据的数量与质量有差别，最后得出的结果自然也有明显差距，传统的消费者画像偏静态，只是对典型目标消费者的特征进行抽象概括；而以大数据为基础的用户画像则具有全景式、透明性（多层次、多维度）、高精度、动态化的优势[①]。全景式是指基于“大样本”“全样本”，即在掌握“所有数据”的基础上勾画出用户形象的全貌；这个“全貌”由对多种数据的挖掘提炼出的多层标签构成，来自不同层面和维度的多个（可以成百上千）标签以非常直观的方式贴在用户身上，形成用户画像，使得用户就像“透明人”一样呈现在人们面前；这个透明的用户画像，既能够全面、真实地反映用户的本质属性和特征，同时又在不停地变化、成长……面对着这样一个“活生生”的用户，广告营销活动一定能做到有的放矢，事半功倍。

第二，在数据挖掘及用户画像方面，传统的消费者洞察主要是由人主导并实施完成的；而大数据的挖掘及用户画像的形成主要依靠的是有人工智能技术加持的计算机，当然，人也在其间发挥一定作用，如关键的模型与算法的构建。一个较多地依赖人脑，一个较多地依赖计算机与人工智能，人脑和计算机在数据存储的数量、数据处理的速度及能力上的差距是巨大的，并直接影响着数据挖掘的结果。相对而言，人脑的思考带有较明显的个性特色，个人的习惯、情感、好恶、

① 曹虎，王赛，乔林，等. 数字时代的营销战略. 北京：机械工业出版社，2017.

视角都会影响其判断，致使思考的结果比较主观、感性；电脑的思考受程序、软件、模型与算法的支配，只要程序、软件、模型与算法是科学严谨的，就几乎可以避免一切人为因素的干扰，进而保证结果的准确和理性。特别是在大数据、机器学习的配合下，计算机的思考也能顺应变化、不断更新、与时俱进，这一点，对于必须时刻面对千变万化的市场状况、准确做出快速反应的数字营销而言，无疑是至关重要的。

第三，在数据分析与挖掘的思维方式上，正如《大数据时代》的作者维克托·迈尔·舍恩伯格所言，大数据带来的最大变革就是人类思维方式的转变——放弃了对因果关系的执着追求，转而更加关注相关关系。在如今这个万物互联的数字时代，要有效地解决问题，探究、了解、把握“是什么”远比知道“为什么”更加关键，更加重要。传统的消费者洞察，一般将重点集中在对消费者行为背后的内在原因与心理动机的深入分析和解剖，也就是由外而内地进行逐层剥茧式的探究，这一点从马斯洛需求层次理论在广告营销行业的普遍运用就可以得到充分印证。但人的心理与动机往往是复杂多变的，仅凭抽样调查获得的有限、单一的数据很难真正触摸到人的内心，因此那时的消费者洞察更多地停留在基于有限数据并结合已有知识和经验做出的大致判断与假设的层面，其精准性和针对性可想而知。进入大数据时代，从各种渠道汇聚在一起的多层次、多维度的海量数据隐含着各种相关性，以此为基础的用户画像通过对海量数据的聚类分析、关联分析，数据之间的各种相关关系得以显现。例如，流传非常广泛的、著名的沃尔玛将尿片和啤酒摆放在一起销售的案例，沃尔玛通过数据分析发现，很多年轻的父母都协同分担家务，母亲在家照料孩子，父亲负责下班后去超市购买尿片。在沃尔玛对顾客行为进行数据挖掘时发现，有 30%~40% 的父亲在买尿片的同时会捎带上自己喜欢的啤酒，沃尔玛于是因势利导，将尿片和啤酒并置在一起，方便年轻父亲们购物，结果尿片和啤酒的销量双双上升，这就是在发现行为的相关性基础上做出的科学、准确的预测。基于各种相关性形成的用户画像是一个复杂的标签体系，如事实标签、模型标签、预测标签，还有业务类标签等，这些标签从不同角度概括、定义这个用户，同时又汇集在一起构建、呈现出这个用户的全貌。一般来说，用户拥有的标签数量越多，关系越复杂，其画像也就越全面、立体、真实。例如，京东对其用户的画像用了300多个标签，海尔集团的用户画像被命名为360度用户画像，由7个层级、143个维度、5 228个节点组成标签体系①。如图6-2所示。

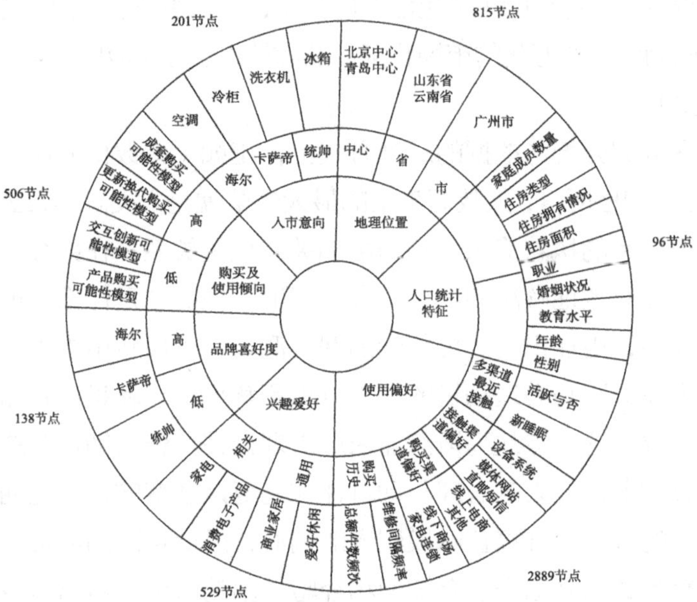

图6-2 海尔360度用户画像

资料来源：曹虎，王赛，乔林，等. 数字时代的营销战略. 北京：机械工业出版社，2017，有改动

海尔的这张360度用户画像就像一张大网，各种相关性均能从视图中直观地显现出来。常言道，人是各种关系的产物。人的行为，除了受个体自身的心理与动机支配之外，还受很多外在因素的影响，用户画像注重各种相关关系并将之一一梳理清晰，无疑能更准确地把握用户全面信息，而基于此的营销活动对用户的行为也能予以更有效的预测及引导。

总之，大数据时代的用户画像是实现精准营销、有效营销的基础。精准的用户画像，既能准确地识别、瞄准目标用户，又能预测用户未来的行为趋势；既能指导产品的研发、生产与优化，又能促进产品的销售；既能提升已有用户对产品

① 曹虎，王赛，乔林，等. 数字时代的营销战略. 北京：机械工业出版社，2017.

的体验感、信任度，又能支持对潜在用户的挖掘和对新用户的吸引……商业价值、营销价值巨大。

第三节 数据监测

在广告营销行业，一直流行着一句名言：我知道我的广告费被浪费了一半，但就是不知道浪费的是哪一半。这句话透露出广告主深深的悲哀，以及对广告营销效果的质疑。确实，传统广告的运作大多专注于借助大众传播媒介大范围传播商品信息，强调的是广告的信息告知功能；再加上效果检测的手段较少、技术较弱、方法较为简单，很难实时追踪监控广告的实际效果，并针对具体情况迅速采取应对措施，最终使得广告代理商很难给出一个明确的关于广告是否有效、有多大效果、导致无效的原因究竟何在等一系列问题的答案。凭借着大数据、云计算及人工智能技术，数字营销在一定程度上有效解决了这一跨世纪的难题。相较于传统广告，如今的数字广告在广告投放与广告监测的手段、方法和技术上都有了极大的提升与突破：一方面，基于对大数据的分析与挖掘，从源头保证了广告投放的针对性、精准性；另一方面，广告在互联网平台上的曝光位置与数量、广告被多少人点击、主要是什么样的人在点击广告、点击之后有没有进一步的转化行为……这一切信息与数据都可以被实时跟踪、记录、计算，投放的广告究竟有没有效果、有多大效果很快就可以直观地呈现出来，非常有利于广告主及时总结经验、发现问题，并对广告营销策略进行优化或调整，进而充分保证每一分广告投入都能产生实际的市场效果。

数据在数字营销公司的经营活动中的地位与作用日益重要。可以说，对大数据的采集、分析与挖掘，既是数字营销的起点，又是数字营销的终点，它贯穿于整个数字营销活动的始终。说它是起点，是因为数字营销必须基于对大数据的采集、分析与挖掘，才能找对人、说对话，整个活动的策略、手段、方法都来源于此；说它是终点，是因为数字营销活动是否完成了广告主的目标、是否真正有效，必须拿货真价实的数据说话，这是负责任的广告代理商必须提交的。而且在从起点到终点的整个过程中，数字营销公司必须时时跟踪相关数据，并对数据进行实时监测、分析，发现问题及时处理、改进，直至达成最佳效果。

一、根据广告目标确立数据监测指标

每一个广告主都是带着明确的目的、目标启动广告营销活动的。根据具体的目标设定，广告主拿出一大笔资金，当然希望收获相应的市场效益如经济回报，这是无可厚非的。作为受广告主委托为其代理广告营销活动的数字营销公司，理应尽职尽责地为广告主创造效益，让广告主的每一笔广告经费都花得明明白白，并最终实现广告主设定的市场目标。

不同的广告主，其广告目标各有差异；即使是同一个广告主，在不同时期、不同阶段，广告目标也会有相应的调整。广告目标不同，广告主对广告效果的具体要求自然也会发生改变。比如数字广告就被划分为两种类型：品牌类广告与效果类广告。相对而言，品牌类广告以建立和维护品牌的知名度、美誉度、忠诚度为主要目标，广告主在意的是广告曝光的数据，如点击率；而效果类广告更多地追求广告带来的实实在在的市场促销效果，广告主在意的是广告引发用户行动的数据，如注册、咨询、下单、转化、分享等，特别是有多少人发出了购买行为。当然，从企业的总体目标和长远利益来看，品牌类广告与效果类广告之间并非泾渭分明，好的品牌类广告一定会有力地凸显品牌的影响力并带来持久的市场促销力；效果类广告要真正产生效果同样也离不开品牌形象的有力支持。随着诸多技术对数字广告的促进以及数字广告自身的发展与升级，“品效合一”不仅仅是越来越多的广告主的迫切希望，而且也日益成为可以落地的现实。

另外，从广告营销活动最后达成的实际效果来看，也渗透到多个方面，需要用不同的考察指标来衡量、计算、评判，绝不是某一方面的数据或某一个单独的数据所能支撑、涵盖的。一直以来，人们都将广告效果具体分解为传播效果、销售效果、社会效果，社会效果一般比较滞后，考核的指标也比较模糊，于是，广告效果更多地体现在传播效果和销售效果两方面，有人还进一步将之细化为传播效果、心理效果、销售效果。总之，广告效果具有复合性、累积性两大特点，需要用多层面的综合指标考察，同时广告效果的达成亦非一日之功，很难做到立竿见影，它有一个不断累积、循序渐进的过程。先有传播效果，广告信息传达到对的人，进而引发心理效果，在认知、理解的基础上产生认同与共鸣，消费动机萌发，最后发出消费行为。由此可见，广告目标及效果的达成其实也是一个系统工程：它有不同层次的目标，有复杂的指标体系，有一个滚雪球般的积累过程。

传统广告效果的监测大致分事前、事中、事后三步走，事前预估、事中跟踪、事后总体评估；而且具体到传播效果、销售效果，都有各自不同的监测指标及方法。传播效果的监测主要集中在两方面：事先对广告作品创意及表现效果进行预测，如请专家把关，抽样选取消费者进行测试；再就是通过一些常规指标，如收视（听）率、发行量、到达率、毛感点、千人成本等，对媒介投放计划进行预估，同时在广告刊播过程中借助技术对广告媒介计划的落实情况进行监控。销售效果则是通过一些直观的渠道获取数据，如印发回函单与优惠券、设置热线电话，或选取两个市场做对比试验，最后依据数据计算出实际效果。

数字广告效果的监测在此基础上有了更多技术手段的支撑，其手段与方法更加多元，对效果的把握也更加直接、及时、全面。数字营销研究者王淼在其论文《数据驱动的互联网广告效果监测研究》中，对之作了非常全面的概括与总结。王淼认为，一个较为完整的互联网广告效果监测指标体系应由三类指标组成：流量指标、互动指标和转化指标。流量指标主要反映的是广告投放效果，具体细分为曝光、独立曝光、可见曝光、点击、页面浏览量、访问量、独立访客等小指标；互动指标则指向用户对广告的接受与反馈行为，主要由跳失率、二跳率、访问深度、访问时间等标准化互动指标，电商平台上的加入购物车、收藏、分享，社交媒体上的评论、转发、点赞、关注、回复等个性化互动指标组成；转化指标由销售类转化指标和应用类转化指标组成，销售类转化指标指的是实际的市场销售状况，应用类转化指标“主要考核的是应用的下载量、激活量、注册量、用户留存、用户 APP 内购买等方面的内容”[①]。如图 6-3 所示。

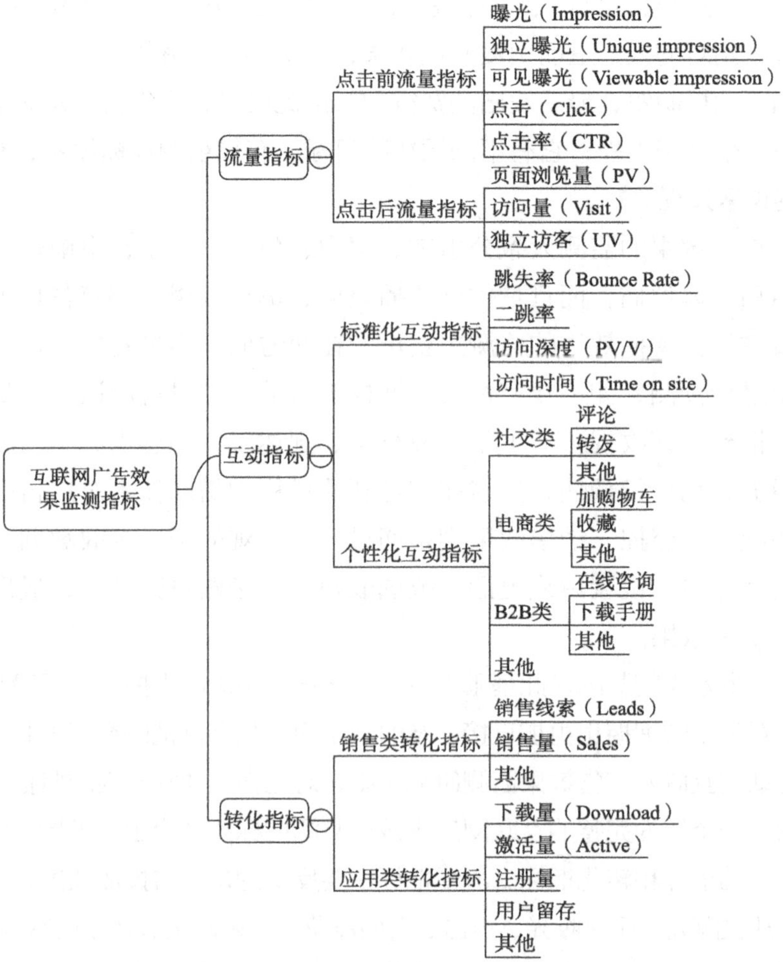

图 6-3　互联网广告效果监测指标体系

资料来源：王淼. 数据驱动的互联网广告效果监测研究. 广告大观（理论版），2017，（8）：31-46

这个指标体系总体上也是遵循广告效果产生的基本流程，细致地梳理在三个关键环节的主要指标和因素的验证效果，可以作为数字营销公司数据检测与评估

① 王淼. 数据驱动的互联网广告效果监测研究. 广告大观（理论版），2017，（8）：31-46.

的行动指南。

二、数据监测的过程与方法

数字广告的目标与效果测定指标明确之后，就可以围绕相关指标进行数据的跟踪监测。大多数时候，数字营销的数据监测主要集中在广告投放环节，其具体流程如下。

（一）在广告页面植入监测代码，以供监测所用

PC 端广告监测代码有两种：曝光量监测代码和点击量监测代码。当广告成功投放（曝光）给一位用户，或用户点击了广告，监测代码被触发，用户所在终端就会发送 http（hyper text transport protocol，超文本传输协议）请求给监测服务器，监测服务器随即进行计数，并将之存放在用户的 Cookie 中。在移动端，WAP（wireless application protocol，无线应用协议）网页和 HTML5 页面广告的监测方式与 PC 端广告类似，APP 广告因无法加入监测代码，采用的是 SDK（software development kit，软件开发工具包）或 API（application programming interface，应用程序编程接口）的监测方式，即依据移动设备 ID 来进行计数。SDK 能自动获取用户设备的信息、地理位置信息、广告行为数据，API 则是监测方与媒体相互对接，媒体方获取相关数据后传送给监测方[①]。

（二）跟踪记录用户接受广告的全过程

目前，跟踪记录用户行为的方式主要有三种：http 请求、Cookie 匹配（cookie mapping）、指纹识别[②]。

http 请求指的是：当用户点击进入某个网站时，其浏览器就会向网站服务器发出一个 http 请求，网站服务器接收到用户的 http 请求之后，随即返回一个包含该网页 HTML 代码的 http 响应，在返回的 HTML 代码中一般会包含对第三方的引用，这样，第三方机构，如广告交易各平台也能同时获取并记录这个用户

① 陈小妹. 程序化购买广告的效果评估体系建构. 暨南大学硕士学位论文，2016.

② 黄楠栖. 在线广告的跨平台测量方法研究. 北京交通大学硕士学位论文，2018.

的各种信息，包括发出请求用户的 IP 地址、请求的日期与具体时间、所用计算机和浏览器的类型以及发起请求的页面源地址等。

Cookie 匹配：存放用户数据的 Cookie 具有唯一性，有明确的归属权。也就是说，一个 Cookie 只存在于唯一的一个域名下，不同域名下的 Cookie 不能相互访问、交叉使用。在广告交易平台上，同一个用户，在 DSP、SSP、DMP 上分别拥有一个唯一的 Cookie，相互之间不能共享信息与数据，这在某种程度上形成了数据之间的壁垒。Cookie 匹配就是通过 ID 映射关系，将同一个用户在不同域名下的 Cookie 合并在一起，综合不同平台上的用户特性，以形成对一个用户的特征全面而又立体的把握。实际操作中，Cookie 匹配的方式主要有两种——客户端匹配和服务端匹配。客户端匹配指的是给一个用户加载网页代码时候，同时加载 DSP、SSP、DMP 的代码，这样，各平台之间就可以互相调用接口，传输用户的 ID 信息；服务端匹配则是在给用户加载网页代码时候，由服务端转发携带 ID 的请求，由广告交易平台服务器将用户 ID 信息告诉其他相关平台①。

指纹识别则是一种更高级的追踪验证方式。每个人身体的各部分：指纹、掌纹、面孔、声音、虹膜、视网膜、骨架等，都是不可复制的，具有唯一性和稳定性，由此，生物识别技术得以广泛开发及运用，指纹识别、人脸识别、语音识别早已渗透到很多领域，如指纹识别早已应用到刑侦、安防领域，人脸识别已开始在铁路系统普及。在互联网数据的跟踪记录中，同样也可以“通过检测计算机独特特征来追踪用户”，如在用户的计算机上安装类似于人的指纹的“特定字体表”，这个“指纹”将会比 Cookie 更加稳定、持久，既不能被隐藏、改变，也不能被用户删除或阻止，从而能够非常准确完整地跟踪和记录用户的所有数据②。

（三）对数据进行鉴别、分析

在获取了用户的全部数据之后，要对数据的真伪进行全面的鉴别、分析与判断。在开放的互联网世界，诸多高新技术手段的广泛运用，既能充分促进各项工作的开展，同时又在一定程度上使得各种作假、作弊行为简单易行。在数字营销

---

① 奔跑-起点.深入浅出理解 COOKIE MAPPING . https://blog.csdn.net/bbaiggey/article/details/62046745[2017-03-14].

② 楠栖. 在线广告的跨平台测量方法研究. 北京交通大学硕士学位论文，2018.

活动中，虚假、异常流量就非常普遍，使得广告主的广告预算白白打了水漂。在网络广告平台上，虚假、异常流量主要通过机器作弊（服务器刷量、客户端刷量、流量劫持）和人工作弊（真人作弊、程序作弊）两种方式引起，为保证数据的真实性以及广告营销活动的实际效果，必须要将虚假、异常流量清理出来并予以剔除。虚假、异常流量具体的表现为：广告来源异常；曝光、点击频次异常；曝光、点击 IP 地址集中；用户平均曝光量、点击量过大；曝光、点击的 UA（user-agent，用户代理商）分布异常；数据时段分布异常；到达率、二跳率、转化率异常；用户行为异常；用户留存异常等[①]。一旦某些数据具备上述特征，便可以快速识别、剔除。

接下来，就可以从三个不同的层面：流量指标、互动指标和转化指标入手，基于对真实数据的深入分析，分别得出各细化指标的最终结果。然后再进一步将各项实际指标与广告主的预期目标相比较，看广告是否达成效果以及在多大程度上实现了广告主的预期目标，总结成功的经验，更重要的是及时发现问题。

（四）根据分析结果对广告投放策略进行调整与优化

数字营销活动中，对数据的跟踪、记录、监测与分析贯穿始终。从目标管理的角度出发，每开展一个活动，推进一个环节，都应该随时跟踪、监测其实际效果，梳理、发现问题，探究导致问题的原因，并及时调整，改进与优化数字营销活动的各项策略，以确保广告主预期广告目标的最终达成。

简单地说，广告主启动数字营销活动的终极目标就是促进、扩大销售。而销售效果的实现并非一蹴而就，它需要一个渐进的过程。20 世纪 80 年代初，德国汉诺威大学 Bechte 和 Wlendall 等学者为了解决企业生产活动中的计划与控制问题，提出了“漏斗模型”。这个漏斗模型比较成功地描述了企业的生产调度问题，而且简单、形象，因此很快在各领域得到普遍推广[②]。在市场营销领域，出现了“销售漏斗模型”，到了数字营销时代，这个营销漏斗一般被分成五层：展现量、点击量、访问量、咨询量、订单量，五项指标在漏斗中从上到下依次排列，

① 数据分析：如何统计分析广告投放数据？http://www.sohu.com/a/157742730_501610[2017-07-17].

② 蔡淑琴，喻立平，王庆国. 支持客户识别与维系的销售漏斗模型研究. 中国管理科学，2005，(2)：70-75.

如图 6-4 所示。

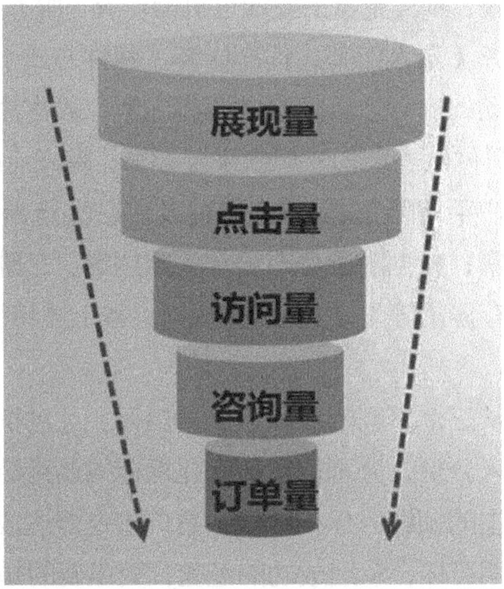

图 6-4 营销漏斗模型

资料来源：邓彦军博客《营销漏斗及各项数据指标的分析》

从漏斗的总体特征而言，最上面的展示量数量最大，点击量次之，越往下走，数量越少。也就是说，被广告吸引着进入营销漏斗中的用户人数会像装进漏斗中的沙子一样，顺着向下的流程逐渐流失、减少，这是自然规律。但所有市场营销活动的目标是期望尽可能多的人能够一直留在漏斗中，并依次完成各个环节的转化任务，直至下单购买。为此，数字营销公司在运作广告营销活动时，就必须对营销漏斗的每一个层级环节进行跟踪、监测，及时发现并解决问题，优化策略。

营销漏斗的五个层级可以归纳为三个主要环节，每个环节重点关注一个主要指标，并根据实际状况采取针对性的优化措施。

第一个环节，前端的广告投放效果，考察的是“广告及落地页的用户到达情况”[①]。此环节主要关注展现量和点击量。展现量通常用曝光次数来计量，即广告实际上定向投放给了多少目标用户，侧重检验媒体平台的选择及投放情况；

① 王淼. 数据驱动的互联网广告效果监测研究. 广告大观（理论版），2017，（8）：31-46.

点击量则是指展示给用户的广告以及相关链接实际上有多少用户主动点击，体现的是所投放的广告是否引发了用户的兴趣，使之产生进一步浏览和阅读的欲望及行为。如果展现量中重复曝光次数过多，曝光与独立曝光的比值（impression/ unique impression）过大，则说明有很多虚假流量，需要调整并改进投放策略；如果点击量过小，则可能是广告位置不佳，或是广告作品缺乏创意及针对性，需要重新调整。

第二个环节，中端的访问量和咨询量，体现的是广告作品的创意效果。访问量指的是用户访问网站的次数，在此需要特别关注的是访问量中独立访客所占的比率，当访问量远远高出独立访客的人数，则可能存在作弊刷量的情形；咨询量则是进一步衡量在深度浏览广告信息的基础上有多少用户发出了互动行为，考察的是用户的主动参与程度，主要参考的常规指标有跳失率、二跳率，而反映互动程度的指标则各不相同，电子商务类广告常见的是加购物车、收藏、分享，社会化营销活动则是评论、转发、点赞、关注、回复，到了 B2B 营销，则换成了咨询、下载产品手册等[①]。如果访问量、咨询量相较于展现量和点击量下滑程度巨大，说明用户大量流失，最直接的原因可能就是广告创意环节缺乏针对性，要尽快启动 A/B 测试，并优化关键词和创意素材。

第三个环节，最后的订单量，即后端的转化量，是广告营销活动市场效益的直接体现，也是广告主最关心的指标。不同类型的广告主对转化指标的界定存在一定差异，有人将之细分为两类：销售类转化指标和应用类转化指标[①]。销售类转化指标最终要落实到消费者直接的消费行为，也就是销售量，主要是销售产品与服务的企业使用；应用类转化指标通常包括应用的下载量、激活量、注册量、用户留存、用户 APP 内购买等具体内容，主要是以应用推广为目的的广告主采用。如果前面两个环节的总体效果不错，那么最终的订单量应该不会太差；如果订单量不如人意，要么是后端的销售与服务工作存在缺陷，需要重点关注；要么是前面两个环节也存在问题，必须逐层优化。

---

① 王森. 数据驱动的互联网广告效果监测研究. 广告大观（理论版），2017,（8）：31-46.

（五）总体评估广告效果

最后，经由对展现量、点击量、访问量、咨询量、订单量五个层级的全程跟踪和监测，再利用相关的监测分析工具，衡量广告效果的各项指标的最终数据实时在线生成，并直接以可视化图表的形式呈现，到此，整个数字营销活动的总体效果也就有了一个明确的结果。数字营销公司将所有的监测数据反馈给广告主的DMP，一方面，可以为其代理的数字营销活动画上一个圆满的句号；另一方面，更为重要的是，这些数据能进一步为广告主后续的整体经营策略、产品更新或研发，以及广告营销活动提供有力的证据支撑。

第七章　数字营销公司经营之灵魂：内容创意

数字营销公司以数字营销平台作为战场或舞台，凭借大数据以及大数据挖掘明确了数字营销活动的方向与目标，接下来其经营活动的中心就是为目标用户量身定制他们想要的、有创意的内容。

第一节　碎片化时代内容为王

每当人们谈及现在的时代特征，“消费者主权时代”“碎片化时代”“内容为王时代”都是提及率非常高的几个关键词。“消费者主权”强调的是当前社会消费者的地位彻底扭转，从先前的被动接受转向主动选择；“碎片化”是对各种新媒体导致的整个社会信息接触方式发生革命性变革的形象概括；而“内容为王”则主要是指基于上述转向与变革，信息传播、市场营销行业普遍采用的应对之策。

一、碎片化时代数字营销面临巨大挑战

互联网的出现，给人类的生活方式与思维方式带来了诸多改变。由此，数字营销活动的环境、背景及主导因素，与传统广告的营销活动相比，也有了很大不同，具体表现在以下几个方面。

（一）信息占有不平衡现象不复存在

在传统广告营销时代，对于分处供销两端的生产者与消费者来说，他们对

于产品及品牌相关信息的掌握情况是严重不平衡的，生产者几乎掌控着产品及品牌的全部信息，既包括好的方面，也包括缺陷和弊端；而消费者能够知晓的信息非常有限。此时，广告适时出现，承担起最基本的沟通产销信息的职能。但传统广告大多还是站在广告主的立场，传递的都是广告主认可的、正面的、积极的、有利的信息；与此同时，信息传递的途径和方式也非常单一，受众缺乏真正意义上的选择权。因此，受众与消费者对商品和品牌的认知与印象基本上都是建立在少量且单一信息的基础上，非常不利于消费者理性全面地了解商品与品牌。

随着互联网的崛起，各种新媒体层出不穷，无论是信息的传播渠道还是受众接受信息的渠道，都变得越来越丰富，越来越多元。一方面，不同规模与实力的企业都拥有了更多的发声阵地与渠道，能够以更灵活多变的方式与消费者进行沟通及信息交流；另一方面，更为重要的是，受众和消费者获取信息的方式与渠道得到极大的拓展，消费者如果需要了解某类商品或某个品牌的信息，可以完全自主地、非常便捷地在互联网上进行搜索，只要输入关键词、敲击 Enter 键，各种各样的信息就能很快跳出来，图文并茂地呈现在眼前，其中既有正面的信息，也有负面的报道；既有来自企业、代理商的信息，也有实际消费者的亲身体验与感受……可以说，在互联网上，很多商品和品牌也都变成了透明的。昔日一些品牌刻意“犹抱琵琶半遮面”保持神秘感的行为如今已很难如愿。现实的普遍状况是，企业与品牌一旦有一点风吹草动，特别是有负面的信息出现，再大的企业和品牌也可能会在一夜之间“被扒光”，形象与信誉断崖式地降到最低，这一切，在信息社会已难以阻挡。对于企业的广告与营销活动来说，唯有时刻保持清醒、理性，摆正姿态、平等沟通，方能应对随时出现的各种机会，包括危机。

（二）信息接受者被动状态彻底改变

在信息的传播与接受活动中，传播者与接受者的地位与作用经历了较长时间的发展与变革，最后在相当程度上实现了“翻转”。在传播学诞生的早期，人们对大众传播活动的效果秉持着非常乐观的态度，坚信只要传播者借助大众传播媒体发出信息，受众就会像一个个的“靶子”应声而倒，成为信息的俘虏。当时的广告也自信无比：只要把商品值得消费者购买的原因和理由印在新闻纸上，商品就一定会俏销。传播者完全是一种居高临下、决定一切的姿态，他们单方面决定着什么时间、在什么地方、用什么方式、传播什么样的信息，接受者处于绝对的被动地位。

慢慢地，随着传播学研究的深入，信息传播的强效果论越来越多地受到质疑，特别是由于经济的发展、市场的繁荣及科学技术的进步，商品供不应求的状况逐渐改善，市场开始转向供过于求；媒介资源也从紧俏走向过剩。20 世纪 70 年代定位理论的普及及广泛运用，就是对这种转向的及时回应。定位理论一改先前以产品为立足点的广告营销立场，开始将消费者心智作为广告营销的中心与重心，消费者逐渐成为决定性的因素，这一点在互联网特别是移动互联网普及之后得到了淋漓尽致的体现。

各种社交媒体、自媒体的出现，使得消费者/受众/用户角色实现了彻底转变，即从绝对的被动者变成了自主的决定者，决定着自己在什么时间、什么地点、以什么方式、接受什么信息；而且不仅仅只是作为受众接受信息，还可以以传播者的身份生产、传播信息。这种身份与角色的转换给整个信息传播、市场营销业带来诸多革命性的变革，导致其立场、出发点与落脚点，以及方式、方法必须随之而变，否则，就会被时代、市场无情地抛弃。

（三）注意力日益成为稀缺资源

传统广告营销时代，行业内最紧缺的是媒介资源，这一点，从 20 世纪 90 年代开始兴盛的中央电视台黄金时段广告竞标一再开出天价就可见一斑。传统广告营销活动的重点基本都聚焦在媒介购买与投放，只要能够拿到强势媒体的黄金广告版面与时间，只要媒介计划做得有针对性且能按期落地实施，广告营销活动基本就成功了一大半。因为当时广告媒介资源非常紧缺，供不应求；同时，受众接触媒介时的选择范围很小，对于广告公司来说，选对了广告媒介、掌控了广告媒介资源，就能在相当程度上吸引广告主，保证广告营销活动的顺利进行。

在各种新媒介不断涌现、媒介的种类与数量不断增多之后，这种状况开始发生改变：一方面，媒介资源逐步走向过剩，信息也呈现出爆炸式的增长。以有限的时间与精力，受众根本无法顾及纷至沓来的各种信息；另一方面，受众的自主性、选择性不断增强，其信息接收状态由先前的媒介给什么就只能看什么转向自主选择内容与渠道。两方面的因素汇集在一起，导致决定广告营销活动成败的关键因素发生改变，能否真正吸引日渐被分散的受众的注意力成为最关键的因素。由此，传统广告运作的一些惯常手法也必然、必须随之而变。例如，传统广告预算中八成左右的经费会流向广告媒介版面与时间的购买，一旦媒介计划发生偏差，或者难以落实，广告主的广告经费投入就必将打水漂，这也就是广告主的悲叹“我知道我的广告费被浪费了一半，但就是不知道浪费的是哪一半”一直延续了几十年的根本原因；现在，数字广告营销需要直接锁定、瞄准受众与用户，在汇集大数据的基础上形成目标用户的精准画像，然后实时向其推送为之量身定制的广告作品。只有这样，才能在“这一个”用户出现在线上时快速、精准地做出反应，将稀缺的注意力资源转化为实实在在的广告效益。

（四）市场的主导因素由产品转向服务

对于现代企业的经营与管理来说，产品、渠道及消费者是其占领市场、维系市场的主要力量。从全球范围来看，主导市场的因素会随着市场格局的变化与发展而依次更迭，大致而言，基本都经历了由产品主导到渠道主导，再到消费者主导几个阶段，当然，不同国家与地区进入不同市场格局的时间有先有后。以美国为代表的发达国家，在20世纪50年代以前，基本都处于产品主导时代，企业经营的中心是研发、生产出好的产品，市场营销的任务是为产品做推销，广告的职责则是寻找、挖掘产品“独特的销售主张”并广而告之。在中国，商品紧俏、供不应求时代的结束则至少要推迟到20世纪90年代中后期。

后来，随着产品的丰富、市场竞争的日趋激烈，市场营销的观念取代了产品推销的观念，消费者逐渐受到重视，20世纪70年代出现在美国的定位理论，强调的就是要针对消费者的心智做足功夫。为了更直接地将产品、产品信息、品牌形象送达到目标消费者，一方面，企业围绕其产品开始大力营建市场销售网络，最初全部基于线下的实体营销渠道，如总代理商、经销商、零售商等，层层往下实行代销。互联网诞生后营销渠道的建设重点则从线下转移到线上，电子商务、线上销售异军突起，一时之间对线下实体店构成严重冲击。再往后发展，则是线上与线下的融合：传统实体店纷纷“上网”，开设网店；新型电商则选择“下沉”，启动线下实体店的建设；另一方面，企业开始整合各种传播媒介与营销工具，围绕着共同的营销目标，传递有关商品和品牌的信息。这一时期，“渠道”的重要性显露无疑，于是人们将此阶段的广告营销市场状况概括为“渠道为王”。

移动互联网的出现与普及，给市场营销环境带来了诸多颠覆式的变革，产品与渠道的主导地位渐渐被消费者取代。无论是对产品及品牌的选择，还是对广告与营销信息的了解与接受，消费者都一改先前的被动与弱势，变得越来越主动、越来越重要。在信息无限爆炸、渠道无比丰富，而注意力又日益稀缺的双重夹击下，消费者成为最具影响力的因素，直接决定着企业整体经营与市场营销活动的成败得失。在以企业立场出发的“产品为王”“渠道为王”的理念渐显落伍、失效之后，以消费者为中心，为消费者提供优质的服务、使其有良好的体验成为新时代企业经营的新理念。

二、内容创意至关重要

正是基于上述变化，在信息传播、市场营销领域，优质内容的重要性日益凸显。

其实，在这两个领域，“内容”一直是一个绕不开的重要因素。但是，随着受众角色的改变、新兴媒体的不断涌现、市场格局的不断转换，信息传播、市场营销活动中“内容”的性质与落点，内容生产的主体与内容生产的方式，以及内容生产的目标与要求都发生了革命性的变革。也就是说，今日之“内容”与传统的“内容”已大不相同。

（一）内容的性质由“硬”到“软”

作为传统市场营销的重要工具，广告的职责一直就是传播有关商品、品牌的信息。对于信息的传播而言，内容与形式同等重要，二者都必不可少。

追溯现代广告的发展历程，广告的主要内容经历了从“硬广”到“软文”的过渡。最初，广告的主要内容大多是关于什么时间、什么地点、有什么商品出售的基本信息，非常简单。20 世纪初期，人们对广告的认识集中于一点——“纸上推销术”。要完成推销商品的任务，广告需将商品值得消费者购买的原因和理由直接写进广告，印在报纸和杂志及海报之上。对于这些直陈原因和理由的广告，后人将之称为“硬推销”。一个“硬”字，很好地概括了当时广告的整体风格，无论是内容还是表现形式，都非常直接、生硬。这种直接、生硬风格的广告在 20 世纪 20~30 年代成为美国广告的主流，因为当时美国的消费市场仍处于以生产者为主、产品供不应求的阶段，对于生产者来说，只要研发、生产出好的产品，再将产品值得购买的原因和理由通过广告广而告之，其产品绝对畅销，不会有丝毫的后顾之忧。于是，“硬推销”式的广告风行一时。1950 年左右，罗瑟・瑞夫斯提出的 USP 理论，将“硬推销”式的广告推到极致。USP 理论强调：每一则广告都要突出商品的一个主张，即消费者能获得的益处，而且这个主张必须是竞争对手无法提供或没有提供的，并且是能够直接促进销售的。

可以说，在 20 世纪前 50 年，以美国为典型代表的现代广告都是以商品信息为主要内容，广告公司、广告人的主要职责就是研究商品，发现并总结商品值得购买的原因、理由和主张，并用直截了当的形式表现出来、传播开去。当然，在“硬推销”式的广告作为主流主导着美国广告市场的同时，另有一股支流并存，那就是“软推销”式的广告——以西奥多・麦克玛纳斯和雷蒙・罗必凯为代表的情感氛围派广告。情感氛围派广告以含蓄的手法，用暗示或联想的方式传达出商品完美、高质量和好声誉的印象，在整体风格上与“硬推销”形成鲜明反差。正如瓦尔特・蒂尔・司各特所指出的，“硬推销”式广告“描写的是产品本身，而不是赞美它将提供给购物者的那种喜悦"[①]；"软推销"式广告则是通过对人心理的暗示，为商品营造华美、优雅的感觉。随着20世纪60年代创意革命时代的到来，在大卫·奥格威、李奥·贝纳、威廉·伯恩巴克的推动下，"软推销"式广告被发扬光大。大卫·奥格威率先提出了品牌形象这一理念，他认为：人们不是因为产品本身的原因才去购买某种商品，而是因为他们把这一商品与某种特殊的形象联系起来了，由此他主张："要给每个广告一种与之相称的风格，创造出其正常的个性特色，这才是最伟大的成功的奥秘所在"[①]。李奥·贝纳则崇尚在广告中挖掘产品"与生俱来的戏剧性"。在他看来，广告人的任务就是辨别"产品本身所具有的能使它在市场中长期生存的东西……目的是赢得市场。把握这种东西，无论它是什么，并使它引人注目"[①]。威廉·伯恩巴克高举广告是艺术的大旗，视广告为"说服的艺术"，强调广告要把产品关联到消费者的需求上面，要具有足够的冲击力、渗透力，使之能够进入消费者的视野和心灵，最终发挥效益。三位伟大、杰出的广告人都不约而同地将广告的重心放到了消费者心理需求与接受习惯上，力图通过广告树立独特的品牌形象吸引目标消费者，或通过广告激发受众强烈的好奇心、同情心以及购买、使用的欲望。

除了上面所说的基于消费者的接受心理与习惯有意识地注意内容的针对性与含蓄性之外，又诞生了一种被人们称之为"软文"的广告形式。从命名来看，"软文"应该是在"软推销"基础上的进一步拓展。具体而言，软文的内容覆盖范围更加宽泛、丰富，如企业发展历程与现实动态、重要人物的访谈与观点介绍、相关行业及科学知识的普及等；软文的形式也呈现出一定的"去广告化"特色，多以新闻、访谈、随笔的笔法行文。

如今，数字广告在内容更加远离商品的物质功能属性与实际的使用价值，将重点转移到品牌价值、交换价值方面，更多地聚焦于与目标用户在"三观"上的契合与认同。某种程度上可以说，广告内容"软化""虚化"的痕迹更加明显、普遍。

---

① 西沃卡 J. 肥皂剧、性和香烟——美国广告200年经典范例. 周向民，田力男译. 北京：光明日报出版社，1999.

（二）生产内容的主体更加多元

传统广告营销时代，承担内容生产任务的主体非常明确，而且比较单一。例如，各媒体机构主要负责媒介内容的生产，广告公司主要负责广告内容的生产，其他机构、其他人鲜有机会参与其中。随着社交媒体、自媒体的出现及广泛普及，任何机构、任何人，只要有热情、有兴趣、有需求，都可以成为内容的生产者。由此，可以直接参与内容生产大军的主体从单一走向多元，进而给内容生产领域带来极大的活力与竞争。

进入互联网时代之后，内容生产的模式不断增多，概括起来主要有：PGC、UGC、OGC（Occupationally generated Content，职业生产内容）、BGC 等。这些模式之间的主要区别和差异，最终都归结为一点：内容生产主体的不同。

PGC，即传统时代媒介机构下设采编团队生产媒介内容、广告公司与营销机构生产营销内容的延续与拓展，是专业机构、专业人士的专业化生产。

UGC，则是随着社交媒体、自媒体的兴盛而兴起的一种新的内容生产方式，即每个用户只要有兴趣、有能力，都可以成为内容的生产者，直接参与内容的生产与发布。

OGC，指的是具备一定的专业知识与背景、有一定的影响力的职业写手，他们专注于内容的生产，并以此为主要经济来源。

BGC，即品牌主自主地提供、生产内容。互联网背景下，企业与用户沟通、交流的媒介和渠道越来越丰富，信息传播的手段与方法也越来越直接、便利，于是，越来越多的品牌主尝试在企业内部成立 In-house 公司或团队，自行生产内容并直接面向目标用户发布。

在如今的数字营销活动中，单纯依赖一种内容生产模式的情形越来越少，普遍的做法是同时利用、调动多个主体参与营销内容的生产，如 PGC 与 UGC 的结合（被称为 PUGC）。在品牌主的内部 In-house 公司中，也开始直接聘用来自 PGC 机构如广告营销公司、网络媒体的从业人员，即 PGC 与 BGC 的结合。

（三）内容生产的目标及要求更高

营销传播环境的诸多变化、用户各方面需求的不断升级，直接导致对广告营销内容生产质量的要求越来越高。

首先，对广告营销内容质量的要求越来越高。如前所述，传统广告也非常注重内容，但其内容的性质偏重产品信息、品牌信息，风格偏硬，而且广告的痕迹非常明显。互联网，特别是移动互联网普及之后兴盛的“内容营销”及“内容生产”，其中的“内容”很大程度上专指广告痕迹很淡，甚至是“去广告化”的内容。广告营销内容的这种改变，主要基于大多数用户信息需求的升级，赤裸裸的广告营销信息会被用户直接忽视、跳过、屏蔽，只有高度契合其内在需求，一举击中其内心的痛点、痒点的信息，才有可能穿越信息的海洋，在用户快速浏览信息时有效地映入其眼帘并使之产生阅读/观看的兴趣。也就是说，数字营销时代，虽然一切内容均可以成为广告，但真正能产生广告营销作用的却主要是能带给用户情感共鸣、观念认同的内容。对于内容生产者而言，要在情感、观念等信息内容方面与商品、品牌之间达成天衣无缝的完美结合，无疑是一件颇费思量的高难度任务。

其次，内容生产中用户的决定性作用越来越大。在“无互动，不营销”的今天，内容生产者不能再像传统广告时期居高临下，以企业、品牌与商品为主，必须从根本上转换态度，站在用户立场，基于用户角度进行广告营销内容的策划、创意与生产。因为数字广告的收费模式早已不再像传统广告那样，简单地按照版面的大小、时间的长短来计算，而是主要依据用户的实际点击、阅读、互动及转化的数据来衡量。同时，广告素养不断提升的用户对广告的识别力也越来越强，其主动回避、抵制广告的方式与途径也越来越多，只要用户不点击、阅读相关内容及链接，再精彩的内容都只能归于无效。由此，广告营销内容的策划、创意与生产必须以用户为出发点，只有在精准洞悉目标用户心理、熟悉目标用户画像的基础上，策划、创意、生产出来的内容才会有针对性，才能吸引用户主动点击、阅读、观看，并在产生强烈共鸣之后积极参与进来，主动转发、评论、点赞，助推广告营销活动。数字营销活动中，用户的主动参与度、卷入度越高，广告营销活动的影响也就越大，效果也就越好。很多时候，决定用户参与度、卷入度的主要因素就是内容的吸引力及其共鸣度。

最后，内容评估体系的建立日显重要。移动互联网时代，只要有兴趣，每个人都可以直接参与到内容的生产及发布活动中来。换句话说，内容生产领域机会很多，由此吸引了很多机构与个人争先恐后地加入内容生产大军，各种微博，各种微信公众号、订阅号，各种短视频，各种网红纷纷出现，迅速蹿红、成功的也不乏其人。但是，换个角度看，机会多常常也就意味着风险大。网络世界，出名的机会似乎遍地都是，但因一事、一言、一文有失妥当而遭众人唾弃的现象也多如牛毛。2019 年 2 月 1 日，曾经在自媒体内容生产领域产生很大影响、号称“天下第一情感大号”的咪蒙，决定从当日起停更咪蒙微信公众号 2 个月，并永久关停咪蒙微博；2 月 21 日，咪蒙微信公众号账号又被官方注销，咪蒙由此从人们视线中彻底消失。此事的导火索就是由咪蒙旗下微信公众号“才华有限青年”发布的一篇刷屏文章《一个出身寒门的状元之死》，这篇文章在内容上被网民质疑造假，再加之一直以来，咪蒙在内容生产方面的出格表现，如对消费主义价值观的倡导、对现代人焦虑心态的渲染，以及措辞激烈的标题，经常引起人们的反感[①]，很多人将其文章称为“毒鸡汤”。诸多因素汇集在一起，使得咪蒙很快成为众矢之的，被全体网民声讨，最后无奈将旗下所有内容生产平台的账号关闭。咪蒙的快速成名与最终落败，都与内容生产有直接关系，可以说是成也萧何败也萧何。由此给所有的内容生产者敲响了警钟：一方面，所有的内容生产者都要为自己生产的内容负责，如内容是否真实，是否契合目标用户的精神需求与三观，是否与社会主流价值观一致，是否能激发、产生正能量，等等；另一方面，对于品牌主而言，则是要增强风险意识，着手建立内容评估体系，对内容营销从策划创意到生产发布进行全方位的风险管控，以有效保护品牌安全。

---

① 郑昊男. 专业自媒体机构的内容营销之路. 媒介杂志微信订阅号[2019-04-03].

第二节　内容创意的主要方式

为了保证生产出高质量、正能量、契合品牌特性并能让目标用户深度卷入、参与的广告营销内容，生产者必须立足于新媒体矩阵，充分利用各种技术，眼观六路、耳听八方，在社会生活的各个领域、各个层面挖掘素材、寻找机会，将广告营销信息巧妙地融入各种新闻、事件、话题之中，以富有创意的方式表现出来、传播开去。

一、将广告营销信息原生于各种内容之中

传统广告，无论是内容还是形式，其广告特征都非常明显，受众一眼就可识别。从积极的角度来说，这有助于将广告与其他内容如新闻报道、各种节目与栏目清晰地区别开来，使消费者少被误导；但站在广告的角度，过于直接、生硬的内容与形式很难吸引受众，特别是在受众已占据信息传播主导地位的今天，网络用户面对特征明显的硬广告完全可以视而不见，还能利用各种屏蔽工具或是通过购买会员很方便地绕过，由此，硬广告的作用与地位不断式微，各种软广告形式纷纷涌现，原生广告（native advertising）就是如今运用得非常广泛的一种形式。

相关资料显示，原生广告的概念最早于 2011 年 9 月由硅谷风险投资家弗雷德・威尔逊（Fred Wilson）提出，他认为，新的广告形式将存在于网站的“原生变现系统”（native monetization systems）。此后，原生广告迅速成为一个热门词汇在广告营销行业蔓延开来，虽然其间有学者指出原生广告这个概念并不科学[①]。2013 年 12 月，IAB 发布《原生广告手册》，总结出 6 种原生广告形式：信息流广告（in-feed unit）、付费搜索（paid search unit）、推荐工具（recommendation widgets）、促销列表（promoted listings）、广告内的原生单元（in-ad with native element units）、定制单元（cus-tom）[②]。国内

① 舒永平，陶薇. 新媒体广告的“原生之困”与管理创新. 现代传播，2016，(3)：109-112.

② 康瑾. 原生广告的概念、属性与问题. 现代传播，2015，(3)：112-118.

学者喻国明则将原生广告的主要特征概括为 4 点：淡化商业特征、形式设计新颖、基调抓人眼球、诉诸情感需求[①]。

商业特征淡化、较多地诉诸情感需求，可以说是原生广告在内容上的主要特点与倾向。原生广告就是要想方设法地将广告营销信息融入一切其他内容之中，与之达成水乳交融的结合。就像人们经常说的，“广告即内容，内容即广告”，一切内容均可以成为广告。在社交媒体、自媒体等新媒体平台上，诸多品牌一致看好原生广告这一形式，纷纷将广告投放目标瞄准一些有影响力的内容生产者，如读金庸的六神磊磊、写各种情感文章的咪蒙。据称，鼎盛时期咪蒙的一篇头条软文报价高达 70 多万元，其助理的月薪为 5 万元，由此可以推知原生广告的火爆程度。

大致而言，品牌广告普遍青睐并融入的内容多集中在知识、情感和观念三种类别。

知识类内容的涵盖面非常宽泛，可以是与商品、品牌及行业密切相关的知识，可以是各种生活小常识，也可以是各种高科技知识，甚至是各种历史知识、名人轶事，如服饰类品牌介绍色彩知识，汽车品牌讲述当年张骞一路向西的历程，支付宝认真地分析凡·高为什么自杀……

情感类内容则多是针对现代人普遍存在的心理焦虑、迷茫与空虚，熬制出各种“心灵鸡汤”，或进一步将品牌塑造成心灵抚慰者的形象，使用户产生强烈的情感共鸣。2013 年，台湾灵智广告公司为金士顿创意制作了时长为 7 分 34 秒的微电影广告《记忆月台》，该片讲述了一对青年男女从相遇、相识、相爱，到结婚、生子，再到丈夫离开人世、妻子常常到地铁站聆听丈夫的声音以慰相思的故事，金士顿在其中露脸的时间只有短短 2 秒，但凭借这支感人至深的微电影，金士顿将自己的产品与美好的记忆画上了等号，金士顿 U 盘由此被赋予了特别的情感符号——美好记忆的存储者。《记忆月台》上线后，引来各路名人主动转发推荐，各大媒体也纷纷报道、转载，获得高度评价——“用最不商业的方式把一部商业微

① 喻国明. 镶嵌、创意、内容：移动互联广告的三个关键词——以原生广告的操作路线为例. 新闻与写作，2014，(3)：48-52.

电影的故事讲述到极致”。

观念类内容多以“三观”（世界观、价值观、人生观）为核心加以拓展，以期在日趋多元的现代社会获得用户的观念认同。2014 年，New Balance 请来著名音乐人李宗盛合作拍摄了一则广告《致匠心》，2016 年，在 New Balance 迎来创立一百周年纪念日的时候，双方又二次合作拍摄了时长达 12 分钟的《每一步都算数》。两部片子分别以李宗盛制琴、写歌为主线，通过李宗盛娓娓道来的自白回忆，描述自己作为一个音乐人一路走来的历程。《致匠心》还有许多制鞋的镜头，将这些镜头与李宗盛制琴的过程并置，形成直观的类比；到了《每一步都算数》，几乎很难发现 New Balance 的身影，被认为是最不像广告的广告。但两部片子都基于李宗盛的经历道出了人生真谛：“人生很多事急不得，你得等它自己熟”“人生没有白走的路，每一步都算数”，并进一步将之与 New Balance 的品牌理念、品牌形象达成完美融合，“屹立百年，仍有新枝”。

将广告营销信息融入其他知识类、情感类、观念类内容之中时，首先，要注意契合度，即广告营销信息与融入的内容有内在的关联性，能够彼此呼应、相互烘托，就像金士顿 U 盘与美好的记忆、New Balance 的品牌理念与李宗盛的人生感悟。其次，一定要把握好分寸，恪守相关的法律法规及伦理道德。否则，就有可能触碰到法律的底线，既侵害消费者权益，又给品牌带来负面效应。2018 年 9 月 28 日，北京市朝阳区人民法院向爱奇艺和瓜子二手车下发禁令，要求二者立即停止在爱奇艺《中国新说唱》节目中投放、使用和播出涉案广告语。禁令中所指涉案广告，以说唱歌曲的形式出现在爱奇艺旗下的节目《中国新说唱》中，即将品牌名称、产品型号嵌入歌词之中。在同一首歌中，嵌入的品牌除了瓜子二手车，还包括 vivo、美团和百度，共 4 个品牌[①]。

这支融入了四个品牌广告信息的说唱歌曲在提及瓜子二手车时有如下文字：“瓜子二手车，一路超前没得说；买家多，卖家多，对手总想超过”，“保持行业领军配置，夺冠之路舍我其谁”，由此被人人车以“误导公众”“不正当竞争”为由向北京市朝阳区人民法院起诉。对于品牌来说，这无疑是得不偿失的事情。

---

① 陆鹏鹏. 一首 Rap 里“藏”了 4 个品牌，原生广告这是要成为虚假宣传的避风港. 蓝鲸财经[2018-09-30].

二、讲述品牌故事

就人类的天性而言，故事是人人喜闻乐见的。“我们的好奇心（也许还有心灵深处的不安全感）使我们每时每刻都想弄清楚谁、什么时间、在哪里、做了什么事，以及为什么要这么做。”[①]好的故事中呈现出的性格各异的人物、曲折多变的情节，以及充满张力的矛盾冲突，往往能让阅读故事的人沉浸其中，欲罢不能。广告与营销活动借由引人入胜的故事，在轻松愉悦的氛围中传递信息、塑造品牌的做法由来已久；进入数字化时代之后，故事的力量在更大的范围内得到了更全面、深入的挖掘。如今，中国故事、品牌故事遍地开花，各个主体，从国家、政府，到企业、品牌，甚至个人，都纷纷加入讲故事的行列，以故事来达成各自的目标与使命。例如，2013 年启动的全国品牌故事大赛，吸引了各行各业诸多企业参与其中，进而在全国范围内掀起了讲述品牌故事的热潮；同时，还有很多机构与企业更是将眼光拓展到全球范围，纷纷走出国门，对外讲述中国品牌故事、中国梦故事，以及中国故事等，重塑中国品牌形象和中国形象。

在新媒体层出不穷，多媒体深度融合的时代背景之下，广告营销故事的内容更加注重人类的情感世界与观念世界，因为用户已然成为广告营销活动不可忽视的重要决定力量，只有能引发他们的情感共鸣、获得他们的观念认同的内容，才有可能吸引他们接受并主动点击、评论、转发，甚至直接参与到广告营销活动中去。例如，台湾灵智广告公司在 2013~2015 年连续三年每年为金士顿推出一支微电影广告，三支微电影广告均以细腻、温馨的情感故事取胜：2013 年《记忆月台》讲述的是一对青年男女的情感故事，他们从相遇相识到相知相爱，再到成家立业、抚育孩子，直至最后的离别与思念。四十多年来，小伙子的一声“Mind the gap”从他们相遇的那一刻起，就一直陪伴着姑娘，陪着她从一个情窦初开的少女变成痛失丈夫的老妇人。值得庆幸的是，丈夫虽然已离她而去，但保存在金士顿 U 盘中的丈夫的声音会永远陪伴着她。正如广告最后的字幕

---

① 阿科尔 J，史密斯 A. 蜻蜓效应. 刀海鹏，赵俐，刘霞译. 北京：机械工业出版社，2011.

所说："记忆是趟旅程，同时间，我们一起上了列车，却在不同时间下车。然而，记忆不曾下车，A Memory to Remember，记忆，永远都在。"长达 7 分 34 秒的微电影，只给了金士顿 U 盘短短 2 秒钟的特写镜头，却非常成功地赋予金士顿 U 盘独特的品牌符号——美好记忆的存储者，既特别契合 U 盘的产品属性，又一举击中人心；2014 年，《当不掉的记忆》接棒，依托于一张当票及典当物品，讲述了一对父子无奈、苦涩但又充满深情的故事：怀才不遇的父亲带着年幼的儿子艰难求生，在得知自己身患重病之后，瞒着年幼的儿子倾尽全力为之铺设好未来的音乐成长道路，甚至不惜将自己的音乐作品封存在金士顿 U 盘里，作为典当品为儿子购买昂贵的钢琴……十八年的光阴浓缩在 11 分钟的时间内，在历史与现实的不断穿插、闪回之间将故事的来龙去脉交代清楚，当最后典当品——一只铁盒装着的金士顿第一代 U 盘揭开面纱时，强烈的情感撞击使得无数观看者流下感动的泪水；2015 年，《记忆的红气球》一反前两部微电影聚焦于"记忆"的思路，从"遗忘"入手，讲述了一位即将退休的老警察帮助一个小男孩从失去母亲的痛苦、失落中走出来，重拾美好记忆的故事。与《记忆月台》一样，《记忆的红气球》也改编自真人真事。来自现实生活的真实故事，往往具有无比强大的感染力，当片尾曲 *To Be Forgotten* 唱响，听着歌者娓娓道来"Under the sky/I'm just a little man/To be forgotten/That's all/Where having faith through any harm/Perhaps/I don't know, I don't know/But I'll just go on/Thinking and forgetting/Turning and reaching/Loving and lying/Cursing and crying/Waking and dying"引得无数人为之动容。9 分 34 秒的微电影中，根本没有金士顿 U 盘的身影。因为前面两个故事已经在金士顿 U 盘和"记忆"之间画上了等号，金士顿非常自信地认为即使产品不出现，也丝毫无损这支微电影的广告效果，而市场的表现也充分印证了这一点。

数字时代，借助新媒体、新技术，广告营销人讲述故事的手段与方法更加丰富和便利：可以是纯文字形式，纯音频形式；也可以是图文配合的形式；如今用得最多、最常见的形式就是各种视频——影视、微电影及短视频。相对而言，各种视频形式充分运用了各种传播符号，并同时作用、调动接受者的多个感官，传播效果理应更好。但对广告营销活动而言，只要内容创意有特点、有新意，无论哪种形式最终都可以完美达成目的。2014 年 6 月，谷歌公司就以两封并置在一起的简短书信讲述了一个充满人情味的温馨故事[①]，如图 7-1 所示。

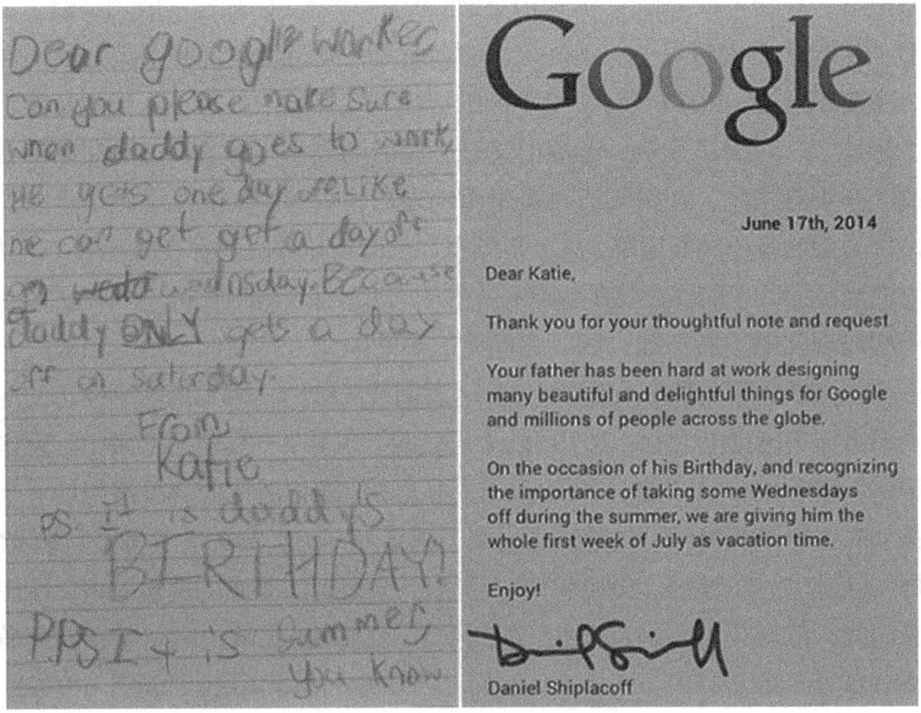
Dear google worker
Can you please make sure
when daddy goes to work
he gets one day off like
he can get get a day off
on weda wednsday. Because
daddy ONLY gets a day
off on Saturday.
From
Katie
PS It is daddy's
BIRTHDAY!
P.P.S It is summer
you know

Google

June 17th, 2014

Dear Katie,

Thank you for your thoughtful note and request.

Your father has been hard at work designing many beautiful and delightful things for Google and millions of people across the globe.

On the occasion of his Birthday, and recognizing the importance of taking some Wednesdays off during the summer, we are giving him the whole first week of July as vacation time.

Enjoy!

Daniel Shiplacoff

图 7-1　两封书信

资料来源：https://creative.adquan.com/show/36741

故事非常简单：一个名叫凯蒂的小女孩用蜡笔以稚嫩的笔法写了一封信给谷歌，希望谷歌能在周三给自己的爸爸放一天假，因为那天是爸爸的生日，而且也正值暑假。没想到凯蒂爸爸的上司很正式、很严谨地给凯蒂回了信，不仅同意给她爸爸放假，而且时间长达一周。这样一个用简单到可以称之为简陋的方式讲述的几乎没有任何故事情节、矛盾冲突的故事，在很短的时间内竟得到全球各类媒体的广泛报道，浏览、转发和搜索记录的数字都大得惊人。究其成功的原因，可能就是人们从来没见过这种讲故事的方式——两封简单的书信并

① “谷歌，请给我爸爸放天假”. https://creative.adquan.com/show/36741[2014-07-23].

排放在一起，无论是作者的年龄、身份，书写的字体与格式，还是凯蒂的请求与谷歌给的结果，都形成鲜明的反差，这些反差瞬间击中人们内心深处最柔软的部分。试想一下，如果换用文字描述或视频呈现，效果可能远远不及于此。这告诉我们，很多时候，符号、形式本身并没有高下优劣之别，真正决定胜负成败的是创作者是否有创意。

互联网时代，很多事情处理起来都变得更加便利、快捷。但是，品牌故事的策划、创意与表现切忌急功近利，须知慢工出细活、欲速则不达。金士顿的微电影《记忆月台》的创作从 2013 年 2 月启动，灵智广告公司为提案准备了三个多月，故事成型后，导演的拍摄及后期工作又耗时两个多月，前后加起来用了近半年的时间，真可谓精益求精。2010~2013 年，益达口香糖以“酸甜苦辣”为主题连续推出了三季微电影广告，第一、二季讲述的是一个爱情故事，第三季讲述的是一个追逐梦想、励志成才的故事。第一、二季上线之后取得巨大成功，据广告代理商 BBDO 的主创人员介绍，《酸甜苦辣》第一、二季的每一个故事，都差不多花了 2 个月左右的时间“研发”；从提案到拍摄，都耗费了 8 到 9 个月的时间。而挟第一、二季的热播效应与强大号召力迅速推出第三季，却迎来网民们的一致差评。导致这一结果的原因是多方面的，如主题、演员都换了，但第三季求胜心切，仓促上阵、时间紧张，没有精心打磨故事情节，无疑是其中很重要的一个因素。很多时候，一心求速度，想速成，最后都会付出惨痛的代价。

三、巧借 IP 造势

互联网、移动互联网的普及，使得“去中心化”特征在很多领域、行业体现出来。在整个文化产业范畴内，先前相对独立、相互隔绝的门类之间开始朝着协同与共生的方向发展，由此形成一股“泛娱乐”的热潮。在 2011 年 7 月的中国动画电影发展高峰论坛上，腾讯副总裁程武率先提出以 IP 打造为核心推动“泛娱乐”发展的构想，自此，IP 成为一个热门词汇。

IP 的原本含义为“知识产权”，在实际运用中可以泛指各种具有原创性、有一定内在意蕴的文化符号。这些文化符号的涵盖面非常宽泛，如小说、影视剧本、影视作品、动漫、游戏、音乐、绘画等，甚至人类的一切发明创造都可以称为IP；表现形式也非常多样，可以是纯文字式的，可以是纯声音类的，更多是多种形式并用的。在互联网思维与技术的加持下，IP的开发、运用、变现有了质的突破与飞跃，如今，IP营销早已渗透到各行各业，随时、随处可见。同时，IP的概念也已不仅仅局限在原创的内容与符号本身，而是更加注重内容及符号多领域、多渠道、多形式的延伸与拓展，并在延伸与拓展的过程中创造可观的市场效益、经济效益。

在广告营销领域，IP营销在2015年左右成为一个热门词汇，并逐步得到广泛应用。IP营销一般包括两层含义：一是通过有价值的内容生产，将品牌进一步提升为一个独特、知名的IP，这是IP营销的最终目的；二是借助有影响力且与品牌有一定关联的IP资源，将品牌追求的理念与价值融入其中，使之得到有效的传播，并达成与用户的共鸣与互动，这是目前IP营销最常见的方式。在分析、界定IP营销的概念时，有人认为IP营销的本质就是“让品牌与消费者之间的连接重新回归到人与人之间的连接，重塑信任，让彼此之间的关系更紧密，让产品更有温度和人格魅力”①；有人认为IP营销就是通过优质的内容实现品牌的人格化；也有人认为“品牌即IP，IP即品牌”。从这些不同的说法中我们可以看出，品牌与IP既密切相关，又有所区别。如果说，品牌塑造的逻辑是基于特定的产品，将之与消费者的心理需求相结合，赋予产品一些个性化、性格化的内涵，使之成为能让消费者记住、喜欢、购买、使用这个产品的原因及动力；那么，IP则是基于用户的情感取向、价值取向，有创意地利用或创作与之相契合的内容，进而将品牌打造成为一个具有特定情感或观念内涵的符号。

近年来，业内有很多人不约而同地认为：品牌的未来就是打造IP。站在品牌主的角度，就是要持续不断地创作、生产、传播有价值的内容（以情感与价值观为主），进而赋予品牌人格化的内涵及力量，并以此吸引、打动用户。也就是说，IP营销将成为未来营销的主要形式。

---

① 寇尚伟，杜芸. IP营销：人格价值的回归. 销售与市场（管理版），2017，（2）：64–65.

目前，IP 营销最常采用的方法就是依托头部 IP 资源，特别是火爆的影视剧、网络综艺节目、网络游戏、动漫等，巧妙地将品牌内容融入其中，借助于这些 IP 的热播效应以及聚集的海量粉丝，顺利而有效地达成营销的目的与效果。

其实，利用影视剧、综艺节目等形式进行广告营销活动的做法早已有之，当时人们将这种做法称为植入广告。但早期植入广告无论在内容还是形式上都较为简单，甚至可以说是简陋——大多数时候只是硬邦邦地将品牌的 Logo 或是实际的产品放置在背景里或是场景中，基本不会有什么实质性的内容，只是单一地追求出镜率和曝光率。这种盲目、生硬的方式不仅对于品牌来说少有效益，而且还会让受众难以忍受进而心生厌恶。当年，电视连续剧《欢乐颂》就是因为植入的广告太多、太生硬而招致诸多不满与批评。

IP 营销则摆脱了这种简单、直接、粗暴的硬性植入，在广告的内容与表现形式方面都有意识地与影视作品达成深度融合。这样既可以借火爆 IP 迅速而有效地吸引目标用户，同时又能生动形象地传播品牌信息。2017 年暑期，优酷强力推出超级剧集《大军师司马懿之军师联盟》，凭借老少咸宜的三国历史故事，再加上“由版权内容、产品技术、大运营、大宣发组成的四位一体打法”，该剧“在优酷首播时就创下了一周播放量破十亿的成绩，在 7 月中旬收官时播放量破 60 亿，斩获黄金档收视率第一的宝座”，被人称为“收视与口碑双丰收的现象级剧集”[①]。火爆的收视热潮迅速吸引众多品牌蜂拥而至，包括奥迪、可口可乐、东鹏特饮、锐澳鸡尾酒、苹果、三星在内的 50 多个品牌一致选定这个超级 IP，推出多种形式的创意广告：冠名与赞助、前贴广告、创意中插、压屏条、弹幕提示、前情提要、精彩预告。其中，最引人注目、反响最大的是创意中插广告。本着“让广告成为内容，做有态度的创意中插广告”的初衷，各品牌的创意中插广告一方面与《大军师司马懿之军师联盟》的剧情内容、人物形象紧密相连，另一方面又将品牌的特质与理念渗透其中，二者达成高度融合。例如，可口可乐多年来一直围绕年轻人的文化心理推出各种“瓶”：昵称

① 周瑞华. 超级剧集《军师联盟》背后，我们 GET 的内生广告新时代. 成功营销，2017，(7)：44-46.

瓶、歌词瓶、台词瓶和奥运金牌点赞瓶等，深受年轻人的喜爱，被很多人认为是一个“会玩”的品牌。此次，“会玩”的可口可乐联合“最爱玩”的《大军师司马懿之军师联盟》剧组[①]，一起大玩儿“通关密语”——司马昭、司马师以可口可乐密语瓶为武器玩儿起了“弹幕大战”，两兄弟你来我往不分胜负，最后却是三叔司马孚用密语瓶成功“召唤神龙”，司马孚最后说出的一句“可乐是用来分享快乐的，不是用来纷争的”，画龙点睛地聚焦可口可乐的品牌文化，产生了很好的效果。

全媒体时代，IP 营销还可以通过多种媒体、多个渠道实行多重营销，彼此配合呼应、立体轰炸，效果尤佳。2017 年，杰士邦搭乘在优酷热播的青春爱情热播剧《春风十里不如你》的快车，在广告营销领域打出了一组组合拳——三支青春短视频先期造势，两个 HTML 5 广告的随之跟进（一个为紧密结合剧情的衍生剧，一个是借势七夕节的广告《青春的妄念》），最后以定制版春风十里不如你青春限量礼盒顺势推出 ZERO 零感系列产品，环环相扣、层层推进，围绕“青春”的主题将杰士邦与《春风十里不如你》很好地贴合在一起，相映成趣。《春风十里不如你》根据作家冯唐经典作品“万物生长三部曲”中的《北京，北京》改编而成，“春风十里不如你”也直接来源于冯唐的诗作《春》。在《春风十里不如你》热播之前，杰士邦已经买断了冯唐手书的诗句“春风十里不如你”的使用权，此举可谓有先见之明，直接为后面的借势爆款 IP 营销奠定了基础。于是，人们在 2017 年夏天得以感受到如旋风般的《春风十里》：既有热播的剧集《春风十里不如你》和歌手李健献唱的片尾曲《春风十里不如你》；又有杰士邦“春风十里不如你”的系列广告营销活动，还有杰士邦的春风十里不如你青春限量礼盒，礼盒里除了 ZERO 零感青春限量版产品，还包括春风十里系列书签、原作者冯唐的明信片，以及青春系列福袋、文艺帆布包等青春周边产品。如此立体的广告营销攻势，使得“春风十里不如你”迅速爆红，广为流传，这无疑又进一步为杰士邦赢得不少人气。图 7-2 为杰士邦“春风十里不如你”广告海报。

---

① 可口可乐神助攻三国 优酷《军师联盟》创意中插广告让夏天更有聊. 财经新闻网[2017-07-05].

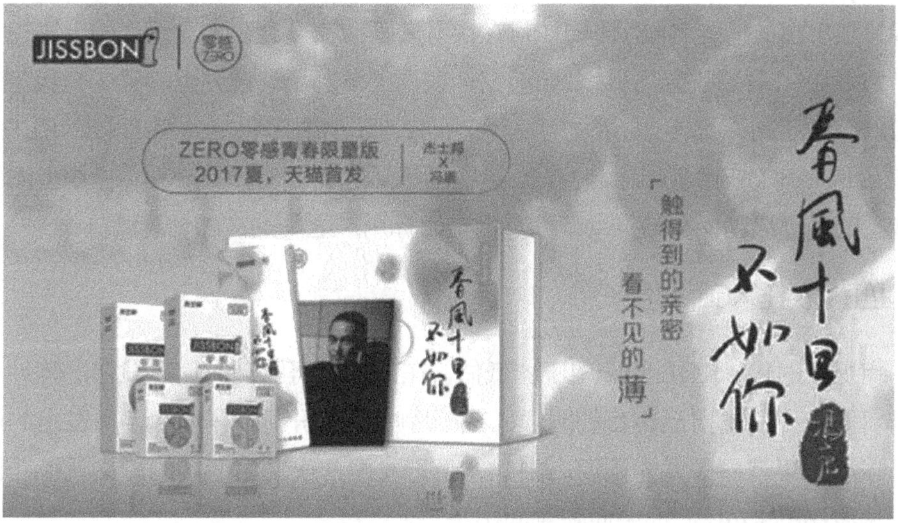

图 7-2　杰士邦“春风十里不如你”广告海报

要想成功地借热播 IP 之名行广告营销之实，最为关键的因素就是一定要找到并把握好二者的契合点。只有当品牌与 IP 在主题上有相同、相通之处，或是在调性上一致、合拍，才有可能水乳交融地相互融合、相互支撑。现实中爆款 IP 可遇不可求，同时又能在主题和调性上与品牌高度贴合更是难上加难，于是便促成一些品牌干脆内部挖潜，从品牌自身出发，自主打造 IP。年轻的白酒品牌江小白，就走出了一条将品牌打造成 IP 的成功之道。作为一款专为年轻人生产、推出的白酒，江小白主打青春牌，号称“青春小酒”，品牌 Logo 是一个简单的动漫形象，品牌理念为“我是江小白，生活很简单”。可以说，年轻的基因、卡通的风格从其一出世就已经具备。江小白初入市场，就凭借着出色的广告营销活动，以极具个性的文案迅速走红。在 IP 营销方面，我们在热播剧《好先生》《小别离》和电影《火锅英雄》中都能见到江小白的身影。慢慢地，江小白不再满足于借势，转而与影视制作公司联合，主动造势，基于自身品牌将其打造成 IP，并进行多领域的延伸与拓展。2017 年，重庆江小白酒业有限公司联合武汉两点十分文化传播有限公司制作了动画作品《我是江小白》。当年 11 月 9 日在优酷、哔哩哔哩、腾讯、爱奇艺、搜狐、芒果 TV、PPTV、天天看看等平台同步上线播出，收获一致好评。在动画片推出之前，

《我是江小白》的同名漫画于 10 月在快看漫画独家连载，为动画片的上线预热造势。11 月 4 日，又在动画片发布前夕，在重庆举办了“世界上的另一个我”的线下粉丝交流活动。此外，还举办了两个活动：“江小白 YOLO 嘻哈现场”和“江小白 JUST BATTLE 国际街舞大赛”。这些基于品牌 IP“我是江小白，世界上的另一个我”的系列活动，有效推动了江小白与目标用户之间的沟通与互动。

四、依托 KOL 发声

自媒体时代，KOL 的作用不容低估。在人人都可以拥有信息发布的阵地，人人都可以自主发出自己声音的时候，在一片嘈杂、纷乱的环境中，所发出的声音的质量和效果就显得尤为重要。由此，善于发声、仅凭百余字的短文就能让粉丝们群情激昂的 KOL 们很快便脱颖而出。

通俗地说，KOL 就是拥有话语权，说话很有分量、很有影响力的人。传统媒体时代，信息传播领域关注的角色是意见领袖。当时的意见领袖承担着类似“信息中介”的职责——大众传媒上的信息与观点经由意见领袖再分发、传递给普罗大众，主要以专业人士、公共知识分子及名人明星为主。随着数字媒体，特别是社交媒体、自媒体的普及，意见领袖的人数及覆盖范围得到极大的增长与扩充。除了传统媒体时代的意见领袖仍能发挥作用之外，大量的草根、一般网民只要具备一定的知识与技能，都能通过自身努力成为意见领袖、KOL，而且其成长速度、其所吸引并影响的粉丝数量都远远超出传统媒体时代的意见领袖。如今，一个拥有大量粉丝的 KOL 只要在网上振臂一呼，很快就会引来无数粉丝云集，或点赞，或评论，或转发，一时之间可以引发全民关注甚至讨论，形成热闹非凡的局面，最后的效果自然也非常惊人。敏感的营销人时刻在寻找各种营销的机会，自然不会放过任何一个可以快速聚集人气的方式与手段，借 KOL 发声很快成为一些品牌惯用的营销方式。

KOL 营销就是借助 KOL 的专业知识、专业技能及其对粉丝的影响力，达成品牌的广告营销目标。具体形式既可以沿袭传统名人广告的做法，请 KOL 做形象代言人，拍摄广告片，但更多的时候是立足于新媒体，以 KOL 为主导进行内容生产与营销。因为能够成为 KOL 的人，往往在某一个领域拥有比较丰富的知识，或是掌握着比较全面的信息，而且比较善于表达，也就是表达、传播的质量较高，产生的效果较好。

KOL 营销关键的任务就是选定最适合品牌的 KOL。数字媒体时代 KOL 的数量庞大、类型丰富，在选择时自然要颇费一番功夫。早在 2013 年，《成功营销》杂志就围绕 KOL 营销策划，推出过一组文章《KOL 重构：数字媒介下的舆论力改变》，对 KOL 体系做了简要概括与分类，如图 7-3 所示。

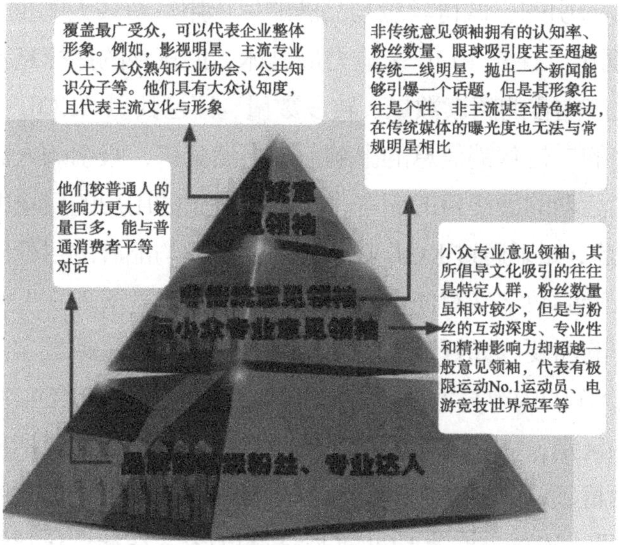

图 7-3 KOL 体系图

资料来源：《KOL 重构：数字媒介下的舆论力改变》

直到现在，呈金字塔状由低到高排列的三类 KOL：品牌的超级粉丝、专业达人，非传统意见领袖与小众专业意见领袖，传统意见领袖，仍然是这一领域的基本格局。但具体到品牌营销中对 KOL 的选择与运用，却呈现出更加丰富与多元的特色。

总体而言，品牌在选择 KOL 的时候应秉承三个基本原则。

第一，应密切参照、结合品牌广告营销的具体目标与内容。如果广告营销的目标是针对新产品上市打响知名度，那么传统意见领袖（名人明星）是最优选择，他们身上自带的光环与巨大的号召力可能会使产品一夜成名；如果想要用户更全面、深入地了解产品（特别是一些高新产品）的信息与理念，可能选择小众专业意见领袖的效果更好、更到位。

第二，要与品牌的调性保持一致。每一个品牌，经由长期的广告营销活动，都会形成自身独有的调性；每一个 KOL，无论是其个人性格还是其生产的内容，也都有不同的个性风格。品牌选择 KOL 的最佳状态就是二者在调性与风格上正好相契、合拍，这样双方结合在一起才能真正相互映衬，实现双赢。

第三，KOL 吸引的忠诚粉丝应与品牌的目标用户有较大的重合。在具体运作 KOL 营销时，衡量、评判 KOL 影响力最具体、最直观的指标是其拥有的粉丝数量，以及其所生产内容的阅读数量、转发数量、评论数量。KOL 拥有的粉丝数量越大，他所发布的广告营销信息的影响范围自然更广，吸引的人数自然也更多。但对于广告营销活动的最终目的而言，其所影响到的用户的质量很多时候远比数量更为重要。试想，如果通过 KOL 吸引过来的粉丝与品牌的目标用户完全是错位的，那些以千万计的数字又有何实质意义呢？

在根据品牌的需要选择好恰当的 KOL 之后，广告主或数字营销公司就要与 KOL 共同商议合作的内容与方式。一般来说，不同层级的 KOL 主要担负的营销任务会有明显的区别，如名人明星往往作为品牌的形象代言人拍摄广告，小众专业意见领袖、垂直领域的意见领袖则负责生产内容，而大量的品牌粉丝则像一个个“病毒传播者”，转发、扩散 KOL 们生产的内容。在社会化营销日益普及的今天，垂直领域的专业意见领袖生产内容+品牌粉丝转发内容的模式也逐渐成为 KOL 营销的主流。

每一个 KOL 都有自己专注的领域，其生产、传播的广告营销内容如果与之有一定的关联性，无疑会使广告营销内容的专业性、权威性得以增强，比较容易让粉丝和用户产生信赖与认同。KOL 主笔生产的广告营销内容主要集中在以下几个方面：其一，相关产品知识的介绍，特别是新产品的测评与推荐；其二，品牌理念与价值的阐发；其三，自身经验的分享；其四，发布品牌的营销活动以及促销信息。

年轻的互联网用户越来越不相信广告，越来越排斥广告，转而更倾向于在社交媒体、自媒体上获取信息、寻求帮助。也就是说，新媒体背景下，口碑传播对年轻人的影响力日益强大，KOL营销在未来应该有更大的发展前景。但从另一个角度，现在的90后、00后们都出生、成长于“去中心化”的互联网世界，期望仅凭某一个名人明星的广告代言就能让他们对某个品牌趋之若鹜，肯定是非常不切实际的，反而是一些有专长的专业人士，甚至是身边的品牌超级粉丝更容易对他们产生实质性的影响和带动，于是，一些品牌或是纷纷舍弃大牌意见领袖，将KOL营销的重点投向小众意见领袖。“小众KOL虽然粉丝少，但由于他们聚焦一个细分领域，与粉丝的距离更近，更接地气，也更能带动粉丝的参与和互动。正是基于此，很多品牌开始放弃与一线KOL的合作，转而向处在金字塔中下层的KOL伸出橄榄枝。”[①]或是本着长远的目标，建立自己的KOL体系。“一些成熟的品牌，在KOL营销上已经过了早期的粗放式合作，而是有针对性地利用不同层级的KOL在不同圈层的影响力，制定自己的KOL营销策略，与不同层级的KOL展开不同形式的合作。”[②]而且除了与外部KOL的合作之外，还在内部自行培养KOL，以掌握完全的主动权。

五、品牌联动相互借力

对于数字营销而言，互动至关重要，“不互动，无营销”早已是深入人心的观念与意识。互动，除了品牌与用户之间的互动之外，还包括品牌与品牌之间的互动。近年来，两个甚至多个品牌之间在广告营销活动中你来我往、相互借力、协同造势的做法越来越多。

2017年11月23日感恩节，杜蕾斯在官方微博发布了十余张海报，每一张海报@一个品牌，一共@了包括绿箭、德芙、士力架、百威、Levi's等在内的13个品牌。虽然事先并不知情，但很多品牌都迅速回应，还有一些品牌不请自来，诸多品牌联袂上演了一波品牌“互撩”的热潮。最后，在当晚23点整，杜蕾斯发布“感恩”主题的主海报。此一系列的微博海报发布后很快在互联网上引发了人们疯狂的刷屏、转发与议论，一时之间热闹非凡，一个简单的广告活动进而演变

① 周瑞华. 小众KOL崛起，小即是美. 成功营销，2017，(Z5)：38-39.

② 周瑞华. 从巴黎欧莱雅到阿迪达斯，它们如何利用“小众KOL”？成功营销，2017，(Z5)：40-41.

成了一个社会热点事件，其带来的影响与效益不言而喻。图 7-4 为杜蕾斯与绿箭品牌联动微博截图。

图 7-4　杜蕾斯与绿箭品牌联动微博截图

资料来源：https：//www.digitaling.com/projects/24130.html

在一个广告活动或一则广告作品中同时出现两个品牌，这种广告营销方式早已有之，被称为联合营销或联名广告。但在传统媒体时代，由于媒体的固有特性，以及广告创作周期较长、成本较高，这种广告营销形式仅仅只是停留在“联名”发布广告，即同一则广告中出现两个品牌。新媒体特别是社交媒体操作简便、快速，非常便于你来我往地互动的属性，给更具体、更实际地“联合”推进广告营销活动插上了翅膀，能够让品牌与品牌之间互动的具体过程实时地、直观地呈现在用户面前，让用户有了身临其境的感受与体验。再加之社交媒体有类似人际传播的轻松、活泼、便于幽默调侃的特性，使得品牌之间的“互动”更增添了一份让人忍俊不禁、趣味横生的“戏谑”成分，进而演变成了“互撩”，效果不同一般。

品牌之间要实现有效的互动、互撩，首先必须找到一个合适的契机或共同的话题。合适的契机大多来自于时间节点，如各种节日、纪念日，或可以挖掘、赋予一些意义的日子，比如上述杜蕾斯的系列“互撩”广告，就是利用“感恩节”这个节日借势而为。无论是对于一个人，还是一个品牌，在其出生、成长、坚守的道路上，都有很多值得感谢的人、事、机构、企业与品牌。基于此，杜蕾斯在感恩节这一天，以感恩之心@其他品牌。这些被杜蕾斯@的品牌，有的与杜蕾斯存在或明显或隐含的关系（如绿箭口香糖与杜蕾斯在销售终端货物的摆放位置上常常互为左右），更多的品牌可能彼此之间并没有多少交集（如飞亚达表、Jeep车、美的电器），但在“感恩之心”上，诸多品牌却能瞬间找到共同、共通之处，并能很快在此基础上引发共鸣、形成共识，最终欣然与之“共舞”，共同合作上演了一幕营销大戏。

可供品牌互动利用的特殊的时间节点毕竟有限，而且也很难反复挖掘出不同的主题与新意。于是，更多的时候，广告营销人会基于某个品牌着力选择、提炼出具有吸引力和引爆点的话题，以话题带动其他品牌的积极参与，并引发各个品牌用户的热情围观。2019 年 1 月 24 日，安信地板围绕其品牌理念“让心安住”，在其官方微博以“#Inner Peace 时刻#”为话题，@了红星美凯龙、沃尔沃、一汽大众、我的旅行日记、顶级健身中心、全球 IT 快播 6 个品牌，其中有 4 个品牌迅速做出了回应。

抓住了好的契机和话题，还要以轻松、活泼、幽默的方式来表达。在碎片化时代，每个人都时常处于随意、快速浏览的状态，过于正规、严肃、拘谨的信息内容与传播方式，都只会被人们果断、坚决地忽视甚至无视；只有那些看一眼就能吸引人们注意，稍加注意就能心领神会、会心一笑的作品，才能真正深入人心。

第八章　数字营销公司经营之效果保证：全媒体精准投放

无论是传统广告，还是现今的数字营销，究其实质，都是通过一定的中介（媒体）进行目的性、效益性非常明确的信息传播与市场营销活动。无论其在内容、形式及相关技术上如何变化、发展，作为连接信息与用户、商品与用户的中介与工具——传播媒体、营销渠道，都是必不可少的。当然，传播媒体、营销渠道也随着日新月异的新技术的运用而不断更新换代。

第一节　广告投放的全媒体整合

数字营销的兴起与繁荣，在极大程度上得益于作为媒体、渠道、平台的互联网以及移动互联网的诞生与普及。在一定程度上可以说，数字营销与互联网就像孪生兄弟一样是一种共生的关系。但是，随着技术的不断发展，以及由此带来的营销理念的更新，如今，数字营销早已打破了互联网限制，冲出了互联网的边界，实现了全媒体、全渠道的整合。也就是说，与传统广告投放中的“媒介组合”相比，数字广告的投放方式进一步实现了质的飞跃，实现了全媒体、全平台的整合投放。

一、全媒体的概念

全媒体的概念，是在网络新媒体的出现给传统媒体带来很大的挑战与困扰的背景之下，行业内的实践者与研究者纷纷思考、探索传统媒体该向何处去、如何摆脱自身困境并求得新的发展时提出的，与之相关、相近的概念还有媒体融合、多媒体等。

在2019年1月25日召开的中央政治局第十二次集体学习会议上，习近平总书记将“全媒体”的概念具体诠释为“全程媒体、全息媒体、全员媒体、全效媒体”。对此，人民日报专门发文予以解释——“全程”，突破了时空尺度，零时差、“五加二”、“白加黑”，传播随时随地都可以发生；“全息”，突破了物理尺度，所有信息都可以变成数据，用一个手机就可以获得；“全员”，突破了主体尺度，从“我说你听”的一对多传播，变成了多对多传播，互动性也大大增强；“全效”，突破了功能尺度，集成了内容、信息、社交、服务等各种功能，成为“信息一条街”。这样的全媒体，让信息无处不在、无所不及、无人不用，导致舆论生态、媒体格局、传播方式发生深刻变化[①]。

在新闻传播业，国内外一些新闻媒体机构在探索媒体融合方面较早开展了一些全媒体实验，尝试建立“全媒体新闻中心”；而从国内学术研究的角度，2009年，中国人民大学新闻学院教授彭兰在其论文《媒介融合方向下的四个关键变革》中明确提出并解释了“全媒体”的概念：“全媒体化，则是指一种业务运作的整体模式与策略，即运用所有媒体手段和平台来构建大的报道体系。单一报道仍然可以是单媒体、单平台、单落点的，但是它们共同组成了一个大的报道系统。从总体上看，报道便不再是单落点、单形态、单平台的，而是在多平台上进行多落点、多形态的传播。报纸、广播、电视与网络是这个报道体系的共同组成部分。”[②]她主要是站在媒体机构新闻报道整体运作的立场上来谈论全媒体，强调的是多种媒体与平台的整合与协同作战。

---

① 本报评论部. 让主流媒体成为“全媒体”——回答好媒体融合发展的时代课题②. 人民日报，2019-01-30.

② 彭兰. 媒介融合方向下的四个关键变革. 青年记者，2009,（6）：22-24.

之后，整个传播业界、学界进入了全媒体实践与研究的热潮，“全程媒体、全息媒体、全员媒体、全效媒体”可以说是对全媒体概念最全面、最精炼的概括与总结。

二、全媒体整合广告投放策略

与新闻报道相比，广告与市场营销更加注重多媒体、全媒体的整合运用。早在以大众传播媒体为主导的传统广告与营销时期，广告营销活动就已经非常注重通过多种媒体、多种渠道传播信息、促进市场销售。20 世纪 90 年代风靡全球的整合营销传播理论，其核心理念就是：围绕同一个营销目标，整合各种活动、各种媒体、各种渠道，共同传递同一个声音。具体到广告投放环节，业界普遍采用、学界强力推荐的投放方式就是“媒体组合”。

媒体组合的广告投放方式与单一媒体的运用方式形成鲜明对比：不是单兵、孤军作战，而是走联合的道路，将各具特色、各有优劣的不同类型的媒体，或同一类媒体中不同定位、不同层级的媒体有机地整合在一起，彼此之间取长补短，最终收获 1+1 > 2 的效应。

全媒体整合的广告投放方式则是传统的媒体组合方式的升级版。在互联网、移动互联网平台上，各种新媒体不断涌现并快速更新，极大地拓展、丰富了数字营销的渠道与通路；特别是随着各种高新技术的普遍运用，出现了“万众皆媒”“万物皆媒”[①]的盛况，更是让数字营销的战场与阵地不断扩充、延伸。于是，对数字广告的投放来说，可供选择的范围与种类变得更加宽广——传统媒体与新媒体，线上与线下，“人媒”与“物媒”，尽可任其调遣，全媒体整合顺理成章地成为一种必然。

（一）数字时代媒体的主要类别

进入互联网时代之后，各种新媒体层出不穷，呈现出错综复杂的局面。从企业营销的角度，国外较早开始了对数字营销活动中常用媒体的分类研究。2008 年

---

① 彭兰. 新媒体传播：新图景与新机理. 新闻与写作，2018，(7)：5-11.

左右，一种新的媒体归类模型“Earned/Owned/Paid media”被引入我国[①]，众多媒体被划归到三个不同的阵营：赢得媒体（earned media），自有媒体（owned media），付费媒体（paid media）。对企业而言，赢得媒体是指虽然不由企业自由支配、免费使用，但是企业通过富有创意的营销策略可以吸引这些媒体主动地免费为其进行信息传播，如传统媒体、门户网站的新闻报道、信息转载等；自有媒体就是其自身拥有、掌控的媒体，如官方网站、官方微博、微信公众号及其他社交媒体的账号，其主要特点是全权由企业自主掌控，发布信息快速、直接而且免费，受众与用户都相对明确、集中；付费媒体指的是其他机构拥有、掌控的媒体，企业如果想利用它发布广告营销信息，必须获得媒体机构的允许并交纳一定的费用。在这三类媒体的基础上，有人进一步深入研究，认为基于社交媒体、自媒体的兴盛，以及口碑传播、互动传播的普及，还应加上第四种媒体：分享媒体（shared media）[①]。由此，数字营销活动中全媒体的阵营便聚齐了 4 大类媒体，具体如图 8-1 所示。

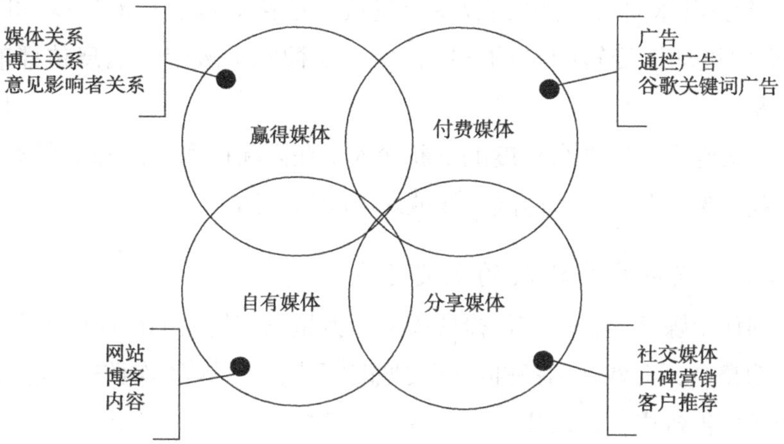

图 8-1　媒体类型图

资料来源：https://garygeng.com/marketingplan/earned-owned-paid-media/

① 蓝色策划. 赢得媒体 Earned/自有媒体 Owned/付费媒体 Paid/分享 Shared 媒体的区别. https://garygeng.com/marketingplan/earned-owned-paid-media/[2018-03-25].

这个归纳总结很全面，并具有典型的代表性，几乎可以将数字营销传播涉及并实际运用的媒体全部涵盖其中，既有新媒体，又有传统媒体；以线上媒体为主，同时也包括了线下媒体。

此外，著名的营销学者舒尔茨在其《重塑消费者—品牌关系》一书中，启用“传输系统”替代传统的“媒介（体）”概念，并将广告营销传播的传输系统划分为两大类：对外（或“推”式）的传播传输系统，互动（或“拉”式）的传播传输系统。对外（或“推”式）的传播传输系统主要涵盖了传统大众传播媒体，如报纸、杂志、广播、电视，以及户外媒体、门户网站等，这些媒体上登载的广告常常站在广告主、营销代理商的立场，一致向外、面对消费者单向输送广告营销信息；互动（或“拉”式）的传播传输系统则更加有助于实现双向互动，可以通过有创意的信息“去‘拉’或者吸引消费者与品牌互动”，如体验式营销、交互式沟通、人对人的互动营销、数字互动营销、整体的消费体验和激活[①]。舒尔茨对两类媒体的划分主要着眼于消费者/受众媒介使用行为的改变，传统媒体时代，消费者/受众是被动地接受信息；网络媒体时代，消费者/受众由被动接受转向主动选择，由此从根本上改变了信息传播的立场、观念与方法。

随着各类媒介之间融合程度的不断深入，在高新技术支撑的全媒体平台上，快捷、便利地整合各种媒体协同作战成为可能与必然。

（二）全媒体广告投放的主要方式

数字时代全媒体整合的广告投放策略，就是以广告营销目标和用户的行为为指南，全面整合，有效利用各种不同类型的媒体，形成媒体矩阵，以保证广告投放的精准和广告效果的最大化。

矩阵本为数学术语，指的是按照长方阵列排列的复数或实数集合[②]。在各种新媒体不断诞生，“万众皆媒”“万物皆媒”成为现实，“泛媒体化”现象日益普遍的媒介环境下，矩阵的概念被引入传媒业，媒体矩阵成为一个热门词汇。媒体矩阵，

---

① 舒尔茨 D E，等. 重塑消费者—品牌关系. 沈虹，郭嘉，等译. 北京：机械工业出版社，2015.

② 百度百科。

也就是围绕某一个目标，将多种不同类型的媒体集合在一起，相互协调、配合，以形成最佳阵容，发挥最佳效益。无论是传统媒体机构、互联网与移动互联网平台自身的经营与发展，还是利用这些媒体平台进行数字营销活动，都需要按照各自的实际状况与目标，整合多种不同类型的媒体及平台，构建互为犄角、相互支撑的媒体矩阵，以确保其信息传播、营销活动在更广泛的范围内更精准地聚焦目标用户，收获更好的效果。在此，我们重点讨论的是数字营销活动应组建怎样的媒体矩阵才能更好地实现广告效益与营销目标。

针对这一问题，已有一些研究者对行业内的探索性做法进行总结：有人将新媒体矩阵划分为三种类型——协同新媒体矩阵、覆盖新媒体矩阵、联动新媒体矩阵。协同新媒体矩阵指的是在同一个媒体平台上，以多个不同的账号组成矩阵，如拥有多个产品线的企业可以在微信平台上为每一个产品分别申请、注册订阅号和服务号，建微信群，这样多个产品的微信订阅号、服务号、微信群集结在一起，就可形成协同作战的媒体矩阵。覆盖新媒体矩阵主要针对不同的用户需求，选择不同的媒体平台形成媒体矩阵。由于不同的媒体平台的用户不尽相同，通过覆盖媒体矩阵发布信息，便能在一定程度上扩大信息的覆盖范围，从而影响更多的用户。联动新媒体矩阵则是在同一时间节点，将两个或更多不同主体的媒体平台集结在一起形成矩阵，在各有分工的基础上合作推进广告营销活动①。还有人站在企业的角度，认为新媒体矩阵由横向矩阵和纵向矩阵组成。横向矩阵指的是企业选择不同主体、不同类型的媒体构建而成的全媒体矩阵，可以非常全面丰富，又称为“外矩阵”；纵向矩阵则类似于上面介绍的协同新媒体矩阵，是企业在同一个新媒体平台上基于多个不同的产品线而建立的生态布局，又称为“内矩阵”②。

企业之所以发动广告营销活动，就是为了以有限的经费投入发挥最大的市场效益。而广告效益的获得又是以其信息传播的范围与精准度为基础的，这就要求广告的投放策略要与之密切配合。既然媒体矩阵是在全媒体整合的基础上形成的

---

① 什么是新媒体矩阵，我们要怎么去搭建呢？https://www.jianshu.com/p/2b27a5423a11[2018-01-22].

② 8700 字详解，新媒体矩阵搭建不完全指南！http://www.woshipm.com/operate/1727974.html[2018-12-12].

最佳阵容，那么，这个最佳阵容应该尽可能全面地覆盖、调动一切可以利用的媒体资源，以扩大传播范围并提升信息送达的精准度，即传统媒体与新媒体并用，线上媒体与线下媒体打通，“推”式媒体与“拉”式媒体配合，多路出击、立体作战。具体来说，就是在赢得媒体、付费媒体、分享媒体、自有媒体四类不同媒体中，基于自有媒体和付费媒体的广告投放，激发、吸引赢得媒体和分享媒体主动、免费地转发、转载甚至报道。其大致流程如下所示。

首先，立足于企业自有的阵地：官方网站、微博、微信订阅号和服务号，以及其他社交媒体账号，第一时间发布有关企业、品牌及产品的各种信息；同时在广告预算范围内，选择契合自身广告营销目标、聚集最多目标用户的各种付费媒体，如传统大众传播媒体、门户网站、垂直领域网站投放品牌广告。

其次，充分利用企业中高层的个人社交媒体账号，转发、分享企业及品牌的各种信息、广告及促销活动，同时调动 KOL 的影响力，让其为企业、品牌生产并传播内容，或是转发企业、品牌的相关信息与广告。这一环节的信息投放如果精准到位，将极大地吸引品牌用户、粉丝（包括品牌粉丝和 KOL 的粉丝）积极主动地参与其中，点赞、转发、评论等，由此形成强大的社会效应，使企业、品牌及品牌广告成为人们热议的话题、关注的焦点。

最后，当品牌的广告营销活动成为社会热议的事件，上了各种热搜榜之后，会引来更多人的关注、研究及评点；自然而然地，也会引起权威、主流媒体的重视。传统大众媒体、门户网站大量的报道、评论，无疑是再添一把火，将广告营销活动的覆盖面、影响力推向最高点。至此，对品牌用户来说，注意力的吸引，兴趣点的激发，重要信息的传达，情感的共鸣与观念的认同，都一一实现，用户主动融入其中为之摇旗呐喊的热情，也被成功激发。这时，广告营销活动的“变现”与转化自然也就水到渠成。在数字营销市场的现实运作中，这一套全媒体整合投放的组合拳可以说是屡试不爽，已有很多成功的案例作为支撑。

与传统广告时期的媒体组合相比，数字营销的全媒体矩阵在很多方面实现了升级。在总结广告媒体组合运用的意义时，人们一致认可的结论是：媒体组合能够增加总效果和到达率；能够弥补单一媒体传播频率的不足；能够整合不同媒体的优势，形成合力，扩展传播效果；能够相对减少成本，增加广告效益，有利于企业量力而行。[①]由于传统广告主要以大众传播媒体为主，少量兼用其他媒体户外媒体等；而大众传播媒体在相当长时间里均是紧俏资源，特别是强势媒体如电视，所以当时的媒体组合投放策略更多的是在一定的广告经费的基础上，在有限的媒体资源中达成某种折中与平衡，如强势媒体与弱势媒体结合，紧俏媒体与非紧俏媒体结合，价格昂贵的媒体与价格较低媒体组合，其追求的主要目标集中在广告投放的频次、到达率、毛感点、千人成本等数字上，期望在广告周期中以有限的投入形成较大的声势。当时，人们对成功的广告活动的形象描述是"电视上有画面、报纸上有文字、广播里有声音"。与传统广告媒体组合将大部分广告经费用于购买媒体的黄金版面与时间以营造、凸显广告的声势不同，数字广告投放的全媒体矩阵更多地聚焦于使用媒体的"用户"，主要依据在大数据汇集与分析基础上得出的用户画像选择恰当的、有针对性的媒体形成媒体矩阵，而且这个媒体矩阵还能够全流程引导、激发用户主动点击、观看、理解、反馈，直至注册、下单，最终实现"引流"与"转化"，真正让广告营销活动的效益落到实处。此外，由于全媒体矩阵对自有媒体、赢得媒体的重视和利用，使得广告主，特别是实力有限的中小企业，只要合理选择、科学运作，同样可以以非常有限的广告预算，搭建起完善且具有市场效力的媒体矩阵。

三、全媒体整合的基本原则

随着科学技术的不断发展，新媒体不断涌现，特别是物联网的普及，将会有更多的媒体新物种出现。在无论是媒体种类还是媒体数量都越来越多的传播环境中，广告营销活动的全媒体矩阵应该遵循的主要原则是什么呢？

（一）以用户为中心

数字营销时代，用户早已成为决定性的力量。无论是营销内容的生产还是分发，都要从用户的角度出发，以用户为中心，这是已经得到普遍认可的营销

① 倪宁. 广告学教程. 4 版. 北京：中国人民大学出版社，2014.

理念，数字广告的媒体选择与投放自然也不例外。如果说，传统广告媒体选择、购买的是媒体的“版面”与“时间”，那么，数字广告则是直接、精准地购买用户。

现今的媒体用户，特别是数字媒体的用户基本都出生于互联网普及之后，他们被称之为“互联网原住民”，天生地具备互联网思维、互联网精神，完全是以多元、开放的态度面对一切。这些互联网原住民的媒体接触行为既带有一定的共性，如主要以新媒体为主、注重体验、乐于参与，在手机上花费的时间很长，经常在各种不同的屏（大屏、小屏）之间来回转换等；同时又极具个性特色，一部小小的手机就是一个个体的小世界。与此同时，基于新媒体自身的特征及各种高新技术的深度渗透，诸多新媒体既是信息传播的中介与工具，同时又是销售、购买商品的渠道，再加之电子商务、线上支付、移动支付的普及，使得人们的购物行为也能直接在大屏与小屏上解决。两方面的因素结合在一起，使得数字营销活动确立 “以用户为中心”的理念成为必然，同时又为这一理念的顺利落地奠定了基础。

（二）顺应用户媒体行为，形成营销闭环

秉承“以用户为中心”的理念搭建的全媒体矩阵，既能够全面覆盖目标用户经常使用的主要媒体，保证各项信息送达到位；同时还可有效引导、激发用户主动参与到相关活动之中；更为重要的是，如果矩阵内各媒体的出场顺序顺应用户行为环环相扣地进行排列，就有可能形成营销闭环，即从信息精准投放开始，一步步引导、促进用户消费行为的发出。

广告营销活动的最终目的是引导、激发消费者发出消费行为。换句话说，是否了解、顺应消费者的消费行为，是广告成功的关键。消费行为既复杂多变又充满个性色彩，会随着时代、市场及相关因素的变化而改变。在传统媒体时代，广告营销活动对消费行为的实际影响轨迹与程度是难以跟踪记录及计算的；如今的新媒体则在这方面具有天然的优势，只要用户点击鼠标、滑动屏幕，在互联网上出现痕迹，其所有的活动及活动轨迹都会被一一将记录在案。这一方面为广告主、数字营销代理商收集数据、深入全面地研究洞察用户带来了便利；另一方面更是

为数字营销活动的开展提供了行动指南。具体到数字广告的全媒体整合投放，首先，有利于快速、精准地抓取到目标用户；其次，有利于在对用户网上行为轨迹及规律了如指掌的基础上，有针对性地选择、搭配媒体以及各媒体出场的先后顺序，进而恰到好处地引导、激发用户一步一步地沿着事先设置好的流程向前推进，如进入企业自有媒体了解信息，产生兴趣后主动点击相关链接，或是主动搜索热门话题并转发，或是发表自己的评论，坚定信念之后直接进入购物网站下单购买。这样，全媒体矩阵也就成了一个营销闭环，其具体过程、实际效益都直观、清晰地呈现出来。

（三）让每一笔广告投入都落到实处

在传统广告时期，80%左右的广告预算集中在媒体版面和时间的购买上。投放在重金购得的广告位上的广告是否真正有效、实际产生了多大效果，是任何人都无法保证、无法回答的。究其原因，主要在于：花钱买来的版面与时间只是一个广告位，出现在这个广告位上的广告及广告信息究竟有没有人看、有多少人看，难以准确估算；特别是看过这个广告后又有多少人被成功说服发出了消费行为，更是无从考核、计量。

进入新媒体时代，这一系列问题迎刃而解。我们从一个最直观的角度——广告媒体费用收取的方式来看，传统广告直接按版面的大小、时间的长短以及版面和时间所处的位置（黄金、非黄金等）计算和收取费用；互联网广告早期，则是按点击量即多少人点击打开广告计费，后来按流量计费。相对而言，点击量与流量是一个个具体的数据，似乎能够体现实际的效果，但其中虚假、作弊的情形也很普遍，而且只是对一个单独行为的计量，需要改良；到现在，按照CPA、CPL（cost per lead，每潜在获客成本）、CVR（click value rate，点击转化率）计费早已成为主流，这些计费方式，不仅涵盖了广告投放的全流程，而且更加关注、强调营销传播活动实际的产出效果。在这样的原则指导下筛选出的媒体，自然能够不辱使命，大大提高广告预算的投入产出比，实现营销效益的最大化。

第二节 精准到用户的信息送达

精准，是数字营销区别于传统广告的最主要特点，也是数字营销活动达成实际市场效果最充分的保证。可以说，对精准的追求，早已渗透到数字营销的各个环节，从基于大数据的汇集与分析实现对目标用户的准确把握，到依据用户画像为之定制内容与个性化的创意，再到追踪用户行为轨迹适时将“这一则”广告呈现在其眼前……只有各个具体的环节做到精准，方能最后使效果如期实现。

一、从信息发布到信息送达

自广告诞生的那一刻起，其主要职能就是传播有关商品、品牌的信息。这一点，一直延续到现在，从未改变。但随着市场需求的不断变化，广告的主要职能也在不断拓展。如果说，传统广告的目标较多地体现在通过媒体组合使商品与品牌信息得以多路径、立体化地发布与呈现，靠声势取胜；那么，数字营销则更进一步，期望通过将商品与品牌信息精准地送达到每一个用户，并实际地引导其一步步地完成从点击、评论、分享到下单购买的行为。

（一）传统广告投放强调如期发布

传统广告的媒体投放流程大致是：按照总体广告目标与广告策略选定媒体以及具体的广告位，并基于广告经费确立广告周期内广告投放的规模与频率形成细化的媒体刊播表，在与媒体机构接洽、排定之后，便依据媒体刊播表在相应的时间、相应的媒体广告位上发布、刊播广告。在这个流程中，那张媒体刊播表非常重要，它既是广告投放策略与计划的具体体现，同时又是各类广告作品如期投放的依据。但从本质上而言，媒体刊播表只是直观地展示广告主的各类广告什么时间、在什么媒体的哪些广告位上出现，出现多少次，以及出现多长时间。至于这些广告是否能被目标受众看到、听到，受众看到、听到后有没有后续行为，有什么样的后续行为，则基本不在这张媒体刊播表的考虑范畴内。也就是说，传统广告的投放大多数时候只专注于广告主的广告是否按计划在相关媒体上如期、依次出现，而对广告信息是否得以精准、有效的传播，则很难把握。

相对而言，传统广告中，只有那些促销广告经媒体发布后，其效果可能会很快并直接地呈现出来；而大量的品牌广告起到的主要作用则只是通过广告的发布不断地加深、强化对这个品牌的印象，很难在短时间内看到直接的市场效益。如果发布的广告又缺乏创意的话，则会导致其广告成为根本无人注意的盲广告，巨额广告经费最后也会被白白浪费。

（二）数字广告投放追求实时送达

互联网普及之后，随着网络技术、计算机技术、大数据技术等高新技术手段广泛运用于数字营销活动之中，传统广告媒体投放环节的诸多不足与缺陷在相当程度上得到弥补与改善，特别是广告投放的针对性、准确性得到了极大的提升，广告信息的实时送达成为现实。

数字广告的投放与传统广告投放有很大不同，具体表现在以下几个方面。

首先，传统广告的整体运作流程大致是从广告调研开始，经由策划、创意与表现，最后选择相应媒体投放广告。数字广告的运作则将媒体选择这一环节被提前了，很多时候，广告主或其数字营销代理商基于广告目标、目标用户画像以及广告预算情况，预先选择、确定具体的媒体渠道，然后再有针对性地策划、创意、生产广告内容并实时推送给目标用户。程序上的调整与变动使得数字广告的策划、创意与表现更能契合目标用户的需求、特性及喜好，进而保证信息传达的精准、到位。

其次，数字广告的投放业已实现自动化、智能化与个性化。提前创意、制作、完成广告，然后在诸多媒体反复播放同一件作品的传统广告做法早已被数字广告抛弃。许多数字广告都是在线上利用程序化创意软件，根据实时在线的“这一个用户”的画像瞬间合成并推送给他的，基本做到了“千人千面”。对每一个用户来说，与“千人一面”的大一统广告相比，“千人千面”的感觉与体验自然更好。

最后，传统广告一经制作完成便很难再作调整、改变，除非有重大问题与缺陷，因为其制作本身就相当耗时耗力，修改起来也非常麻烦。这些麻烦与问题，到了数字广告时代则可以轻松解决。程序化广告在投放的过程中实际产生的效果——用户是否点击广告，点击之后是否有后续行为，如访问企业网站、将相关产品放入购物车中……都可以直接、实时呈现出来。一旦针对用户的某一个广告效果不明显，在线上就可以非常及时、方便地对广告进行调整与优化，进而保证实实在在的广告效果。

正是有了以上的改进，数字广告的投放在数据驱动的基础上，真正实现了自动化、智能化、个性化、实时化，使得商品信息能在正确的时间、正确的地点以恰当的方式精准传递给对的人，让每一笔广告投入都有看得见的回报。

二、精准到用户的程序化投放

数字广告早已实现精准到用户的程序化投放，而且还是从广告位（用户）购买到广告投放整个流程的程序化。程序化，"指的是通过编程建立规则或模型，使得计算集群能够对海量数据进行完全自动的实时分析和优化，这种手段贯穿广告购买的每个环节，从挑选、购买、投放、跟踪、分析、到优化"①。也就是说，数字广告业已实现全部投放流程的程序化，从广告位（用户）的分析与购买，到广告的程序化创意及投放，以及广告效果的分析与回馈，再到广告的优化，这一切，都可以在线上基于广告交易平台精准、自动、智能、实时、快捷地实施完成。也就是说，在一个完善、健全的广告交易平台上，数据汇集、数据分析与广告投放三个环节可以被整合在一起，形成"三位一体"模式，让广告主、广告代理商能够自动采集媒体资源，简化投放流程与路径，并实现优化投放②。

（一）数据分析与程序化购买

数字广告的精准投放是以大数据、大数据技术为基础和前提的。也就是说，没有海量数据存储技术、海量数据分析技术，数字广告的精准投放是不可能实现的。传统广告时代，无论是广告主掌握的消费者数据，还是媒体拥有的受众数据，数量都非常有限，而且各种数据之间的关系常常是孤立、隔离的，这就直接导致

---

① 杨炯纬. 解谜程序化购买. 声屏世界·广告人，2014，(3)：157-158.

② 霍雨佳. 一个平台实现程序化购买. 成功营销，2014，(10)：26-27.

对消费者的把握、对受众的了解都只是基于非常有限的零散数据进行的猜测，都是粗线条的模糊结论。以此为依据确立的广告媒体策略，自然与“精准”存在相当大的距离。数字时代，借助于诸多高新技术在广告营销中的广泛运用，对海量数据的跟踪、收集、存储与分析成为相当便利而又快捷的事情，数字广告的精准投放亦由此而具备了坚实而深厚的基础。

一方面，广告主或数字营销代理商基于品牌的营销目标与市场定位，依据自身拥有、掌握的来自于各个渠道的消费者数据，绘制出精准的目标消费者画像，并在此基础上确立广告策略、媒体投放策略。具体来说，就是明确其广告针对谁、在哪些媒体及渠道、说什么样的信息。

另一方面，在互联网平台上，所有用户的所有行为均被有效跟踪、记录、存储及深度分析，其个性特征、心理需求及兴趣爱好均一一清晰而又直观地呈现出来，如其主要在何时、何地、以何种设备主要浏览哪些网站、网页及 APP，对哪些类型的信息进行深度阅读，其购物车中有哪些种类的商品，实际下单购买过何种商品，等等。

精准的程序化购买，就是建立在对以上两个方面的数据进行分析的基础之上：当某一个用户点击鼠标或滑动屏幕打开网页时，广告交易平台上入驻的各方便快速做出反应：SSP 根据广告位代码直接在广告交易平台上拍卖可以被这一个用户实时看到的广告位；与此同时，DMP 依据相关数据对这一个用户进行识别与深度分析，得出这一个用户的精准画像——这是一个对某一具体产品（A）有明确需求的用户；随后，这一个适合 A 类产品的广告位便会在广告交易平台上吸引相关品牌的广告主或其 DSP 展开竞价。最后，出价最高的品牌获得这一个广告位，品牌专为这一个用户量身定制的广告便很快推送给他/她。也就是说，当线上出现的这一个用户的画像正好与品牌的目标消费者画像高度吻合时，这便是一个绝佳的广告位，是最值得品牌广告主投资买断的，因为这一个用户就是品牌的目标消费者，对他/她投放广告最有针对性，最易产生效果并带来直接效益。

在广告交易平台上，一个程序化购买行为的完成一般耗时都在 100 毫秒内，非常快捷。但其背后蕴含的分析与思考却一点也不少，只有将方方面面的工作都一一做到位，100 毫秒短、平、快的反应才能收获稳、准、狠的效果。除了上面所说的多方面的数据分析与挖掘之外，定向技术的运用对程序化购买至关重要。“数字营销的定向技术，指的是依托于互联网，对用户几乎所有网上行为进行个性化的深度分析，按营销人和广告主的需求锁定目标受众，进行一对一传播。定向技术直接将互联网广告的采购方式进行了革命性的改变，由传统的按媒体采买转变为按受众购买，从而实现精准投放的目的。”①从总体而言，广告主的受众（用户）定向方向主要有两个：开发新用户、维系老用户。为了准确吸引、开发新用户，需要设置合理的基础定向与人群标签定向②。基础定向的类型包括语言定向、地域定向、设备（浏览器、操作系统）定向、客户端定向等。人群标签定向又可分为预定义人群标签和自定义人群标签。前者主要依据人的基本属性、兴趣爱好、行为倾向等因素进行定向；后者则是根据广告主目标受众提炼出来的用户群体，如“经常接触某一网站的高端男性用户”。维系老用户（回头客）采用的方式主要是重定向。老用户指的是光顾过广告主官方网站或 APP 的用户，他们或是访问过广告主的官方网站或 APP，或是注册过账号，或是购买过商品，程度各不相同。对他们的重定向就是要有针对性地投放个性化广告以“唤醒沉睡用户，召回流失用户”。②可以说，正是在数据分析基础上对各种定向技术的灵活运用，最终保证了数字广告的有的放矢。

程序化购买的主要交易方式有两大类：公开交易与私有交易。公开交易模式主要是 RTB，私有交易模式则包括 PA、PD、PDB 等。

（二）程序化创意与广告投放

经由上述环节，数字广告在哪个媒体平台、向谁投放的问题得以解决，接下来就该思考广告究竟说什么及怎么说。“说什么”解决的是广告的内容问题；“怎么说”则主要关注广告的表现形式。总之，轮到最让广告人神往而又费脑的“创意”登场了。

传统的广告创意完全依赖人的大脑，在相当程度上是广告人及广告公司智慧、创造力与竞争力的集中体现，而且其重点主要落在“怎么说”。因为当时的广告主

---

① 赵旭隆，陈永东. 智能营销——数字生态下的营销革命. 上海：上海文艺出版社，2016.

② 梁丽丽. 程序化广告：个性化精准投放实用手册. 北京：人民邮电出版社，2017.

要聚焦于商品信息，只要对受众的消费需求与消费心理稍加把握，“说什么”的问题很好解决。进入数字营销时代之后，社会环境、市场状况、技术手段及人们的生活方式、思维方式都发生了很大的改变，对数字广告而言，一方面，“说什么”的选择范围得到无限拓展，“一切内容皆可以成为广告”，由此，内容创意的重要性日益凸显；另一方面，随着诸多高新技术特别是人工智能技术的广泛应用，曾经以人脑为主导的创意被加上了一对高科技的翅膀，使之能够挣脱很多限制与束缚，自由地在高空翱翔。两方面结合使得数字广告创意的范畴无限扩大，而且也像广告位的购买一样，逐渐实现了程序化、智能化。

程序化创意，指的是基于大数据与大数据技术，针对目标用户的个性化需求，在广告交易平台上实时、自动生成广告作品，并准确送达给目标用户。

程序化创意的实施，首先，必须收集、整理、归类创意素材，建立创意素材数据库并上传到云端，这是在线自动生成广告创意作品的基础与前提。这个创意素材数据库汇集的数据应该尽可能包含所有的符号类别如文字类、音频类、视频类，兼顾所有不同类别的商品。因为只有类别与数量无限丰富，最后自动组合形成不同创意作品的概率才更大。第五章介绍过的湖南右脑科技公司推出的“创意按钮”，从 6 个维度汇集数据，每个维度的数据又细分成 18 小类，这些数据可以随机形成 260 多种不同的算法，即 260 多个不同的表达句式。在此基础上，又从产品角度再细分为 60 多个类别，基本涵盖了日常生活的方方面面。这样，利用“创意按钮”自动生成的每一类产品的创意数量从理论上可以达到 3 000 的 4 次方，至少可以将创意效率提升 144 倍[①]，这是人脑创意无法想象、难以企及的。

其次，要突出个性化与针对性。程序化创意启动之时，已经非常明确地知晓其所面对的究竟是一个什么样的用户，这个用户的画像以及关键性的标签就是程序化创意的指南。只有根据这一个用户的需求、喜好选择恰当的创意素材专门生成独一无二的广告作品，才能真正实现精准而有效的信息送达。

最后，程序化创意必须快速、高效地完成。前面说过，整个程序化广告投放的流程一般都在 100 毫秒内完成，程序化创意系统必须具备瞬间生成多则作品的

① 王正飞. “创意按钮 APP”：疯狂还是神奇？中国广告，2015，(11)：94-95.

条件与能力。据《智能营销——数字生态下的营销革命》介绍，筷子科技公司的程序化创意系统能“瞬间完成4 000张设计稿（不同创意元素，不同尺寸），进行互联网广告的投放，自动分析悬停与点击数据并进行创意和推送优化，达到了一般DSP平台投放正常情况下4倍的点击率”。[①]

经由程序化创意平台自动生成的广告作品，在生成的瞬间直接推送给这一件作品的“主人”，而正在线上的目标用户，有很大概率会点开这个专为他/她量身定制的广告。

（三）效果评估与广告优化

广告传播与市场营销活动，都是有明确的市场效益目标的。数字广告被人们一致认为有效地解决了困扰广告主数十年的关于广告费被浪费了一半的疑惑。对广告究竟有没有实际效果、有多大实际效果等问题，数字广告也给出了直接、清晰、科学的回答。

程序化广告投放的所有流程，都是实时、快捷、自动、智能地运行、推进的。为了及时了解广告作品推送给用户后产生的实际效果，程序化创意平台充分利用、发挥技术优势，从细节入手，让用户对推送给他/她的广告作品的反应能够直接反馈回来，并针对反馈结果及时进行调整及优化。

首先，在创建创意素材数据库时，给每一个素材都加上跟踪监测代码。即将数据库中的所有创意素材都“以元素ID标签的形式进行定义，这样针对不同场景的多样化创意就可以通过元素 ID 配置融入一段代码里”。[②]当这些添加了监测代码的创意元素被组合进广告作品并投放给目标用户之后，系统就会回收到用户接触这个广告时的相关数据，通过对这些数据的分析，便可判断、知晓各个创意元素在广告中实际产生的作用及效果。一般来说，对程序化广告特别是落地页的效果监测与衡量主要聚焦于页面触达、点击分布、阅读时长等指标。

其次，便可根据“创意试错”的结果对广告作品进行调整、优化。与传统广告创意形成广告作品之后很难因人而变、因时而变不同，数字广告的程序化创意

---

① 赵旭隆，陈永东. 智能营销——数字生态下的营销革命. 上海：上海文艺出版社，2016.

② 韩霜. 程序化创意的现状和发展路径分析. 广告大观（理论版），2017，（6）：77-87.

是一个动态创意的过程，通俗地说就是程序化创意可以做到随时因人、因时、因地而变，如果实时反馈的数据显示效果不佳，即可调整广告创意素材或其他要素，以优化广告的相关指标，如提高点击率，延长页面停留时长，最终促进注册率、转化率的增长。在程序化广告的投放过程中，广告创意作品、落地页等都必须进行 A/B 测试，甚至是更多版本的测试，然后通过反馈的数据测试哪个版本的效果最好，并决定最终采用哪个版本。这样既可以节约人力物力、提高工作效率，又可以保证广告效果，让广告主的每一笔广告投入都收获实实在在的市场回报。

最后，在多版本创意组合的不断测试过程中，会反馈很多数据，将这些数据整理、分析之后汇集到程序化创意数据库，可以进一步丰满、提升对目标用户的洞察与整体把握，直接为后续的广告营销活动积累经验，提供更明确、更有效的借鉴与指南。

至此，整个程序化广告的投放过程又形成了一个良性的闭环：当广告交易平台将一个广告位的页面信息及实时在线的用户信息传递给程序化创意平台，程序化创意系统迅速启动，根据这个用户的独有标签为之量身定制个性化的广告，并反复加以测试、优化直至达到最佳效果。其间反馈、积累的用户数据又反馈回流到程序化创意平台，为下一次的广告创意与投放提供更多、更有针对性的数据及策略支撑。如此循环往复，使程序化创意的投放效率与效益不断提升。

第九章　数字营销公司内部管理

对于任何一家企业、公司来说，正常有序的经营都需要有严格规范的管理作为基础与前提。没有科学有效的管理，企业的经营活动必将陷入无序与混乱状态。

诞生于互联网时代的数字营销公司，顺应着新的时代背景、新的思维方式，以及诸多新的技术手段，其内部的日常管理在很多方面都有了新的改变，包括管理的理念、系统与方法等。

第一节　人力资源管理

人力资源管理，简单地说，就是对“人”的管理。其主要内容有：如何选人、如何用人、如何留人、如何使人的价值得到最大限度的发挥，等等。

无论何种性质的组织机构，“人”都是最宝贵的、必不可少的因素。即使是在人工智能技术飞速发展并广泛运用于各行各业的今天，“人”仍然是任何机器都无法取代的。特别是在从属于服务行业的广告营销领域，更是如此。

一、员工的聘用

一家公司成立之初，最首要的任务就是招人。只有有了人，公司才能正常运转起来。随着公司业务的不断拓展，还需不断吐故纳新、吸引新鲜血液加入，以充实、优化员工队伍。因此，数字营销公司的人力资源管理，第一要务就是招聘到适合公司需求、有利于公司业务开展及未来发展的人才。

（一）招聘

人力资源在相当程度上决定着数字营销公司的成败得失，具有十分重要的决定性的意义，必须引起高度重视，在招聘员工的程序、渠道与方法上要严格把关。

1. 员工招聘的程序

首先，从公司经营及发展战略的角度制定招聘计划。招聘什么样的人、招聘哪些岗位、招聘多少人，都要契合公司自身的定位和发展目标，并在此基础上明确提出对各个岗位、各类人才的聘用标准和具体要求，以及招聘活动的具体流程，以利于应聘者权衡、选择。

其次，多渠道、多方式发布招聘信息。与传统的招聘活动主要借助大众传播媒介、劳务市场发布招聘信息相比，互联网时代有了更多可供选择的渠道与方式。除了保留、沿用传统的渠道与方式之外，还可选择更加快速、便利的线上渠道发布信息，而且线上渠道非常便于招聘者与应聘者的沟通与互动，大大提高了工作效率。线上与线下结合，多种媒体与渠道相互配合，如利用官方网站、官方微博、公众号及各种人才招聘网快速发布信息，再通过人才市场、各高校举办的人才招聘会面对面宣讲、沟通，能产生很好的效果。

最后，按计划对应聘者进行筛选、考核，决定是否录用。一般来说，这一环节包括以下几个步骤：依据聘用标准与要求对所有应聘者的简历进行筛选，初步确定入围人员名单；接着通过笔试决定应聘者能否进入面试（也可省略笔试）；面试依据公司实际需要可以进行一轮，也可进行多轮，直至最后做出是否通过面试的结论，并通知应聘者。

2. 员工招聘的标准

传统广告公司在长期的人才招聘中早已提炼出了一般的选人用人的基本原则，即良好的智力与沟通表达能力、诚实的品德，以及丰富的经验[①]。进入网络时代、数字时代之后，这些原则中的大多数仍然普遍使用，如良好的智力、优秀的

---

① 何海明. 广告公司的经营与管理：对广告经营者的全面指引. 2 版. 北京：中国物价出版社，2002.

沟通与表达能力、诚实高尚的个人品德。但也有了一些新的改变，如丰富的经验这一条，在数字营销公司初创的时期，所有的人对网络广告与营销根本没有任何经验，完全是从零开始，摸着石头过河，边学边做。即使 20 多年后的今天，数字营销行业还是一个新兴、年轻的行业，从业者都非常年轻，很多数字营销公司员工的平均年龄也多在 22~25 岁；新进人员大多数为大学毕业生，相对而言行业的实践经验也比较缺乏。因而是否有经验不再是数字营销公司选人的主要标准。与此同时，顺应市场的变化，又增加了一些新的选人用人的原则。

积极的态度。如今的求职、应聘者队伍主要由 90 后构成，再过两三年，00 后大军又将加入其中。这批人应该是与互联网一起成长的，其世界观、价值观、人生观明显地带有新时代的特色。基于数字营销行业的特色，在招聘新人的时候，“态度”成为许多数字营销公司考察的重要指标。牵牛信息科技有限公司总裁袁俊在接受采访谈及对年轻人的要求时强调：“不要指望什么钱多、事少、离家近。要当真正做事的人，这是一个根本性态度。”[①]也就是要求新入职的年轻人要有积极、主动、热情的做事态度，要脚踏实地，不要好高骛远，不能贪图享受，不能紧紧抱着个人主义率性而为，这是进入任何一个行业都必须具备的基本条件。很多时候，“态度决定一切”。

全面的素养。长期以来，广告在人们心目中一直就是一个综合性、交叉性的学科、专业和行业。一方面，从个人的成长来看，需广泛涉及多个学科的理论与知识，如传播学、营销学、社会学、心理学、文学艺术、科学技术等；另一方面，广告公司招聘员工也会兼容各类专业人才。进入数字营销时代之后，“世界是平的”的观念渗透、表现在各个领域，各行业、各学科之间的边界日趋模糊，兼容、包容成为普遍现象。如今，数字营销公司的经营广泛涉及广告、营销、咨询、公关、新闻，同时还要将最新的科学技术以最快的速度付诸应用，开发、研制新的系统、平台及产品，这无疑对公司的每个员工提出了更高的要求。简单概括就是：视野开阔、见多识广；知识面宽且结构合理；既有智慧的头脑又能身体力行地执行，

---

① 万木春，胡振宇. 数字营销再造：“互联网+”与“+互联网”浪潮中的企业营销新思维（服务篇）. 北京：机械工业出版社，2016.

智商与情商随时在线，新、旧媒体的特性都很熟悉且能融合使用，线上、线下的营销手段都了如指掌、运用自如……具备这些特质的人在职场一定大受欢迎。

学习能力。信息时代，知识与信息的更新速度非常快捷。当毕业生进入职场后，可能很快就发现，在大学课堂学到的理论与知识早已落伍、过时，这一点在变化多端、发展迅速的数字营销行业尤显突出。在数字营销人员的日常工作中，很多时候要面对、处理的都是全新的、没有现成的经验及方法可以借鉴的未知世界，这时，营销人必须在已有知识和经验的基础上重新学习、探索新知，找到解决问题的新的途径与方法。因此，数字营销公司在考察应聘者时，自然会将应聘者是否具有自主学习、自我提升的意识与能力作为非常关键的考核点。面对快速变化的未来世界，人的学习能力远比他掌握了多少已知的知识更为重要。

创新意识。中国广告行业自 1979 年恢复之后，相当长时间内基本上都是在学习、借鉴西方发达国家特别是美国的广告理论、运作流程及方式方法，并结合中国的实际情况加以运用，相对而言，独创性的东西较少；或者说，在当时的时空背景下，化用现成的理论与方法足以支撑、满足市场对广告的需求及要求。但在进入网络时代、数字时代之后，中国广告营销行业基本处于与世界同步的状态，全球的数字营销人都站在同一起跑线上，没有现成的模式和方法可以借鉴，大家都要从零开始，琢磨探索怎样在这个全新的网络世界里用全新的方式达成广告营销永恒的目标。数字营销与传统广告虽然有天然的、割不断的继承关系，但无论是思维方式、理论体系，还是具体的操作流程、手段方法，都需要重新建构。在此，创新意识、创造能力就显得至关重要。回溯数字营销公司 20 多年来的发展历程，我们可以清晰地感知到创新意识、创造能力在其中发挥的重要作用。正是有无数先行者敢于突破传统与成规，勇于探索、尝试新的手段与方法，才有了中国数字营销行业不输西方发达国家，甚至在某些方面超越、领先西方发达国家的现状。

数字营销行业是一个开放、年轻、充满激情的行业，同时也是一个急需人才的行业，适合于来自各学科、各专业的有志青年。用数字营销行业领导者的话说就是：“我们这个行业招人，叫‘不限年龄，不限学历，不限长相，不限取向’。当然我们也有三要求，就是要‘微博控、好人、不傻’。”[①]门槛似乎不高，但要求也不低。

（二）培训与任用

收到录用通知的准员工进入数字营销公司之后，面临的第一个环节就是新人培训。

新人培训一般围绕以下几个方面的内容展开：其一，公司的发展历程、经营理念、企业文化以及规章制度等；其二，公司的主要业务领域及内容、成功的案例及经验，以及未来的发展方向；其三，各个团队、岗位的具体职责、任务与要求；其四，基本的职业道德，必须遵循的法律法规。

新人的入职培训大多以集中培训的方式进行，所有新近加入公司的员工汇集在一起，完成作为职场新人的入职教育。相对而言，入职教育比较务虚，主要让新入职人员对公司、职场、业务流程、业务规范有一个全面的框架性的了解，以便其更快、更好地进入角色，融入团队。

随后，每一个新人依据双向选择的结果，进入具体的团队、承担相应的工作。在以部门制为主要组织结构方式的传统广告公司，新人分配到一个具体的部门（如客户部、市场调研部、创作部、媒介部等）之后，会指派一个富有经验的老员工作为老师，以师傅带徒弟的模式度过职场初期的适应阶段。与之不同，现在的数字营销公司早已舍弃了部门制的组织建构方式，普遍采用的是团队制。一个团队内汇集了各种必备人才，全权运作广告营销活动。自然而然，新入职人员进入的是一个由多人组成的团队，传统的师徒制已经不适应数字营销公司的业务机制，一个人传、帮、带的效应肯定不及“用团队来融合他”的力量，而且长期跟定一个人也容易产生一些负面效应，于是，师徒制便让位于团队制[①]。在一个团队里，所有的成员都可以互相学习，共同进步。

每一家公司、每一个团队内部，自然也有具体的分工。一般来说，数字营销公司内部的专业人员主要分为两类：营销人员和技术人员。许多综合性的数字营

---

① 万木春，胡振宇. 数字营销再造：“互联网+”与“+互联网”浪潮中的企业营销新思维（服务篇）. 北京：机械工业出版社，2016.

销公司营销人员与技术人员的比例基本为 1 : 1，各占一半。技术人员主要负责营销平台、系统、算法、模型等的研制、开发、升级和日常的维护；营销人员则在此基础上为广告主解决实际的市场、广告及营销问题。此外，行业内还存在一线队伍与二线队伍的分类方法。一线队伍主要冲在前端，直接面对客户，与品牌主打交道。其中一线队伍中的人员又被细分在三条战线上，品牌线、创意线和媒介线，凸显了为客户服务的三个核心点；二线队伍指的则是集中采购中心以及战略策略中心，主要在后端致力于核心产品的研发、核心观点的提炼，为一线队伍提供技术、产品、策略、数据等方面的支撑。

这样，新人在具体的团队找到了属于自己的明确位置，就可以正式开启在这家公司的职业之旅了。

二、员工的考评与激励

招到了优秀的人才，并将之放到最合适的位置，并不意味着万事大吉。接下来，人力资源管理最重要的目标就是如何充分调动每个员工的工作热情和积极性，使其将聪明才智与专业能力尽情发挥出来，为公司带来效益、创造价值。很多时候，一家公司同时入职的员工，其工作表现与绩效常常参差不齐，甚至反差巨大。究其原因，除了主观态度与实际能力的差异之外，公司对员工的日常管理是否科学、公正、有效起着很大的作用。另外，数字营销行业内的人员流动非常频繁。当然，任何行业都存在人员流动现象，而且人员的适当流动也自有其积极意义。但对一家公司而言，人员流动太过频繁，或者一段时期内人员流动的比例过大，必然会给公司的有序运转带来巨大的不便及损失。因此，如何用好人、如何留住人，是人力资源管理的核心命题。

（一）考评

人是最复杂的动物，要对之进行卓有成效的管理，必须兼顾方方面面的因素，可以说是一个浩大的系统工程。

首先，要建立科学、合理的员工绩效考评指标体系。

对每个员工的考评结果是否全面、客观、公正，主要取决于考评指标体系是否科学、合理。因此，在建立绩效考评指标体系时一定要严谨、慎重，要切实根据公司的目标、岗位的特点以及员工的现实状况确立主要考核点及其所占权重，既不可脱离实际盲目拔高，又不能为取悦员工刻意降低要求，要以大多数员工必须努一把力方能完成作为基本标准，这样才能真正激发员工的干劲和斗志；同时，考核点及其权重的分配既要全面涵盖员工工作的态度、过程，又要突出最后的结果与实绩；既要看数量，更要强调高质量。

其次，充分利用大数据技术以增强考评结果的客观性和权威性。

如果说，传统的人力资源管理大多是以管理者的经验和直觉为主导，那么，数字时代的人力资源管理正朝着智能管理的方向迈进。人力资源的智能管理，借助于大数据技术、人工智能技术，实现了对公司员工日常管理的随时随地、实时跟踪、快捷便利；而且用覆盖各个范畴的大数据说话，远比单凭人的经验与直觉得出的结论更客观、科学，更容易让人信服。数字营销公司本就在各种高新技术的运用方面具有优势，理应进一步将这种优势从业务领域拓展到公司的内部管理中，以提升绩效考评的权威性。

最后，对员工进行绩效考评的最终目的不仅仅是得出一个结果，而是在此基础上，或肯定成绩、给予奖励，以利再接再厉；或发现问题、寻求改进的措施与方向。一句话，为了每个人以后的工作更有效率，进而使得公司的整体运作更加顺畅。因此，面对绩效考评的结果，公司的管理者应从发展的角度辩证、理性地对待，根据具体情况采取妥当的处置方式。

（二）激励

如上所述，绩效考评的最终目的是了解每个员工的现实工作状况与实绩，总结成功的经验，发现问题，并在此基础上采取有效的措施，激发每个员工的斗志，使优秀的员工在获得充分肯定与嘉奖的基础上做得更好，使相对落后的员工发现自身的缺陷与不足，知耻后勇、奋起直追。可以说，每一家公司的可持续发展的动力，就来自于其激励措施是否得当，是否有效。

对员工的激励措施可以分别从物质层面、精神层面两个层面加以考虑、设计。

物质层面的激励措施主要体现为薪金与福利待遇。在人力资源管理中，薪酬制度的建设非常关键，它是稳定员工队伍、保证日常业务高效运作，甚至决定公司未来走向的重要因素。正如任正非所言，“钱分好了，管理的一般问题就解决了”。

好的薪酬制度应该是在充分肯定基本劳动付出的基础上，按员工的实际付出与贡献取酬。随着市场化程度的不断加深，广告营销行业效益分配制度也在不断改革。目前，越来越多的公司以事业部或品牌团队的方式架构公司的内部格局，公司给每个事业部或品牌团队定目标、派任务，各事业部或品牌团队自主经营、自负盈亏；具体到一般员工的薪酬，普遍采用的计酬方式则是基本工资+业务提成。即根据不同岗位的特点及工作量确定基本工资的数额，员工每月只要正常上班，就能拿到与其所在岗位对应的基本工资；然后再依据每月绩效考核的结果，按标准获得业务提成收入，多劳多得、少劳少得、不劳不得。同时，事业部或品牌团队资金自负盈亏后盈余的部分，又可以按照每个员工的实绩与贡献的大小，发放相应的奖金。在一些实力雄厚的公司，还经常通过频繁涨工资的方式重奖对公司有卓越贡献的优秀员工，以发挥巨大的示范效应。华为公司的薪酬制度就是按贡献大小享受相应的待遇，贡献大，就应该享受高工资、高奖金。曾有华为员工一年之内涨工资的次数就高达 11 次，这不仅让涨工资的人有巨大的成就感、荣誉感，而且还能让落后的人产生触动，甚至是把落后的人挤出去，最终达到减人、增产的目标。这种计酬方式值得数字营销公司学习、效仿。

除了按付出及贡献取酬之外，一种更能激发员工主人翁热情与干劲的方式在一些高科技公司得到应用，那就是让一般员工也拥有公司的股权，通过股权分配使员工从单纯的打工者转变成公司的所有者。据资料显示，华为公司从 1990 年就启动了在内部员工中融资持股，后来又进一步给有突出贡献的员工“发股票”。这种做法可谓一举数得：既能融资，又能激发员工的责任感，还能在激烈的人才竞争中有效地留住杰出人才。

精神层面的激励则主要体现在员工个人才干的增长、职位的晋升及事业发展空间的拓展等方面。

数字营销行业虽然进入的门槛不高，但却非常注重个人的综合素质与专业能力。不具备相应的才干，或者说不注重个人知识与能力的更新、拓展与提升，根本难以在行业长久立足。在信息时代、数字时代，知识、技术、观念更新与发展的速度非常快，稍有懈怠，就有可能被时代抛弃。基于此，许多数字营销公司非常注重对员工的培训。数字营销公司培训员工的方式多种多样，主要有：内部大学，如主要从事搜索引擎优化业务的 Netconcepts（耐特康赛网络技术有限公司），在 2010 年就创办了 SEO 大学，每年培训的学员达六七百人，既有自己的内部员工，也有高校毕业生，还有针对社会做一些公益性的短期培训班。电通安吉斯集团内部则有好几个大学，包括凯络大学、安索帕学院等；再就是宣讲会、研讨会、沙龙等形式。很多公司一年大多会举办起码两次以上的宣讲会、研讨会，或者是形式更加灵活的沙龙，就行业内的热点、焦点话题或是公司的典型案例进行分析、讨论，以拓展员工的视野、活跃员工的思维。

数字营销公司的员工以年轻人为主，年轻人初入职场，事业与人生之路都刚刚起步。因此，其人力资源管理应该站在更高的角度，将员工的个人发展方向与公司的总体未来目标密切结合在一起，使之相互配合、相互支撑。人力资源管理者要关注员工个人发展，深度了解公司每个员工的个性与特点，结合公司的业务及发展需要为每个员工量身定制个人职业发展规划，细化过程及每一阶段的目标，并为之提供必要的条件和动力。当员工有了进步、取得成绩时，要予以肯定与奖励，特别是在职位的晋升上要敢于向年轻人倾斜。只有当每个员工都有明确的努力方向和奋斗目标，并且能够清晰地看见自己的美好未来时，其内在的激情与活力才会被激发出来；也只有在此基础上，整个公司的业务运作与未来发展才能真正有所依托、落到实处。

三、独特企业文化的建设

每一家企业、公司，都有自己独特的企业文化。富有内涵、独具个性的企业文化，是现代企业必不可少的无形资产，一方面能彰显企业独特的形象与价值，另一方面又能发挥凝聚人心的作用。

和文化的概念一样，企业文化也包含三个层面的含义，即最外在的物质文化、中间层的制度文化与最核心的精神文化。其中，最内在的精神文化起着决定性的作用。企业的精神文化主要体现为企业的经营理念、价值取向与精神追求，是在长期的运营过程中经过反复提炼最终形成，并获得全体员工的普遍认可的。企业的精神文化一经形成，便会像血液一样流入每一个企业员工的血管中，成为指导其职业行为的指南。因此，从人力资源管理的角度来说，管理的最高境界就是创建独特的企业文化，以文化化人，即以独特的价值观、经营理念让员工产生强烈的共鸣及认同，进而自觉地融入其中，主动地去践行并使之发扬光大。如果一家公司企业文化的建设达到了这样一种境界，那么其日常管理，特别是人力资源的管理工作就会非常简单，几乎可以无为而治了。

作为典型的互联网公司，最早诞生的数字营销公司走到今天也只有 20 多年的时间，但其喷射出的活力与创造力却是有目共睹、不容忽视的。究其原因，应该与这些新型公司契合新时代、新环境的独特企业文化密切相关。从整体而言，数字营销公司的企业文化具有明显的个性特征。

第一，开放与包容。互联网、互联网思维的诞生，消弭了许多行业、事物之间泾渭分明的界线，"你中有我、我中有你"的融合在各行各业成为非常普遍的现象。具体到数字营销行业，很多公司内部员工的构成状况基本都是两类人各占一半：一类是偏理性、追求科学、崇尚严谨的技术人员，一类是偏感性、追求艺术、崇尚天马行空的营销创意人员。这两类个性鲜明、思维角度与思维方式迥异的人要聚集在一家公司、一个团队里工作，其难度可想而知，对此，行业内流行的一种非常形象的描述就是"左右脑互搏"[①]。如何才能让这两类表面看来水火不容、随时会剑拔弩张的人和谐相处并相互配合，保质保量地完成广告营销任务，这是数字营销公司的企业文化首先要解决的问题。本着开放、平等、合作的互联网精神，一些数字营销公司尝试着通过内部培训，让平时互不说话、工作中矛盾冲突不断的两类人换位思考，了解对方的工作内容、工作流程与方式方法，进而在相互理解的基础上达成相互的配合与支持，最终形成一种开放、包容、和谐的企业文化。

第二，年轻与拼搏。从中国最早的数字营销公司诞生，到现在满打满算也

---

① 万木春，胡振宇. 数字营销再造："互联网+"与"+互联网"浪潮中的企业营销新思维（服务篇）. 北京：机械工业出版社，2016.

只有 21 年时间，可以说非常年轻，充满了朝气与激情。同时，数字营销行业的从业者大多也正是 20 多岁的年轻人，刚刚大学毕业，正踌躇满志地寻找发挥聪明才智的舞台与机会。由这样青春逼人的年轻人组成的年轻的数字营销公司，自然而然地散发出浓浓的青春气息，以及敢想敢干、爱拼想赢的斗志。成立于 2014 年的独立创意公司 W 广告公司，短短几年时间，就有不少广告获奖，在数字营销行业名声大噪，被称为一匹黑马。W 公司的企业文化也非常抢眼、特别，称作“野狗文化”。在其创始人李三水看来，“野狗”就是 W 的图腾。往地上丢块肉，家犬会摇着尾巴抢，野狗则宁愿挨饿也不食嗟来之食；野狗天生具有反骨，坚守自己做事的原则、标准和初衷，敢于向一切旧的、过时的模式与陋习说“不”[①]。这不就是一个活脱脱的血气方刚、义无反顾地去追求理想的年轻人的写照吗？

第三，个性与创造。如今数字营销公司的员工大部分都是 90 后，再过两年，00 后将成为就业市场的主体。可以说，90 后、00 后就是随着互联网成长起来的，是典型的互联网原住民。他们的眼界、观念、思维方式、行为方式带有明显、深刻的互联网时代的特色，完全不能用传统的眼光与方法来看待与对待。他们崇尚个性，强调、重视自我，较少受传统思维的限制和束缚，要管理好这样的人，管理的理念与方式不能太过刻板、僵化，必须因势利导，充分尊重他们的个性与追求，以相对灵活、自由的方式方法为其个性的发挥创造条件、提供空间。例如，办公场所的设置不必整齐划一，上下班的时间也不用朝九晚五，更不能以打卡考勤把员工绑定在单位。须知数字营销公司的工作效率与效益不是员工按要求坐在办公室就能创造出来的；人的创造力的迸发、显现，必须有一个自由、宽松的环境与氛围。好的企业文化，就是真正以人为本，顺应人的特性，能为人的创造力的发挥营造和谐的空间、提供必要支撑的文化。

身处于这样的文化氛围之中，每个人的个性都能得到认可与释放，每个人的努力与付出都能得到肯定与嘉奖，个人与个人之间、团队与团队之间都能相互尊重、相互支持，个人、团队、公司紧紧团结在一起，大家心往一处想、劲往一处

① 宋晓涵. “野狗”的使命和价值观——对话 W 创始人李三水. 中国广告，2018，(3)：25-27.

使，最终走向多赢。

第二节 行政管理

行政管理，可以从不同角度加以阐释、理解。在传统的广告管理体制中，非常重要的一环就是广告行政管理，其所指主要是作为政府行政职能部门的国家工商管理总局，以及各省、市及地方工商行政管理部门对整个广告行业行使行政管理的职责，是宏观的广告公共管理的有机组成部分①。本书所要讨论的行政管理，指的是数字营销公司对日常业务运转所涉及的方方面面的行政事务进行规范与管理，属于企业内部管理的范畴。

数字营销公司的行政管理，主要依托公司内部的行政管理部门（办公室）实施。其内容繁杂、琐碎，且广泛涉及公司内每个部门、团队及每个员工。可以说，数字营销公司各项业务活动能否顺利展开，很大程度上取决于公司的行政管理是否到位：是否确立了明确的工作目标、是否建立了严格的规章制度、是否能协调好各种关系……毫不夸张地说，公司行政管理部门的负责人就类似于一个“大内总管”，必须将公司大大小小的事务都考虑到、都处理好。

一、各类文件及规章制度的制定与执行

任何一家公司，无论大小，其行政管理的中心任务就是保证各项工作的正常、有序、有效运行。为此，行政管理部门首先要完成以下任务。

（一）起草各类文件

作为公司的行政管理中枢，行政管理办公室日常工作的很大一部分就是起草各类文件。这些文件大致可以概括为两类：一类是从宏观的角度确立公司的发展大计，主要有公司的总体发展目标以长远规划；一类是用以指导日常工作的具体计划、安排、决议，阶段性的工作总结，以及一些信函、讲话、通知等。

---

① 张金海，黄玉波. 现代广告经营与管理. 北京：首都经济贸易大学出版社，2006.

这些文件，特别是有关公司现实运作及未来发展的一些纲领性文件，起草时必须非常慎重、严谨。在具体操作的流程上，要高度重视几个环节。

其一，注重调研。牵头文件起草的工作人员必须先在公司内针对各部门、团队做充分的调研，了解基层的状况及员工的想法，有了充分的事实依据，起草的文件才有针对性与可操作性。

其二，广泛征求意见。文件草拟出来后，要下发到各部门及相关人员，广泛征求基层的意见，必要的时候通过会议的方式集中讨论，了解群众的意见与建议，对文件加以修改、补充、完善。

其三，文件讨论稿通过后，下发各相关部门及人员贯彻、实施，并归档保存。

（二）制定规章制度

有了明确的工作目标和工作计划，公司每个员工知道了该做什么、怎么去做。为进一步保证公司各项目标、计划的顺利实施，还需制定相应的规章制度，这也是行政管理的重要内容之一。

一般来说，数字营销公司内部的组织构架以扁平化的事业部、品牌团队或小组为主导形式。在实际运作过程中，公司往往会采用责任承包制：依据各品牌团队的不同情况给每个团队下达具体的任务和指标，每个团队全权负责某一个或几个品牌的广告代理活动，自负盈亏。这样，在公司与各品牌团队之间，会涉及各种责、权、利的问题，需要明晰且以制度的方式予以确立。

同时，在公司各个管理部门和品牌团队内，对每一个具体的工作岗位，都应该根据其特点提出相应的工作职责、权限与要求。公司的每一个员工，上至总经理、各团队或事业部的经理，下至最基层的员工，都要自觉接受其所受聘的岗位职责的约束及管理。

此外，为了塑造良好的企业形象，一些公司还会配合独特的企业文化，在许多细节上对员工提出要求，大到工作态度、工作作风，小到如何穿衣、如何说话等。

这些大大小小、不同层级的规章制度，大多由公司行政管理办公室牵头拟订、公布执行。

（三）执行过程中的监督检查

所有的长远目标与规划，近期计划与任务，各岗位的工作职责与要求，都必须付诸实施，具体落实在每一天、每一个员工的实际行动中。否则，这些文件最后都只会成为一纸空文，一文不值。因此，公司的行政管理还必须进一步推动各类文件的执行，并在执行的过程中随时跟踪，检查执行的具体情况，遇到问题及时解决，产生异议耐心解释，发现漏洞或缺陷则予以完善、改进……总之，要为各种计划、任务的完成与规章制度的落实提供强有力的保障。

二、协调处理各种关系

在谈到企业、公司的行政管理时，有人将之比喻为“润滑剂”，非常形象到位。数字营销公司的运作，从内到外会涉及很多层面的关系，这些关系头绪复杂，而且时常还相互牵扯，必须要有专门的部门、专门的人负责，厘清、协调好各种复杂关系，以保障各项工作的顺利推进。

一直以来，广告营销行业就是一个拥有多个主体的行业——广告主、广告公司、广告媒体机构以及受众（消费者）。传统广告时期，除了受众处于被动接受的位置，前三大主体均直接参与广告的具体运作。进入网络广告、数字营销时代之后，受众地位与作用发生了根本性的转变，由被动接受信息转向主动选择信息、自主对信息进行反馈，甚至直接传播信息。因此，对于数字营销公司而言，要在这个市场立足并寻求发展，首先必须在行业内处理好与这些主体的关系，特别是与广告主、广告媒体机构的关系。传统广告运作中，广告代理制很好地界定了广告主、广告公司与广告媒体机构三大主体之间的关系，让三者各处其位、各司其职，在有明确分工的基础上相互配合，在全球很多国家和地区广泛施行。但这一机制在网络广告普及之后受到严重挑战，因为三大主体各自的权限与职责日趋模糊，彼此之间的交叉与融合成为常态，这种新的行业态势与格局被形象地概括为“去乙方”：广告主、广告媒体机构纷纷越过中间代理商，自行经营广告业务，由此，广告公司、数字营销公司的生存空间受到强力挤压。数字营销公司如何才能走出困境？除了提升自身的实力与服务水平之外，协调、处理好与广告主、广告媒体机构的关系也至关重要。只有在和谐、互利、共赢的外部关系之上，数字营销公司才会有稳定、延续、长期的业务来源，其可持续性发展也才有充分的依托与保证。

与此同时，数字营销公司还必须妥善处理、协调与下属各部门、各团队之间的关系，为各项业务的顺利开展保驾护航。首先，要明确清晰地确立公司与下属的各事业部、各品牌团队之间的关系，如给各事业部和品牌团队分派具体的经营目标和任务，同时赋予各事业部和品牌团队相应的扶持政策与管理权限，约定每年度绩效考核之后的奖惩措施，等等。其次，对各事业部、品牌团队的业务运作过程进行实时跟踪与宏观调控，及时发现、协调、处理、解决各种问题，扫除各种障碍。最后，按期对照责任目标考核各事业部、品牌团队的实际运作状况和效益，兑现各种预先约定的承诺。而在各项业务的实际推进过程中，随时随地都可能面临许多意外及突发情况，数字营销公司的行政管理部门及人员必须快速反应，及时做出研判并解决问题。

另外，数字营销行业非常注重创新、创造，理应尊重、维护知识产权。广告创意与表现中常常要借用各领域已有的作品作为创意元素，对此，数字营销公司的法务管理人员一定要严格把关，事先联络相关著作权人并获得其授权，以避免因侵权而导致的法律纠纷。

三、对外宣传与接待

对于一家现代企业，特别是为广告主塑造品牌形象、传播沟通信息的数字营销公司来说，自身形象的塑造、对外的信息传播与沟通也非常重要，它直接关乎数字营销公司在激烈的市场竞争中是否有稳定的业务来源、是否有可持续发展的软实力支撑，不容轻视。

当今市场，品牌、品牌形象早已成为制胜的关键因素。无论是一件商品，还是一家企业，都概莫能外。而品牌形象的塑造、建立与维护，又是一项内容繁多、程序复杂的系统工程，绝非一日之功，需长期投入和关注；同时也绝非某一个部门所能为，它广泛涉及公司的每一个部门、每一个人。因此，需要行政管理部门站在公司全局的角度牵头实施。

在内涵方面，一个丰满、独特的企业形象广泛涉及企业的领导者形象、员工形象、产品与品牌形象、组织形象、企业环境，等等；这些丰富的内涵同时又必须以非常直观、简单的形式集中呈现在世人面前，以使企业能在同类竞争企业中脱颖而出，由此，企业形象的塑造、展示就直接体现为企业形象识别系统的建构、传播。企业形象识别系统主要由三个子系统组成：视觉识别系统（visual identity，VI）、行为识别系统（behavior identity，BI）和理念识别系统（mind identity，MI）。其中，理念识别系统是企业形象最内在的"灵魂"，指的是企业的经营宗旨、经营理念；视觉识别系统是企业形象最外在的视觉化表达，如企业的名称与商标等；行为识别系统则居于理念识别系统和视觉识别系统之间，将企业形象的内在理念与外在视觉符号运用于具体的日常经营活动中，三者相辅相成、互为支撑，使企业独特的形象得到全方位的展现。

一旦企业形象、企业形象识别系统正式建构完成，就应该将之具体落实，体现于公司日常工作的每一个环节和活动之中。具体到数字营销公司的行政管理，在内部的日常工作中，一方面要秉承公司独特的理念开展各项工作，另一方面，从办公楼、办公室的布置，到员工服饰、信笺等办公用品的设计，都要强化、凸显企业的视觉符号，时时处处通过视觉冲击加以提醒，以使企业形象既不断深入人心；更为重要的是，在公司上上下下所有的对外联络、交流及各种宣传活动中，必须由行政管理部门统一部署，基于并紧紧围绕一以贯之的企业形象传达明确、一致的声音，无论是平常的新闻报道、公益活动，还是针对各种突发事件启动的危机公关，都不能模棱两可，更不能自作主张、各行其是。

此外，数字营销公司的行政管理部门还要负责处理公司与行业内外各机构、各组织的各种业务往来事务，如政府主管部门、行业自律组织及所属母公司对公司整体运行状况的各种常规性及临时性的监督、检查，新闻媒体机构的采访，教育与研究机构的学术调研，业内同行以及合作伙伴之间的业务接洽、沟通，等等。管理人员应依据相关规定与要求，热情接待、耐心解答、妥善安置。

四、后勤服务

如果说，各事业部、各品牌团队主要奋战在一线、前端，为广告主提供广告营销服务；那么，行政管理部门则身处二线、后端，其主要职责是为各事业部和品牌团队提供繁多、琐碎的后勤服务。概括而言，后勤服务可以分为以下几类。

第一，日常办公事务管理。

各种会议、各类活动的组织。无论是传统广告公司，还是数字营销公司，在日常业务运作过程中，会议很多，对会议室的需求很大。数字营销公司内的会议主要有两类：一类是公司层面的会议，主要参会者为公司领导和各部门、团队负责人，通过会议商讨、决定公司日常运作及未来发展的大政方针，这类会议一般由公司的行政管理部门具体组织。行政管理部门应严格按照会议的流程展开相关工作，如明确会议主题、会议时间与地点并提前通知与会者；布置好会场；在会议进行过程中做好记录，会后撰写文件并送相关领导审核，通过后制成正式文件分送相关人员及部门。另外一类会议则是由各品牌团队围绕某个广告主的广告营销活动召集的“头脑风暴会议”，这类会议，行政管理部门不会直接参与，但要做好服务工作，如调配会议室，准备相关设备及用品。另外，数字营销公司平时还会组织各种活动，如文体娱乐活动、旅游考察活动等，其组织、协调工作也归行政管理部门。

各类文件、信息、资料的存档保管。每个公司、每家企业的行政管理工作，都会涉及很多文件、信息及资料的撰写、整理、归类、存档、保管及保密等环节，对于广告营销公司来说，这方面的内容更多、更复杂，同时也更重要。进入信息化、数字化时代之后，除了传统的纸质文件、文书的归档保存这种方式之外，海量的业务信息、资料、数据有了更多更便利的保存方式，如U盘、移动硬盘及云储存等。

办公用品及设备的购置、分配及维修。如今，各行各业的日常办公，早已走出简单的纸笔墨时代，普遍实现了数字化。好的办公环境、必备的办公设备（如计算机、打印机、投影仪等）以及这些设备的日常检修、维护，是各项工作顺利进行的基础和保证，必须有专人负责，保证关键时刻不出纰漏。

第二，生活福利方面的服务。

凡是人群聚集的地方就有诸多生活方面的琐事需要解决，如吃、喝、拉、撒，这是后勤服务及管理的重要组成部分，不容忽视。具体包括：食堂供餐，茶水间供饮，办公场所及卫生间的保洁。另外，还有逢年过节各种福利性物资的购置与发放。与公司代理的广告营销业务相比，这些都似乎都是芝麻小事，上不了台面。但对公司的整体运行而言，小事也能发挥重要作用。只有当人吃饱喝足、心情舒畅、身体健康，才能百分百高效地投入工作。

最后，还有诸多细小的事务性的工作，如安全保卫工作，值守办公楼的保安的调配与管理，网络信息安全的防范等；公用车辆的日常管理；常规性的证照年检等，都需行政管理部门按相关规定及流程安排、实施。

第三节 财务管理

对于所有的现代企业而言，财务管理是其整体经营与管理中非常重要的内容。作为服务型企业，无论是传统广告公司，还是数字营销公司，都必须追求双重效益：一方面，通过运作有效的广告营销活动为广告主创造价值，带来市场效益；另一方面，为了公司的生存与发展，也要考虑自身的经济利益问题，诸如如何筹集运作资金，在为广告主提供广告营销服务时采用何种收费模式能最大限度地保障自身的收益，以及怎样盘活剩余资金等。数字营销公司的财务管理，主要涉及的就是第二个方面的内容。通俗地说，就是对“资金”的管理，具体包括融资与投资、广告费用的收取与支出及资本运作中的风险管控，等等。

一、融资与投资

成立一家公司，必须要有注册资金，对于数字营销公司来说，更为重要的是，接下来运作数字营销活动还需要相关的设备、平台以及不菲的启动资金。没有一定的资金支持，一切都是空谈。因此，成立之初，数字营销公司要解决的首要问题就是筹集资金。

可供数字营销公司选择的融资的方式很多。创业初期，最简单直接的融资方式就是合伙人认股集资。许多数字营销公司基本都是由两三个志同道合的好友联合创办，公司注册以及初期运行所需资金多是几个创办者分摊，按照出资的多少享有相应的股权。之后通过招聘进入公司的新员工，也可以采用相同的方式认购公司的股权；有的公司还将股权、股票作为奖励赠予优秀员工，这些方式既让员工有很强的主人翁意识和责任感，同时又能集聚资金支持公司的运作，实乃一举多得。

随着公司的发展，特别是基于数字营销公司对设备、平台、新技术产品有很大的需求及很高的要求，在基础设施的建设以及新产品、新技术的研发及运用方面，需要投入巨量资金。仅仅只是依靠公司内部集资的方式所获取的资金已远远不能满足需求，必须探索更多的融资的方向和渠道。由此，数字营销公司的融资便从内部集资转向外部筹资。对外融资常见的方式有银行贷款、发行股票或债券，或是争取投资机构的风险投资等。

数字营销公司对外部投资的需求很快得到现实的回应及支持。2005 年底，按照中国加入 WTO 的协定，外国资本获准进入中国境内设立独资广告公司，中国广告市场正式全面对外开放，一个新的资本运作时代由此开启。大量外国资本进入中国广告市场，本着逐利的目标，纷纷将落点聚焦在代表行业未来发展方向的数字营销领域。2006~2007 年，国内许多数字营销公司被国际知名营销传播集团并购，获得雄厚资本的注入，由此进入发展的快车道。随后，来自于国内外、行业内外的大量资本源源不断地进入数字营销行业，据相关资料，截至 2016 年 4 月 30 日，国内 A 股上市企业中共有 30 家企业先后并购了 101 家数字营销公司，并购资金总额近 400 亿元①。

在获得投资基金后，大多数数字营销公司主要将之投入到平台建设、业务拓展和实力提升等方面。一路走来，中国数字营销行业从最早的网络广告联盟到一站式营销平台，到程序化广告投放平台，再到跨屏、智能程序化投放平台，无论是技术的难度与含金量，还是广告营销活动所覆盖的范围、涉及的业务内容，以及最终收获的实际效果，都远远超出了传统广告时代。可以说，离开了大量资本在背后的支持，这一切是很难在短短的十余年时间里实现的。

如果数字营销公司自身的经营活动渐入佳境，效益越来越高，剩余资金越来越多，投资便也成为一种必然的选择。常言道，不能把所有的鸡蛋放在同一个篮

① 姜波. A 股上市公司数字营销传播领域并购的比较研究. 广告大观（理论版），2016，（8）：16–23.

子里，资本越盘越活。一些数字营销公司会有针对性地收购对自身业务拓展有帮助的相关企业，或是基于行业的未来发展投资科技研发，甚至投入在其他行业与领域中有发展前景的项目。

从财务管理的角度，无论是融资还是投资，都要非常慎重、严谨地对待。首先要知己知彼，全面深入地了解相关政策、法律法规、行业状况、融资来源、投资对象的状况，规避各种风险；其次，资金到位后合理分配，好钢用到刀刃上，最大限度地发挥资金的效益；最后，要全程监督资金的使用情况。

二、广告经费的收取与支出

只要谈及广告及其运作，就离不开广告经费。换句话说，没有广告经费，根本就不可能有现代广告活动。只有当广告主有做广告的意愿，提出广告目标并拿出相应的广告预算，广告活动才得以开启。广告公司、数字营销公司也只有在通过比稿等方式从广告主手中拿到案子后，才能在给定的目标和经费的框架内具体策划、创意、实施广告。套用一句通俗的话：对于广告营销活动来说，广告经费不是万能的，但没有广告经费是万万不能的。

能否拿到广告主的广告任务与经费，考验的是广告营销公司策划创意人员的智慧与能力；而比稿胜出后如何收取、使用广告经费，则属于财务部门的主要工作范畴。

（一）广告代理费的收取方式

自从现代广告公司出现之后，广告经费就是其经营过程中非常重要的一个要素。在广告主确定的广告预算的基础上，广告公司、数字营销公司如何获取其应得的劳动报酬？在不同时代、不同市场状况下，会有不同的答案。最有代表性、目前仍然在使用的收费方式主要有佣金制、月费制、项目费制、激励报酬制。

佣金制是出现时间最早、影响时间最长、覆盖范围最广的一种收费方式，是现代广告经营机制——广告代理制的重要组成部分。其实质是广告公司为广告主、广告媒体机构提供双重代理、双向服务，其劳动报酬主要根据广告的媒介投放量按一定比例提取佣金。代理佣金最早为 25%，后来固定为 15%，进而成为国际通行的规则。

由于代理佣金主要按 15%的固定比例从广告的媒介刊播费中支付，对广告公司来说，媒介刊播费总额越高，其经济收入也就越多，而其所付出的劳务却不因媒介刊播次数的增加而增加；而且广告公司在拟定广告计划时，也可能会基于自身的利益，有意识地增大刊播费用，或是倾向于比较昂贵的媒介，但其最终效果却未必尽如人意。诸如此类的现象时常引起广告主抱怨与质疑，于是，在固定佣金制的基础上，又衍生出其他几种收费方式，如协商佣金制、议定收费制、实费制、效益分配制等。

协商佣金制是 20 世纪 60 年代产生于美国的一种计费方式——经由广告公司与广告主的协商，确定一个小于 15%的佣金比例，广告公司在获取媒介机构返回的 15%的佣金之后，再将超出协定佣金比例的部分退还给广告主。这种方式主要适用于媒介费用支出较大的广告代理业务，在一定程度上保护了广告主的利益。

与协商佣金制几乎同时兴起另一种收费方式是实费制，由大卫·奥格威率先提出并实行。所谓实费制，就是不按一定比率来支付代理佣金，而是按照广告公司运作广告时实实在在的成本支出与劳务支出来计算，支付整个广告代理费用。广告公司依据各种实际支出的收据、凭证，以及各项业务所花时间的累计，向广告主如实报销并获取相应的劳务酬金。应该说，实费制是对佣金制的“一次重大突破”，但并不受广告界的欢迎，因为实际操作起来非常琐碎、麻烦。

议定收费制则是根据具体的广告个案，对代理的时间成本和外付成本做事先的预估，广告主和广告公司共同议定一个包括代理酬劳在内的总金额，一并交付广告公司，在运作过程中，或盈利或亏损，广告主不再过问。这可以说是实费制的一种补充形式，可以避免广告公司与广告主因对时间成本和外付成本的不同认定而引发的纠纷。

以上几种收费方式，广告公司基本都是按劳取酬，而对广告的实际效果缺乏承诺与关注。效益分配制便将代理的权利与责任联系在一起，要求广告代理公司利益与风险共担。即广告公司应该依据其运作的广告所产生的实际销售效果，按一定比例获取利润。如果广告未能达成目标，则不能取得相应的利润。

现今广告营销行业普遍采用的收费方式主要有佣金制、月费制、项目费制、报酬激励制，基本上都是对以上各种收费方式的综合或改良。

佣金制包括传统的代理佣金制和协商佣金制，曾是最主流的广告代理费制度，目前仍广泛运用于传统广告公司。

网络广告、数字营销普及之后，广告代理制受到严重挑战，代理佣金制也被其他收费方式取而代之，如涵盖了实费制和议定收费制的服务费制得以大量使用，并在使用的过程中改良、细化为月费制。月费制就是广告公司、数字营销公司根据广告主目标与要求，为之组建服务团队，然后量化团队每个成员须为项目付出的时间、精力，并将之转换成工时，再按每个人的职位、能力及经验确定各成员的工时单价，工时与工时单价相乘计算出整个团队的付出，最后再加上双方约定的利润比例，得出广告公司应该获得的总报酬，然后每月按相同数额支付到位。这种方式被人形象地描述为“靠人的才华、智慧、经验和技能向甲方客户收取人工小时费”①。

与月费制主要“按人收钱”不同，项目费制的本质是“按活儿收钱”①。数字营销涵盖的范围越来越大，提供的服务内容越来越多，广告主也更倾向于将广告营销业务分门别类地外包给不同的广告营销公司，自然而然地，广告营销公司也就以项目制的方式代理业务并收取广告费用。也就是说，不管广告营销公司在某个项目上投入了多少人力、物力、财力，最后都是按照产出的结果收费。项目费制下，广告营销公司如何为自己的项目服务定价就显得至关重要，因为价格本身是随行就市、经常波动的，如何保障自身的利益，这是财务管理部门在定价时必须考虑的。

报酬激励制指的就是效益分配制，广告主主要依据广告营销公司运作的广告营销活动的实际市场效果支付广告代理费用。这种收费方式在进入 21 世纪后被很多大型企业采用，成为广告代理收费制度发展的新方向②。

---

① 潘达舟. 广告公司的收费模式，你真的懂吗？一字一元微信公众号[2016-12-27].

② 徐卫华. 广告代理费模式的变迁与广告代理公司的转型. 中国广告，2008，(8)：136-140.

应该说，以上每一种收费方式的出现都有其特有的时代与行业背景，同时也都有各自的优势与缺陷。在日趋复杂多元的行业态势下，广告代理费用的收取方式也越来越灵活多变。从节约成本、有效利用人力资源以及保障广告效益等多个角度综合考量，多种收费方式组合使用的现象也越来越普及，如目前比较流行的就是月费制+项目制的组合收费方式。

（二）广告费用的支付

一直以来，广告主的总体广告经费预算最后基本都分解到媒介刊播费、广告制作费、广告调研费以及其他日常管理费用。其中，一般情况下，80%左右的费用会流向媒介广告位的购买，其占据了广告预算的绝大部分，佣金制下的代理费用也从中提取。从财务管理的角度，广告制作费、广告调研费以及其他费用的管理，只需依照相关财务报销与管理的制度方法实施即可。在媒介刊播费的分配与支付上，数字营销公司的做法与传统广告公司有很大差别。

传统广告时期，广告刊播费主要用于购买大众传播媒体的广告位，而且都是提前做出具体的媒介刊播计划。各大众传播媒体都有自己的广告价目表，不同版面与时段的广告位的价目各有不同，广告公司在此基础上，依据广告目标与策略，确定需购买哪些媒体、哪些版面和时段、版面的大小与时长，以及投放广告的频率与周期，就能直接得出媒体刊播费用的总额。只要广告公司提出的媒介刊播计划得到广告主的认可，各媒体机构也能如期刊播，广告媒介刊播费便可由财务部门按照约定的时间与方式支付给各媒体机构。

网络广告、数字营销活动广告费用的计算方式和支付方式则有了很多改变。其中最核心、根本的改变是：传统广告买的是版面和时间，不同版面与时间的定价很清楚，而且相对比较稳定，只要事先买定，到时就能按计划投放广告；数字广告买的则是各媒体平台实时在线的用户，每一个用户的广告价值都不是事先固定的，而是在广告交易平台上由各品牌通过 RTB 最后决定。因此，对广告费用的分配、计算来说，后者的难度更大，在灵活性、快捷性上要求更高。

同时，对广告媒体及其效果进行考察、评估的指标及方式也有很大不同，传统媒体时代的比较笼统的覆盖率、到达率、注意率、精读率等，已让位于更加具体的点击量、转化量、登录量，而 CPA、CPL、CVR 等计算方式的普及，更让广告主的每一笔广告投入有了更加直观、清晰的效果呈现。

三、财务监督与审计

在严格依据相关财务制度和广告合同科学分配及使用各种资金的同时，财务管理部门还需规范自身的财务行为，并对公司及各事业部、项目团队的财务支出情况进行监督、检查，以及时发现并解决问题。

首先，要建立、健全公司财务运作的基本流程、规范及纪律，形成科学的财务管理体系。可以说，财务活动贯穿于广告营销活动的全过程，同时又事关公司的每一个部门、每一个员工，必须规范、严谨。每一个决策的制定，每一笔资金的使用，都应该严格按程序进行；同时还要注重各个环节的把关，各种数据、票据收集与汇总，以及定期的各种财务报表的填写，都不能有丝毫的马虎。

其次，加强财务活动中的监督。一方面是自上而下的监督，即领导层、管理层对每一个活动的每一笔费用的监督；另一方面是自下而上的监督，是基层员工代表对领导层、管理层的监督[①]。通过双向监督，使公司的财务活动在正常的轨道规范运行。

再次，要具备风险管控意识，以良好的机制切实维护好公司的财务安全。在激烈的市场竞争中，数字营销公司的整体运营，特别是其资本运营，由于外部环境复杂、多变，稍有不慎，就会出现问题，甚至陷入危机。为此，财务管理部门要密切关注市场动态，全面了解相关政策及法律法规，深入研究并购、合作对象的财务状况，为公司的各项决策提供参考。

最后，定期开展财务审计，消除隐患，查处资金收支过程中存在的各种问题，审核公司整体运营状况，特别是资产的盈亏、公司的负债以及所运行的广告营销活动的效果等，以利于公司总结经验、吸取教训，进而走向可持续发展之路。

---

① 朱强. 广告公司经营与管理. 武汉：武汉大学出版社，2007.

后　记

终于迎来了为这本书敲上最后一个句号的时刻。

从 2017 年 4 月与科学出版社签订本书的出版合同算起，两年的时光已匆匆流逝而去；而为本书的写作开始做准备、收集资料的时间应该还要提前到 2016 年末。由此算来，前前后后耗费在这本书上的时间应该是接近 1 000 天。1 000 个日日夜夜，自然不可能全部投入本书的写作中，因为还有身为教师的本职工作需要尽职尽责地去完成。但可以肯定的是，除教学之外的大部分可供自由支配的剩余时间，基本都被本书占用。进入任何一个新的领域，时间、精力的投入是必需的；而且，绝大多数时候，时间、精力的投入与最后的产出及回报成正比。在此，我不敢说自己的思考与探索有多少独具的价值，但其间蕴含的付出和心血，间或出现的自我怀疑与否定，以及某个难题解决之后的欣喜与愉悦，至今回忆起来仍历历在目。

从传统广告领域转而进入数字营销领域，并不像想象中那么容易、轻松。因为这根本就不是一个单纯的媒体形式与传播技术的改变问题，而是牵涉方方面面，从理念与意识，到思维与方法，再到流程与环节，几乎全都发生了深刻的变革。要全面、准确地把握这些变革以及导致这些变革的原因，不是轻而易举能够完成、实现的。具体到数字营销公司的经营，先前对传统广告经营的研究几乎全部是从行业整体运作的角度切入，分别梳理广告主、广告代理公司、广告媒体机构如何经营好自身职责范围内的活动，以保证广告的顺利运行；而本书缩小了研究范畴，聚焦三大主体之一——数字营销公司的经营管理之道，一则缺乏先例，二来成型的可供参考的研究成果极少，因此，起步阶段的工作异常艰难：常常要在浩如烟海的零散新闻报道、行业信息中甄别、筛选，提炼观点，然后搭建框架，形成体系。正是在这一段时间，强烈、密集地产生了对自我的怀疑甚至否定。好在有家人、朋友、同事的关心、鼓励与支持，以及科学出版社在交稿时间上的宽容，才一路走到现在，有了这本即将接受读者检阅的小书。

本书在写作过程中，参考了大量的著作、论文、新闻报道、行业资讯以及自媒体上的文章，书中都已标注清楚，在此一并表达深深的谢意。

数字营销行业发展快、变化多，加之个人知识与能力的局限，书中肯定存在不足之处，希望读者谅解并不吝指教。

阮　卫

2019 年 12 月